本书为国家社会科学基金重点项目"我国生态文明发展战略研究"性成果。本书出版得到了河南财经政法大学博士研究基金的资助

U0694817

经济管理学术文库·经济类

粮食主产区城市发展规模适度性研究
——高质量新型城镇化的视角

Studies on the Moderation of
Urban Development Scale in the Main Grain-producing Cities:
From the Perspective of High-quality New Urbanization

法玉琦 / 著

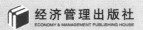

经济管理出版社
ECONOMY & MANAGEMENT PUBLISHING HOUSE

图书在版编目（CIP）数据

粮食主产区城市发展规模适度性研究：高质量新型城镇化的视角／法玉琦著.
—北京：经济管理出版社，2020.7
ISBN 978-7-5096-7279-2

Ⅰ.①粮…　Ⅱ.①法…　Ⅲ.①粮食产区—城市发展战略—研究—中国
Ⅳ.①F299.21

中国版本图书馆 CIP 数据核字（2020）第 133778 号

组稿编辑：杨　雪
责任编辑：杨　雪　邢丽霞
责任印制：黄章平
责任校对：陈　颖

出版发行：经济管理出版社
　　　　　（北京市海淀区北蜂窝 8 号中雅大厦 A 座 11 层　　100038）
网　　　址：www. E-mp. com. cn
电　　　话：（010）51915602
印　　　刷：三河市延风印装有限公司
经　　　销：新华书店
开　　　本：720mm×1000mm /16
印　　　张：15.5
字　　　数：254 千字
版　　　次：2020 年 8 月第 1 版　　2020 年 8 月第 1 次印刷
书　　　号：ISBN 978-7-5096-7279-2
定　　　价：66.00 元

前　言

粮食主产区城市发展是全国城市化发展战略的重要组成部分。传统经济导向的城市发展观念，片面追求经济效益，忽视了作为人类栖息地的城市系统的整体协调发展和综合效益提升。在粮食主产区的城市化进程中，因忽视规模适度性，已显现出耕地侵占严重、耕地撂荒、粮食安全受到一定威胁、城市生态环境恶化、社会发展水平与城镇化水平不协调等问题。研究粮食主产区城市的适度发展规模，选择符合其特色的发展路径，在稳粮强农原则下，有序推动其适度发展是实现高质量新型城镇化必须面对和解答的现实课题。

本书提出栖息地导向的城市发展理念，按照生态学原理对城市的自然、经济、社会发展进行科学规划，建立高效、和谐、健康、可持续发展的人类聚居地，是高质量城镇化建设的有效途径。书中遵循"理论分析→综合评价→规模测度→影响因素确定→未来发展预测→实证检验→路径选择"的研究思路，着力于构建栖息地导向的粮食主产区城市发展规模适度性分析框架和测度方法体系，为确定其适度发展规模提供理论基础和实证分析。

本书的创新之处：

1）观点创新。从栖息地视角研究了粮食主产区城市的发展规模适度性问题，提出栖息地导向的城市适度发展内涵、原则和判断标准，即实现发展的动力、质量、公平有机统一，达到系统协调发展与综合效益优化，弥补了以往研究视角单一的不足。

2）理论创新。构建了栖息地导向的粮食主产区城市发展规模适度性理论模型和分析框架。将城市3个子系统的协调发展和效益优化有机融合，提出适度发展测度方法，体现静态适度人口论与动态适度人口论的统一，提高了测度的全面性和准确性。

3）方法创新。①提出并验证了城市系统发展呈阶段性倒 N 形曲线的假设，是对城市发展总体呈倒U形曲线理论的细化和提升。②设计并验证了栖息地导向的粮食主产区城市发展规模适度性测度模型，有机融合了协调发展度最优和综合发展效益最大两个原则，符合栖息地导向的城市发展要求，提高了测度精度。③发现利用城市系统协调发展度优化测度具有精度高、时效性强、动态性明显、"短板效应"突出的显著优势，用其测度结果作为粮食主产区城市适度发展规模的低值，有利于及时发现问题，调整发展方式，弥补短板。

4）评价体系创新。针对粮食主产区城市，尝试建立了栖息地导向的发展效益综合评价体系，采用熵值法与层次分析法相结合集成赋权，为进行栖息地导向的发展效益评价提供了科学方法，为有效测度其适度发展规模提供了量化工具，并以南阳市为例进行了实证分析。

由于作者水平有限，编写时间仓促，书中错误和不足之处在所难免，恳请广大读者批评指正，不吝赐教。另外，数据更新并不代表理论和观点更新，为保留书稿原貌，实证研究数据未作修改，特此说明。

法玉琦

2019 年 12 月

目 录

第一章 绪论

第一节 研究背景与问题提出

一、研究背景

城市发展是人类文明进步的标志，城市化程度是衡量一个国家或地区社会、经济、科技、文化水平的标志，是反映区域社会组织管理能力的标志。人类发展史表明，城市化是人类社会结构变革的重要进程，是人类进步必然经过的历史过程，是国家或地区走向现代化的重要途径。当今世界，经济发达的工业化国家的城市化程度明显高于经济比较落后的农业国家。2014 年 3 月，我国发布了《国家新型城镇化规划（2014~2020 年）》，提出了未来城镇化发展的目标和战略任务，确定以推进新一轮的城市发展作为经济社会持续发展的重要支撑。新型城镇化能否顺利实施，不仅关系到城镇化自身的质量提升和可持续发展，也关系到推动中国经济由高速增长阶段向高质量发展阶段的转型升级，对于实现党的十九大报告提出的美丽中国建设有决定性意义。

然而，和许多进步过程一样，城市化过程中也伴随着一些不和谐的因素，需要认识和克服。我国改革开放以来的城市建设，取得了跨越式的发展，但也带来了一些不利问题。如：①环境问题。带来了生物圈生物多样性减少、岩石圈土壤污染、地面下沉、耕地减少，大气圈空气污染严重、热岛效应和温室效应加剧，水圈水资源短缺、水质下降，居民的生存环境受到威胁。②社会问题。城市交通拥挤、房价虚高、就业困难、社会保障压力快速增加甚至出现社保缺口，社会秩序稳定受到影响。③经济影响。土地价格上涨，生产、生活成本上升，居民生活质量下降，诸多"大城市病"问题困扰城市进步。④粮食问题。耕地资源锐减，农民大量离开耕作土地，弃耕抛荒问题严重，供需矛盾突出，导致我国粮食进口率逐渐增高，粮食安全存在隐患，不利于国家发展和政局稳定。上述问题的出现，表面上看是城市发展速度过快、规模膨胀过大，而深层原因则是，传统经济导向的发展观念片面追求城市规模扩张所带来的经济效益，忽视了城市系统整体的协调发展和综合效益提升。2015 年 12 月，中央城市工作会议召开，对城市工作提出了"框定总量、限定容量、提高质量"的适度发展要求，以提高城市发展的持续性、宜居性。

二、问题提出

2010 年 12 月，国务院颁布的《全国主体功能区规划》，构建了以"两横三纵"为主体的城市化战略格局和"七区二十三带"为主体的农业战略格局。粮食主产区是在农业战略格局中，根据粮食产量、提供商品粮数量、粮食播种面积等确定的主要产粮地区。根据财政部（2013）意见，我国粮食主产区包括黑龙江、吉林、辽宁、内蒙古、河南、河北、山东、安徽、江苏、湖南、湖北、江西、四川共 13 个省（自治区），面积占全国的 40%，人口占全国的 58%[①]。粮食主产区城市，是在粮食主产区内负有重要产量职能的城市。

在全国新一轮的城市发展浪潮中，粮食主产区城市也面临着同样的历史任务。根据国家统计，2014 年全国城镇化率为 54.77%，13 个粮食主产区中，除辽宁（67.05%）、江苏（65.21%）、内蒙古（59.51%）、黑龙江（58.01%）、山东（55.01%）[②] 5 省区外，其他 8 个粮食主产省区的城镇化率均落后于全国平均水平，滞后了国家的城镇化发展战略。从经济发展水平看，除辽宁、江苏、山东 3 个省经济发达外，其余 10 个省（自治区）均为经济欠发达地区，粮食主产区的区域发展水平整体落后。粮食主产区亟须通过城市发展增强辐射能力，带动区域经济、社会、文化水平提升，

---

① 根据中国统计年鉴（2015）、中华人民共和国行政区划有关数据整理。
② 数据来源于《中国统计年鉴（2015）》。

缩小与其他地区的差距，跟上国家城镇化发展的步伐，以满足当地人民不断提高的物质需要与精神文明的合理诉求，保持社会和谐稳定。

但是，在粮食主产区的城镇化实践中，由于长期受到计划体制思维的影响，忽视粮食主产区城市发展规模适度性，存在沿袭"摊大饼"式的城市扩张，粮食主产区城市发展，已显现出耕地占用明显、粮食生产能力下降、粮食安全受到威胁、城市生态环境恶化、社会发展水平与城镇化水平不协调等问题。研究粮食主产区城市的适度发展规模，选择符合粮食主产区城市特色的发展路径，在稳粮强农的原则下，有序推动粮食主产区城市适度发展是必须面对和解答的现实课题。

目前，学界在相关领域已展开研究并取得了成果，但仍存在以下问题：

第一，关于城市发展的导向意见不一。一种观点认为，大城市的规模经济效益已不显著，小城镇是城镇化的发展方向。另一种观点认为，只有大城市才能体现城市的规模功能。对我国城镇化水平的判断也产生了分歧，一些学者认为我国的很多地方已经出现了"过度城市化"现象，另一些学者则认为我国的城镇化水平还明显低于工业化水平。由于对城市发展导向的选择不同，产生了不同的判断结果。

第二，关于城市适度发展规模的测度研究视角单一。现有关于城市适度发展规模的测度研究，成果比较丰富，但成熟的研究基本都是单一的经济视角。城市是生产空间、生活空间、生态空间的综合体，单一的从经济视角进行考量，注重了生产空间职能的发挥，忽视了另外两种空间的发展，其测度结果难免存在偏差。

第三，关于针对粮食主产区城市适度发展规模的测度研究缺乏。现有的对粮食主产区城市发展问题的研究，集中在城市发展对耕地、粮食生产等影响关系的探讨上，对粮食主产区城市适度发展规模的测度研究欠缺。

第四，关于栖息地导向的粮食主产区城市适度发展规模研究未受到关注。城市发展是为了人类更好的生存，以人居为中心、以人类栖息地为导向测度城市适度发展规模的研究较少见到，以栖息地导向测度粮食主产区城市适度发展规模有待研究。

综合上述情况，可以看出：第一，不同的城市发展取向产生了不同的城市适度发展规模判别标准。城市发展是为了更好地满足人类生存和生活发展需要，若要实现这一目标，应当确立城市栖息地的发展理念，以人类栖息环境优化为导向。第二，追逐经济效益的传统发展观念忽视了城市作为一个生态系统的整体性存在，对城市适度发展规模的判断不准确。第三，现有的测度城市适度发展规模研究，没有体现出以粮食生产为主体的城市职能，难以包括粮食主产区城市发展的特殊性，因而缺乏针对性，需要建立符合粮食主产区城市特征的评价与测度体系。

基于此，本书从粮食主产区城市生态系统的整体性出发，提出以栖息地为导向的城市发展理念，结合粮食主产区城市的职能，根据城市系统协调发展和综合效益优化相结合的原则，测度其适度发展规模。力求达到结构与功能的有机统一，提高城市的发展质量，实现以人为本的发展目标。进一步探寻限制栖息地导向的粮食主产区城市适度发展规模的影响因素，探索拓展其适度发展规模的路径选择，为实现粮食主产区城市发展的可持续提供对策建议。

第二节　研究的意义

城市发展，增强其集聚和辐射带动能力，带来经济利益，促进人类文明进步。但是，过度的城市发展，就会出现掠夺与人类共生的物质资源、牺牲人类赖以生存的生态环境、降低人类的生存质量等恶果，最终造成文明的倒退。对粮食主产区城市来说，既要鼓励合理发展，跟上国家的城镇化战略步伐，提高社会经济发展水平，缩短区域差距；又要保持规模适度，防止出现水、土地等资源危机，保证国家的粮食安全，提高居民生活质量和城市宜居水平。因此，以栖息地导向研究其发展规模的适度性势在必行。从粮食主产区城市系统的整体性出发，建立综合发展效益优化的规模适度性测度体系，科学确定粮食主产区城市的适度发展规模，拓展兼顾城市系统协调发展的路径，保证其粮食生产职能的有效完成，保证城市发展的集约性、宜居性、持续性，综合提升城市的竞争能力，既有理论意义，也有实践意义。

第一，本书在对已有文献和粮食主产区城市特征及发展现状研究的基础上，从栖息地导向对粮食主产区城市发展规模的适度性进行研究，提出根据城市系统整体发展协调和综合发展效益优化相结合的原则测度城市的适度发展规模，达到城市结构与功能的有机统一。结合粮食主产区城市职能，从系统的角度进行综合判断，提高测度的针对性、全面性、准确性和有效性，是对城市适度发展规模测度研究的进一步深入。

第二，依据城市适度发展规模理论、栖息地理论、生态文明理论等基础理论，分析栖息地导向的城市系统特征和发展机制，提出栖息地导向的城市适度发展内涵，建立栖息地导向的粮食主产区城市适度发展概念模型和分析框架，对城市适度发展理论做有益补充。

第三，构建栖息地导向的粮食主产区城市发展效益综合评价体系、发展规模适度性测度模型和探寻适度发展规模形成因素的灰色关联分析模型，为粮食主产区城市制定适度的城市发展目标，分析现状和差距、寻找动态调整城市的发展路径，提供实践指导和决策参考。

第三节　国内外研究综述

一、城市发展规模适度性研究

1. 对城市发展规模适度性的认识

Arthur O'Sullivan（2013）等城市经济学家把城市地区定义为在相对较小的面积里居住了大量人口的地理区域。也就是说，城市地区的人口密度要高于周边其他地区。以人口密度作为基础定义城市，原因在于不同经济活动的频繁接触是城市经济的本质特征，而这些活动只有在大量厂商和家庭集中于相对较小的区域内才能发生。厂商和家庭在城市集中，带来了集聚经济效益，促进了城市经济快速发展，使其成为区域经济的优势地区，进一步吸引人口、资本等生产要素的聚集。Sveikauskas（1975）研究发现，相对于小城市，以职工平均产出和职工工资度量的大城市劳动生产率更高，城市规模每扩大一倍，劳动生产率平均可以提高约 4.77%~6.39%。

随着经济发展，新经济活动比之前需要具有更高技能的劳动力和更多的专业化服务，这些生产要素更容易从城市尤其是大城市获得，因而使城市更有利于产业的发展。于是，城市化进一步增强了城市的吸引力，城市为工业品生产也提供了越来越大的市场，城市规模也随之逐步扩大。Glaeser（1992）提出，集聚经济促进了知识溢出，产生了正的外部性，带来生产效率的提升。Lee（1998）认为集聚能够导致更大的集聚，随着企业增多，城市规模将越来越大。Au 和 Henderson（2006）认为，集聚经济是城市产生和发展的主要驱动力。

但是，随着发达资本主义国家城市生态环境的恶化和拉美国家"过度城市化"等"城市病"与"城市危机"的出现，学界对城市发展问题出现了不同的看法，进而开始关注城市的发展规模优化问题。国内外的主要研究成果如下：

（1）国外相关研究

Gupta 和 Hutton（1968）认为最优城市规模是使公共服务的平均成本最小的人口规模。Evans（1972）认为最优城市规模是使生产成本最小的城市规模。Starrett（1973），Neutze（1974），Flatters、Henderson、Mieszkowski（1974），Tolley（1974），Arnott（1979）认为市场失灵导致了非最优规模。Dixit（1977）认为最优城市规模由生产的规模经济和交通的拥挤程度共同决定。Arnott（1979）拓展了迪克西特的研究，提出边际地租等于对萨缪尔森公共物品（Samuelsonian Public Good）的支出为达到最优城市规模的必要条件。Edwin Mills（2002）认为由规模经济所带来的商品生产资源节约被不断增加的人均资源成本恰好抵销时的城市规模是最优的。Arnott（2004）认为最优城市规模应是实现总社会福利或人均社会福利最大化时的人口规模。

总体来看，国外学者对最优城市规模的理解从单一的生产成本最小决定论，发展到有利于城市规模扩大的因素和限制城市规模扩大的因素相互作用的平衡论，再到总体社会福利最大化的认知过程。

（2）国内相关研究

俞勇军（2005）从城市经济效益最优化的角度解释了城市适度空间规模。张应武（2009）从城市经济增长角度寻找最优规模。金琳（2014）以居民幸福感最大化来考察最优城市规模。金晓雨（2015）基于城市效率研究将适度城市规模定义为城市有效发挥效率时的规模。孙祥栋（2015）将城市适度规模界定为城市单位生产成本最小所对应的规模。

可以看出，我国学者对城市规模适度性的界定和国外学者基本相同，通常是根据研究角度，选取成本最小、效益最大或者"成本—收益"平衡的方法。

2. 城市适度发展规模形成机制研究

（1）国外相关研究

根据研究视角，国外对城市适度发展规模形成机制的研究可以分为城市发展动力角度和城市发展效能角度两个方面。

1）城市发展动力角度。Von Thünen（1826）创立了单中心城市模型，解释了前工业经济时期城市周边农业的生产区位，开启了城市经济学领域的规范化研究。Alonso（1964）继续了 Thünen 的研究，把 Thünen 模型中的城市称为中心商务区，把工人分布在中心商务区的周边。在他们的单中心模型中，城市半径受到通勤成本和居住成本之间权衡的影响。虽然他们的研究尚属于规模收益不变和完全竞争模型的范畴，但提示了城市将形成"核心—边缘"结构，城市的发展规模有限。Paul Krugman（1993）引入"社会物理学"思想，认为经济空间形成是方向相反的力量共同作用的结果：向心力促使人类活动集聚，加强经济活动空间集中；离心力促使人类活动分散，排斥经济空间集中，在二力的平衡下，经济空间形成。Krugman（1980）拓展了迪克西特—斯蒂格利茨垄断竞争模型，建立了 DSK 模型，提出了本地市场效应（HME）。Martin 和 Rogers（1995）继而提出了 HME 表达式。他们从贸易角度解释了聚集限度问题。Krugman（1997）运用 DSK 模型，引入了劳动力迁移的影响，进一步解释了空间均衡。Fujita（2004）也认为由聚集限度导致的空间均衡决定了城市未来的发展。

美国城市经济学家 Arthur O'Sullivan（2013）认为，聚集经济是城市发展的向心力。原因是，集中生产和集中交换可以产生更高的收益。集聚经济来源于规模收益递增。马歇尔经济学——描述经济活动空间集聚导致某种优势的经济学，其中隐含的微观经济机制总体上导致了厂商空间集聚时的规模收益递增。城市发展的离心力主要是交通运输成本和居民生活成本。随着城市空间（即规模）扩大，这些成本也逐渐扩大，成为城市进一步发展的阻力。欧洲经济学家 Combes、Mayer、Thisse（2008）利用图解法说明了工业劳动力的边际生产率变化，显示出规模收益呈 S 形的变化特征。原因如下：对于低水平的产出，规模收益递减；当产出超出某一临界值时，使用大规模的生产技术导致规模收益递增；当产出量非常大时，再次出现规模收益递减特征，因为各种约束条件限制了更大规模生产的收益递增。当城市发展出现规模收益递减时，城市规模达到最优。

上述研究表明，规模收益递增和聚集成本之间的权衡决定了经济空间。对于城市经济来说，就是集聚经济有一定的限度，随着城市规模扩大，交通运输成本和居民生活成本相应提升，当城市内企业的生产经营和居民的生活达到"成本—收益"均衡时，城市规模理论上达到最优。

2）城市发展效能角度。信息化经济的来临，使城市功能和结构发生了深刻转变，西方学者大多认为城市化是经济发展的必然趋势，同时也认为盲目的人口迁移不仅与城市化本来的目的相违背，而且会导致"过量城市化"，将对城市发展的质量造成严重威胁。Krugman（1991）利用冯·杜能经济体（即单中心经济体）研究了城市人口规模与实际工资之间的关系，推导了二者的函数表达式，证明了城市人口规模与实际工资之间存在反 U 形关系。Krugman（1993）又从劳动力流动性角度解释了聚集效应，并和 Venables（1995）进一步建立了包含中间投入品作用的模型，揭示了在聚集发生过程中，社会福利水平和聚集程度之间的关系为钟形曲线。Tabuchi（1998）认为随着城市规模的扩大，城市的交通成本、地租开始上升，为了弥补这些费用，大城市的工资水平需要相应提高，从而给企业增加了额外负担。Henderson（1974）、Helsley（1990）、Black（1999）、Fujita（1999）、Duranton（2001）认为在集聚经济的作用下，以单位产出的工资水平度量的单位生产成本随着城市规模扩大呈现出 U 形曲线特征，城市的人均产出随着城市规模扩大呈现出倒 U 形曲线特征，Haisasaki（2011）验证了这一结论。O'Sullivan（2012）研究了征收拥挤税对城市居民效用的影响，亦显示出居民效用与城市规模之间的倒 U 形关系。Pundarik Mukhopadhaya（2016）考察了中国的城市规模对工资的影响，证实了钟形曲线存在。

由以上研究看出，从不同角度表征的城市发展效率与城市规模之间存在倒 U 形的曲线关系，城市规模理论上存在最优值。

（2）国内相关研究

在国外研究的基础上，国内对于城市适度发展规模机制问题也进行了研究。由于国外的研究较为充分，国内研究相对较少，主要体现在影响因素分析和发展质量约束两个方面。

1）城市规模的影响因素角度。武俊奎（2012）认为，影响城市规模的因素可以归为两大类：经济因素（即市场因素）和政府因素。经济因素来源于集聚力和分散力的作用。集聚力指城市化经济所带来的收益，即吸引力。分散力指因城市规模扩大所带来的居住、交通等不便而增加的生活成本，即阻力。两种作用力的平衡决定了城市的适度发展规模。政府因素主要包括城市公共基础设施、城市管理水平等。城市公共服务好、管理水平高，能够提高集聚力，在一定程度上扩大城市适度规模。段瑞君（2013）基于分位数回归分析，指出市场规模、公共财政支出、收入差距等因素对城市规模的影响和城市的发展阶段有关。

2）城市发展质量角度。国内学界一度将城市人口规模作为影响城市发展质量的重要因素，运用适度人口规模理论和集聚规模经济理论开展研究，产生了许多成果。代表性的有：周海春（2011）等建立了适度人口规模辅助决策模型，研究了人口对城市经济发展的影响。王德利（2013）在系统分析城市发展质量内涵的基础上，提出城市规模是城市化发展质量的主要影响因素，并分析了其对城市发展质量的影响。

通过上述研究可以看出，国内外学者从经济发展角度对城市发展规模适度性问题的探索成果丰富，也比较深入，确定了城市发展存在规模适度性并界定了内涵，探究了城市适度发展规模形成机制和影响因素，对本书有很好的借鉴作用。

二、粮食主产区城市的发展规模适度性研究

城镇化、工业化是人类社会经济发展的必然过程，也是中国统筹城乡发展、全面实现小康的必经之路。粮食主产区同时也是人口密集、经济相对落后的地区，城镇化率多数低于全国平均水平，城镇化的任务更加艰巨，在发展过程中要处理的关系也更为复杂。研究这一类型区域的城市发展就显得尤为重要。

（1）国外相关研究

Krugman（1991）提出单个城镇是其所在区域及国家的一部分，在经济系统中所承担的职能对其人口规模形成有重要影响，提示研究粮食主产区城市规模要考虑其所承担的保障国家粮食安全的职能特征。Li XB（2003）认为粮食主产区的城市发展应关注耕地集约利用，保证粮食生产。Friedmann（2006）认为城市化是一个动态的、多维度的社会空间过程，包括人口、经济、社会、空间等内容，应保持相互之间的协调与平衡，粮食主产区的城市发展在经济方面具有特殊性，应关注耕地利用和粮食安全。Liu Y 和 He S（2010）认为中国的城市化发展面临着 Peri-urbanization（半城市化）、"鬼城"、交通拥堵、环境污染、生态破坏等问题，粮食主产区

显现出的耕地数量和质量下降、耕地撂荒等现象，其主要原因是城市规模扩张过快。Zhang L（2008）提出，对粮食主产区的城市发展研究应注意内涵、测度、驱动力等方面，Chaolin G U 和 Liya W U（2012）更强调了对粮食主产区的城市发展质量和时空演变分析。Chen-Mingxing（2013）等研究了中国 1960~2010 年 50 年的城市发展数据，发现自 2004 年起中国的城市化发展速度已快于经济发展的速度，土地城镇化问题突出，大部分粮食主产地区都存在如此情况，认为目前城市发展的核心是提高质量。Xiangbin K（2014）进一步提出，粮食主产区的城市发展健康与否，不仅决定了城市未来的发展质量，还将对国家的粮食安全产生重要影响。

（2）国内相关研究

近年来，国内学者开始关注粮食主产区城市的发展，文献成果较为丰富，研究角度概括起来分为以下五个方面：

1）城市发展对耕地的影响。中国社会科学院发布的《城乡一体化蓝皮书》（2012）指出，工业化、城镇化的快速推进导致土地要素流出粮食生产领域，致使工业化、城镇化与粮食生产相互争地的矛盾日益突出。焦张义（2012）提出，房价提高和人们对生态环境的重视，使城市趋向于对称分布，促使大城市与小城市的规模差距逐渐缩小，如果区域以自身效用最大化为目标，在其他因素一定的情况下，政府将倾向于把城市规模做大，通过不断扩张城市边界以供给居住用地和生态用地，抵消集聚的负效应，从而导致耕地减少。余欣荣（2013）、程广燕和王东阳（2013）等研究发现，全国城镇化率每提高 1%，耕地就会减少 40 万平方千米。

2）城市发展对粮食产量的影响。何蒲明和王雅鹏（2008）实证研究发现，耕地面积每减少 1%，粮食产量减少约 1.78 %，在导致湖北省 1990~2004 年粮食总产量减少的因素中耕地面积减少约占 71%，而引起耕地面积减少的因素中有 65% 源于城市规模扩大。表明在城市发展过程中，因耕地保有量减少所带来的粮食生产能力损失，不能被同期因技术进步而获得的生产能力提高所弥补。康磊和吴佩林（2010）提出，要协调好城市发展与粮食生产的关系，合理规划城镇用地，以保障粮食稳定生产。石如根（2012）认为，从自然生态条件看，我国国土面积中适宜城镇发展的区域仅占 22%，且又与适宜农业发展的地区高度重合，这直接导致了城镇化与粮食生产之间的紧张关系。杨强和黄静静（2014）以河南省为例，研究了城市发展与粮食产量之间的变动关系，发现城镇化率每增长 1%，粮食产量下降 2.74%；常用耕地面积每减少 1%，粮食产量减少 12.4%。对粮食主产区来说，面对着破解粮食稳产增产和城市发展之间矛盾的难题。

3）城市发展对农业生态和粮食安全的影响。崔亚平（2011）指出，未来我国的粮食需求呈刚性增长，而耕地减少、水资源短缺、气候变化等问题对粮食生产的约束已日益突出，粮食安全受到威胁。田东林（2011）以云南省为例，论证了在城镇化推进过程中，因大量农业用地和优等土地被占用，导致耕地面积锐减和农业生产结构扭曲，致使农业生态安全日益严重，提出有序推进城市发展来保障粮食安全。商勇（2012）指出，由于工业化、城镇化进程加速，河南省已出现了耕地面积减少、农村劳动力流失等现象，粮食生产受到影响，同时粮食总需求仍在激增，粮食安全压力增大。近年来，我国粮食进口量在直线上升，大量农民离开土地后，粮食安全问题将更加紧迫。钟甫宁（2012）通过研究城乡过去近 15 年的食品消费结构，发现动物性产品的食品消费增长，是我国粮食需求增长的主要原因。随着居民生活水平提高，粮食需求还将继续增加，供求矛盾加剧直接危及粮食安全。蒋高明（2013）指出，中国用全球 7% 的土地，养活了全球 20% 的人口，其代价是消耗了全球 35% 的氮肥和 70% 左右的可用水资源，化肥、农药使用量是欧美的 2~3 倍，商业化种子价格是传统种子的数倍，不恰当的城镇化使我国本已十分紧张的粮食安全问题和生态问题雪上加霜，将成为我国城镇化过程中最突出的问题。

4）城市发展对土地集约利用的影响。赵京和杨钢桥（2010，2011）就经济发展水平和我国粮食主产区的耕地集约利用水平进行了比较研究，认为经济发展是耕地集约利用程度提高的必要条件，但不是充分条件。原因是在农业比较利益较低的情况下，城市化水平提高导致大量农民弃农进城务工或经商，致使在经济发展的某一阶段，耕地集约利用程度反而降低。陈瑜琦和李秀彬（2011）等对不同经济发展水平地区的耕地利用情况进行了比较，发现经济发达区域对粮食增产性投入的积极性下降，对省工性投入的积极性增加。表明经济发达区域的粮食生产缺乏比较优势，农户在更多非农务工机会和非农务工工资驱使下，因偏好劳动生产率提高而从事非农生产，终将影响城市化水平高的粮食主产区的粮食生产，不利于保障粮食安全。郑华伟和刘友兆（2011）认为，城市发展与土地集约化利用存在长期的均衡关系，城市发展是土地集约利用的 Granger 原因，但二者短期内失衡，在处理城市发展与土地集约利用的关系时，应采取长期而非短期策略，有序推动城市发展。

5）"三化"协调发展。在经济发展过程中，工业化首先会带动城镇化发展，工业化、城镇化反过来又带动农业现代化发展，这是世界各国现代化进程的一般规律，从逻辑关系看，三者具有协同性。刘玉（2007）认为农业现代化依赖城镇化，同时农业现代化能够推动城镇化；作为农业发展的高级阶段，农业现代化需要工业化、城镇化的物质基础；城镇化作为整个社会经济发展的结果，离不开农业现代化的贡献。夏春萍（2010）认为，城镇化发展加速了农村剩余劳动力转移并促进农业产业化水平提高，而农业现代化为城镇化提供了有效的产品供给保障，能够为城镇化发展创造有利的市场条件。吴文倩（2007）、陈志峰和刘荣章（2012）等认为，城镇化给农业现代化提供技术、资金支持，优化农业产业结构，推动农业现代化水平提高，农业现代化的加速发展为城镇化创造市场环境，并为城镇化发展提供劳动力、土地等生产要素。然而，实证研究表明，当前我国工业化已进入到发展中期阶段，城镇化率有了显著提高，但农业现代化却明显滞后。孙致陆和周加来（2009）发现，农业现代化水平提高会促进城市化水平提高，但城市化水平提高对农业现代化水平提高有阻碍作用。王贝（2011）研究了我国1995~2009年工业化水平、城镇化水平和农业现代化水平之间的变动关系，发现三者存在长期的协整关系，总体上农业现代化与工业化、城镇化呈反向变动趋势。这些研究表明，粮食主产区城市应放缓城市发展速度，加快农业现代化进程。

对国内研究成果进行梳理，如表1-1所示。

表1-1　粮食主产区城市发展研究视角和启示

研究视角	学者（机构）	年份	观点和启示
城市发展对耕地的影响	中国社会科学院	2012	城市发展对耕地的占用表现十分明显
	余欣荣	2013	
	程广燕、王东阳	2013	
城市发展对粮食产量的影响	何蒲明、王雅鹏	2008	城市发展导致常用耕地保有量减少和质量降低，由此引起的粮食生产能力损失不能被同期技术进步带来的生产能力提高所弥补，结果导致粮食减产
	康磊、吴佩林	2010	
	石如根	2012	
	杨强、黄静静	2014	

续表

研究视角	学者（机构）	年份	观点和启示
城市发展对农业生态和粮食安全供求的影响	崔亚平	2011	城市发展使粮食供给面临较大威胁，而粮食需求则呈刚性增长，日益突出的粮食供需矛盾致使农业生态和粮食安全存在危机
	田东林	2011	
	商勇	2012	
	钟甫宁	2012	
	蒋高明	2013	
城市发展对土地集约利用的影响	赵京、杨钢桥	2010 2011	我国尚处于农业比较利益较低的阶段，城镇化还不能带来耕地集约利用程度提高，故应采取长期策略，有序推进城市发展，否则，将危及粮食安全
	陈瑜琦、李秀彬	2011	
	郑华伟、刘友兆	2011	
"三化"协调发展	刘玉	2007	从逻辑关系看，城镇化、工业化、农业现代化存在依赖和协同关系，应该协调发展
	夏春萍	2010	
	吴文倩	2007	
	陈志峰、刘荣章	2012	
	孙致陆、周加来	2009	从实证研究结果看，不适度的城市发展阻碍了农业现代化
	王贝	2011	

资料来源：根据文献整理。

　　从以上研究可以看出，城市发展能够带动区域经济增长，但粮食主产区城市发展要在保证粮食生产职能的前提下进行，有其特殊性和复杂性。而当前我国粮食主产区已出现的耕地占用明显、粮食生产能力下降、粮食安全受到威胁、社会发展水平与城镇化水平不协调等问题，城市规模扩张过快是主要原因。但是，现有研究集中在粮食主产区城市发展对耕地、粮食生产等影响关系的探讨上，对如何测度并保持粮食主产区城市发展规模的适度性，以及如何在保证粮食供给前提下有序推进粮食主产区城市发展，从而解决发展不协调问题的研究不多，有必要在这方面做一补充。

三、栖息地导向的城市发展规模适度性研究

随着人口增长对生存环境压力增大和生态环境恶化，人们对生存环境的重视程度日益提高，人类开始关注栖息环境和生活质量，国内外关于城市发展问题的研究受人口社会学、生态学等学科的影响也越来越明显。

（1）国外相关研究

1）关于城市生态环境方面。Mills（1972）认为，人口密度提高、城市规模扩大会引起生活成本上升、环境污染、交通拥挤、犯罪等问题。Krugman（1993）将影响城市发展的因素分为第一自然（First Nature）和第二自然（Second Nature），第一自然来源于城市的自然条件禀赋，第二自然发生的机制是规模经济所带来的累积因果效应。城市的发展先由第二自然起主导作用，到达一定程度以后，第一自然的作用开始显现。Carl Pope（1999）认为，城市规模扩张耗费了大量的自然资源，破坏了自然环境，对生态环境构成威胁。在 Forslid 和 Ottaviano（2003）、Elbers 和 Withagen（2004）、Van Marrewijk（2005）等建立的新经济地理模型中都把环境污染作为聚集的分散力来处理，环境污染成为城市发展的阻力已逐渐成为学界共识。Andreas 和 Quaas（2007）提出，城市发展导致人们必须在高工资水平和高污染水平之间不断权衡，将对人口迁移的劳动力产生影响。Ridder（2008）等指出，城市规模过度扩大会带来环境恶化、能源供应紧张等问题。Zhou P（2014）分析了中国西部城市人口扩张的现状，指出过度的人口规模已经为城市发展带来了诸多难题。

2）关于居民生存质量感知方面。Goldberg（1999）根据美国城市的交通费用数据指出，城市规模扩大使人们不得不花费大量的时间和金钱在交通上，并且造成了交通拥堵，导致生活质量降低。Carl Pope（1999）认为，城市规模扩大会拉大人们之间的交往距离，造成人们认同感的缺失。Wills 和 Hamilton（2007）比较了多伦多、波哥大、贝洛奥里藏特三个典型城市居民的主观幸福感，认为收入水平不是决定幸福指数的唯一因素。Morrison（2007）研究了城市特征与主观幸福感之间的关系，认为在控制了影响幸福感的个人因素之后，城市规模对幸福感有着独立的影响。Graham 和 Felton（2005）研究了拉美的幸福指数，他们根据城市规模对被调查者进行分类，发现小城市的被调查者比大城市的更为幸福。Dockery

（2003）、Peterson（2005）、Hudson（2006）、Graham 和 Felton（2006）分别对澳大利亚、美国、欧洲 15 国、拉丁美洲 18 国进行研究，发现了生活在大城市会减少主观幸福感的共同特征。Zheng Siqi（2009）通过气温、降雨量、绿化、空气质量等指标分析了城市规模扩大对城市生活质量的影响，认为城市规模扩大与宜居化发展并不同步。Matthew（2010）探寻了城市规模扩大与房价和 FDI 投入的关系，认为中国城市在逐步向宜居化发展。

（2）国内相关研究

国内关于城市规模与城市宜居关系的研究近年来开始出现，但总体不多。李文宇（2011）通过对我国 26 个省会城市面板数据的分析，认为当前我国中心城市的发展总体上导致了宜居程度下降。孙浦阳和武力超（2010）综合市民教育、环境保护、城市交通、就业方式、产业结构及城市房价等因素构建了宜居指数，选择 30 个省级行政区、以 1998～2008 年数据，从宜居角度对最优城市规模进行了实证研究，发现从省域尺度上看，我国各区域在城市规模扩大过程中，城市人口与城市宜居水平之间理论上存在倒 U 形关系，抛物线顶点对应人口约为 2164.6 万人。袁正（2012）等通过实证检验，指出我国城市规模与居民幸福感之间呈现倒 U 形关系，随着城市规模增加，居民的幸福感先增加后降低，倒 U 形曲线顶点对应的为居民最幸福的城市规模，约为 287.5 万人。孙三百（2014）对涵盖我国东中西部地区 26 个省、大中小 83 个不同城市的人口规模和居民幸福感进行了研究，发现微观个体的幸福感与城市规模呈现 U 形关系，城市人口规模在 300 万人时，居民个体的幸福感最低。

从上述研究可以看出，虽然关于城市规模与宜居问题的研究已进入到学界视野，但其研究尚未规范全面，研究结论也不统一，不同的区域尺度得出的结论也有偏差。例如，袁正与孙三百二位学者的研究结论就截然相反；同是关于中国城市的研究，我国学者李文宇和外国学者 Matthew 等的研究结论也有矛盾。另外，还有一个显著的共同特征是，关于粮食主产区这类负有特殊职能城市的研究尚未受到关注，研究成果难以见到。

四、城市适度发展规模测度研究

（1）国外相关研究

Baunolw（1967）和 Alonso（1971）创立了城市人口规模的二次函数

模型。Alonso（1974）从成本和收益角度分析了最优城市规模，假设城市成本和城市收益的变化是城市规模的函数，当边际成本和边际收益相等时，对应的规模即为最优城市规模；当平均成本和平均收益相等时，对应的为均衡规模。John Barton 把成本和收益转换为与城市规模相关的个人费用和效益，还寻找了城市生活每人净效益最高时的规模。Richardson（1972）在批判最小成本理论的基础上提出了最小临界规模（或城市规模范围）概念；F. Kamalsalih（1978）提出了城市机能效率理论；Earlin G. A.（1982）提出聚集经济理论；Capello R. 和 Camagni R.（2000）提出的城市网络理论等都具有一定的代表性。Eaton 和 Eckstein（1997）采用空间 Lorenz 曲线和转移动态的分析方法，分析了法国和日本的城市规模分布演化规律，探讨了城市经济增长的空间依赖性。Fujita、Krugman、Mori（1999）在 Fujita（1997）研究的基础上，结合空间一般均衡和动态经济学的分析方法，建立了改进的模型，对城市规模分布演化成因的探索更进了一步。Duranton 和 Puga（2003）将 Dixit-Stiglitz 垄断竞争模型引入单中心城市增长模型，得出了最优城市规模与聚集经济关系的表达式。Vicente Royuela（2005）等证明了空间发展的钟形曲线在任意数量的等距区域之间都存在。Au 和 Henderson（2005，2006）通过建立生产函数对中国 200 多个县级以上城市进行估计，发现超过 80% 的样本城市没有达到最优规模。Duranton（2007）建立了基于产业扰动（Industry Churing）影响效应下的技术变动城市模型，Esteban RossiHansberg 和 Wright（2007）建立了基于内生经济增长理论的城市模型，充实了这一方面研究。

这些研究得出的有关城市规模的结论因区域自然环境、人口密度、产业结构和经济发展水平的不同而各异，没有真正建立起一个公认的城市规模最优化的技术模型，但引起了学者们对城市人口规模最优值测算的关注，使其成为关于城市发展研究的重要方向。例如：Adachi（2012）测算出日本东京人口已接近峰值。Kim（2013）基于可计算的一般均衡模型，以经济发展水平为主要考量，测算了韩国首尔的人口规模经济效率。

（2）国内相关研究

周加来和黎永生（1999）认为，城市规模应该是人口与产业规模的有机统一，并进行了测度。俞燕山（2000）运用数据包络分析方法，综合土地、资本、劳动力等三方面要素，比较了不同规模城市的综合效率。陈彦光和周一星（2003）采用分形理论探讨了城市规模与产出之间的关系，构建了函数模型。马树才和宋丽敏（2003）认为，城市发展没有最优规模，只有合理的规模和水平区间，并对适度规模进行了测度。金相郁（2004）利用 Carlino 模型求证了北京、天津、上海三个城市的最优规模。陆希刚（2005）认为，中心性城市及其影响区域之间存在合理的中心度问题，依据合理的中心度，可以估算区域中心城市的稳定态规模。安虎森（2008）等建立了新经济地理学框架下的城市体系模型，总结评价了城市最优规模理论进展情况，分析了城市发展的空间因素。许抄军（2009，2014）基于城市环境质量、资源消耗、人口素质及两型社会等不同角度，通过实证对城市的最优规模进行了研究。王俊和李佐军（2014）构造了城市规模和因其规模扩大而产生的拥挤效应之间的函数关系，从拥挤效应角度分析了经济增长和城市规模之间的关系，给出了最优城市规模的估算模型。

王小鲁和夏小林（1999）研究了城市聚集经济与城市适度规模之间的关系，基于 C-D 生产函数构造了城市"规模—收益"函数，建议我国城市最优规模区间为 50 万~200 万人。郑亚萍和聂锐（2010）用 2005 年中国 129 个地级及副省级市的相关数据，建立"人均地方财政一般预算收入—城市规模"模型，发现二者为横 S 形曲线关系，得出城市适度人口规模为 170 万~250 万人的结论。刘爱梅和杨德才（2011）以柯布—道格拉斯生产函数为基础，利用全国 287 个地级市 1999~2008 年的面板数据，检验了城市规模、资源配置对经济增长的影响，发现人口规模在 400 万人以上的城市，其经济增长与城市规模的相关关系与人口规模在 400 万人以下的城市相比显著降低；而在城市化率低的地区，其城市规模、城市化率与经济发展的相关性更大。表明，当城市规模达到一定程度以后，其集聚经济效应明显降低。高虹（2014）考察了城市人口规模变化对劳动力收入的影响，发现二者具有正相关性，认为城市规模扩大能通过集聚效应促进劳动生产率提高和劳动力实际收入水平增加，但其只考虑了物价因素，没有考虑城市交通、环境等因素对实际收入水平的影响。梁婧和张庆华等（2015）利用中国 2003~2009 年地级以上城市数据，回归分析发现，地级市的城市规模与劳动生产率呈现出显著的倒 U 形关系。孙祥栋等（2015）基于集聚经济理论，构造了城市单位生产成本函数，发现城市的单位生产成本随着城市规模扩大呈现出 U 形曲线特征，指出城市规模不能无限制的扩大；并利用中国地级市的面板数据进行回归分析，得出在其他条件不变的情况下，城市的适度规模为 420 万人的结论，且城市的适度规模部分地取决于其产业特征，制造业集聚型城市的适度规模较小，生产性服务业集聚型城市的适度规模更大。

从以上研究可以看出，国内外现有的关于城市适度发展规模测度的研究，基本都是从经济发展角度，利用生产函数、集聚效应等经济模型，对城市适度发展规模进行测度。这些研究虽然方法成熟，但由于没有考虑到城市的生产空间、生活空间、生态空间综合体属性，缺乏系统论指导，未从城市系统协调发展角度以栖息地导向进行综合研究，其测度结果难免存在偏颇。

五、高质量新型城镇化研究

王晓玲（2019）认为城镇化质量应分为物质文明、生态文明和精神文明三个层次，涵盖经济增长质量、生态环境质量、社会发展质量、空间和基础设施质量等方面，提出经济、社会、生态、管理和空间的协调发展应是城市和区域关注的主要问题，由高速城镇化向高质量城镇化转型，需要在经济、社会、生态和空间等方面全面实现高质量发展。陈明星（2019）从人本性、协同性、包容性和可持续性四个方面解读了新型城镇化认知与建构的理论内涵：协同性是经济、人口、社会、土地协调发展；人本性是城市建设、城市人口经济增长服务于人的发展；可持续性是资源节约、环境友好、生态多样、气候变化适应；包容性是不同人群之间的和谐相处。方创琳（2019）考虑到中国新型城镇化发展的地域差异显著，认为新型城镇化高质量发展客观上要因地制宜、因类指导，提出将全国新型城镇化高质量发展区域划分为城市群地区（Ⅰ）、粮食主产区（Ⅱ）、农林牧地区（Ⅲ）、连片扶贫区（Ⅳ）、民族自治区（Ⅴ）共五大高质量发展类型区和47个亚区，强调明确不同类型地区城镇化高质量发展的主体功能，粮食主产区城镇化发展区（Ⅱ）承担优先保障国家粮食安全主体功能、积极稳妥推进新型城镇化功能和推进城乡一体化和乡村振兴功能，而高质量发展的一个重要体现就是不能超过区域资源环境承载能力。龙亮军（2019）采用PCA-DEA组合方法，选取考虑松弛变量的非径向Super-SBM模型对我国35个主要城市2011~2015年生态福利绩效进行测算和评价研究，并运用DEA-Malmquist指数分析方法对城市生态福利绩效进行动态分析，认为在"十二五"期间，我国35个主要城市生态福利绩效整体水平不高，未达到最有效的生产前沿，而技术进步是我国城市生态福利绩效提升的主要因素。

六、研究述评

综上所述，国内外学者关于城市发展规模适度性问题的研究成果众多，对城市规模适度性相关方面的研究正趋于深入。学者们关注的方向主要集中在城市发展的动力、城市发展的效率、城市适度发展规模形成机制、城市适度发展规模测度几个方面，并由此提出了城市合理发展的建议。中外学者关于城市发展规模适度性的认识一致，都认为城市发展的内在动力是由规模收益所产生的"集聚经济效应"，城市发展的阻力是伴随着集聚而产生的"拥挤效应"，二者的平衡决定了城市发展规模。对城市发展效率的考量主要从城市均衡工资水平、社会福利水平、单位生产成本、人均产出方面进行研究，成果丰富，较为成熟，结论也基本一致，城市规模与城市效率的关系呈倒 U 形。这些研究给本书以借鉴和启示，但因其忽视了城市作为一个生态系统的整体发展，也存在如下不足：

第一，以栖息地导向研究城市的适度发展规模问题未受到有效关注。关于城市适度发展规模的测度，理论基础基本上属于成本最小论、效益最大论、"成本—收益"平衡论的范畴，方法上多采用柯布—道格拉斯生产函数或 Carlino 工资函数等经济模型。虽然不同学者选择的角度不同，但总体来说，现有研究基本是从单纯的经济视角进行考量，强调了城市发展的经济收益，关于城市是人类的栖息地，城市发展是为了创造人类更好的栖息环境未得到充分体现，有关的实证研究更少见到。

第二，从城市宜居性方面进行的发展规模适度性测度研究，缺乏完备的测度原则，结论不一。随着生存环境压力增大，中外学者已开始注意到城市规模对城市生态环境和居民生活质量的影响，并试图从这一角度寻找城市适度发展规模。但因认识尚未统一，也缺乏系统论的指导，不同学者从不同角度选取若干指标进行测度，导致研究结论差距很大，有的甚至截然相反，难以判断所给出的对策建议是否合理，有的适度规模区间跨度太大、精度不高、指导性不强。

第三，缺乏科学的评价体系，基于城市系统协调发展、城市综合发展效益优化的规模适度性测度方法研究尚处于探索阶段。近年来，关于城市居民效用、城市发展质量和城市规模关系的研究开始出现，但因缺乏系统、完善的评价体系，其研究又与城市经济发展割裂开来，关于自然、社会、生态等因素对城市发展规模的影响未有效融入到研究中。正如有学者提出的，用指标体系法测度城市的适度规模，能够考虑城市在经济总量、产业结构、资源禀赋等方面的差异，避免了单一指标的片面性，但研究不多。

第四，关于粮食主产区城市的发展规模适度性研究，成果缺乏。中外学者关于城市发展规模适度性问题的研究虽然丰富，但其研究对象均为一般意义上的城市，或者以工业型、贸易型城市居多。虽然国内学者对粮食主产区城市发展的相关问题已有不少研究成果，但目前仍集中在城市发展对耕地和粮食生产等影响关系的探讨上，并未延伸到对粮食主产区城市适度发展规模测度问题的研究。

第五，对于高质量新型城镇化的研究尚处于理论内涵构建的起步阶段，需要深入探索其发展规律和发展路径。

总体来说，中外学者关于城市发展规模适度性问题的研究对本书提供了很好的借鉴，但城市是一个由"自然—经济—社会"构成的复合生态系统，仅从经济发展角度测度其适度发展规模，显然存在偏颇，仅采用生产函数模型用计量经济学方法测度，难以融入自然和社会系统维度，更难以考虑城市系统协调发展，应转向复合系统驱动模型来深化研究。对于粮食主产区城市来说，仅揭示其发展与粮食出产的变动关系显然是不够的，对于当前我国的城镇化发展战略来说，粮食主产区城市也面临着同样的任务，研究其如何适度发展更具有现实意义。

粮食主产区城市发展是人口、资源、社会、环境、经济等诸多要素构成的复合系统，城市规模对其发展质量有双向影响。城市规模小导致集聚经济正向作用发挥不足，削弱了城市的辐射能力，导致区域经济整体落后；城市规模过大，使农业生产要素流入城市过多，必将危及粮食生产，还将带来城市危机。城市既是生产空间，又是生活空间。粮食主产区城市发展如何从栖息地导向出发，实现"生产空间集约高效""生活空间宜居适度"，达到发展协调与效益优化有机融合，是本书重点解决的问题。另外，基于栖息地导向的粮食主产区城市发展效益综合评价研究尚处于缺失状态，本书将做以补充。

第四节 研究内容、方法与技术路线

一、研究内容

本书选择以栖息地为导向研究粮食主产区城市的发展规模适度性问题，根据栖息地理论和生态文明理论，确定栖息地导向的粮食主产区城市适度发展内涵，建立发展规模适度性理论模型，评价发展效果，测度适度发展规模，寻找限制适度发展规模的因素，对未来发展进行预测，探索突破发展瓶颈的路径。

本书主要进行了以下探索：①依据多学科理论，提出栖息地导向的城市适度发展内涵，建立栖息地导向的粮食主产区城市适度发展理论模型和分析框架，对城市适度发展理论做出了有益补充。②根据城市整体发展协调和综合效益优化相结合的原则，测度粮食主产区城市的适度发展规模，达到结构与功能的有机统一，完善了适度发展规模测度方法。③构建栖息地导向的粮食主产区城市发展效益综合评价体系、发展规模适度性测度模型；建立探寻适度发展规模形成因素的灰色关联分析模型、未来发展预测模型；以典型的粮食主产区城市河南省南阳市为例，进行了评价、适度发展规模测度、成因分析和预测。④依据研究结果，结合栖息地导向的发展内涵，提出粮食主产区城市拓展适度发展规模的路径。

二、研究方法

本书结合粮食主产区城市特征，从栖息地导向研究该类型城市的发展规模适度性问题，运用科学的方法论作为指导，除用到专家访谈、静态分析、动态分析等方法外，重点采用了以下几种研究方法：

（1）系统分析法

对栖息地导向的粮食主产区城市发展规模适度性的理论分析，实际上是区域发展的动力机制、促进机制、反馈机制与复合生态系统的经济子系统、社会子系统、环境子系统的相互作用关系研究。运用系统分析方法，能更好地揭示城市生态发展的内在机理，把握关键的调节因素，选择科学的发展路径。

（2）数理统计分析法

采用回归分析法构建粮食主产区城市发展规模适度性测度模型，采用灰色关联分析法探寻限制粮食主产区城市适度发展规模的影响因素。以客观数据为依据，通过统计分析，挖掘数据中潜藏的内在规律，从而保证研究工作的科学性和严密性。

（3）灰色系统预测

根据栖息地导向的粮食主产区城市系统的发展特征，建立灰色 DGM（2，1）模型对城市生产空间系统和城市人口规模的发展进行预测，建立灰色 Verhulst 模型对城市生活空间系统和城市发展承载系统的发展进行预测。根据预测结果对研究成果做进一步验证。

（4）综合集成赋权

对栖息地导向的粮食主产区城市发展效益的综合评价研究，采用熵值法与层次分析法综合集成赋权，主客观赋权方法相结合，既利用指标的变异程度客观反映信息，又体现了评价因素的相对重要性，二者优势互补，以保证评价结果的信度和效度。

（5）文献检索与实践调查相结合

通过查阅国内外文献，对相关领域的研究成果进行梳理，重点理清"城市发展规模适度性""城市适度发展规模测度""栖息地导向的城市发展"三方面的研究现状，掌握该领域研究的进展情况和研究方法，为本书打下理论基础。选取有典型代表性的粮食主产区城市进行实地考察调研，深入了解粮食主产区城市的特征，发现其发展过程中存在的困难和问题，以提高所建立的发展效益评价指标体系的应用性与可操作性，提高所提出的拓展粮食主产区城市适度发展规模路径建议的有效性和针对性。

三、技术路线

本书遵循"理论分析→综合评价→规模测度→影响因素确定→未来发展预测→实证检验→路径选择"的研究思路，着力于构建栖息地导向的粮食主产区城市发展规模适度性分析理论和测度方法体系，为确定其适度发展规模提供理论基础和实证分析。

本书研究所采用的技术路线如图 1-1 所示。

图 1-1 本书研究的技术路线

第五节　主要创新点

本书从栖息地视角引入城市系统的协调发展度测度粮食主产区城市的适度发展规模，主要创新之处如下：

（1）观点创新

现有的关于城市适度发展规模的测度研究，基本都是单一的经济视角，忽视了城市系统的整体性，测度结果存在偏差。本书从栖息地视角结合粮食主产区城市特征，提出了在城市的发展承载能力范围内，发挥好城市的生产空间与生活空间两种职能，协调好集约高效与宜居适度两个维度，实现发展的动力、质量、公平有机统一，达到城市系统发展协调与综合效益优化，建造人类宜业宜居栖息环境的城市适度发展内涵，从而实现以人为本的城市发展，是对城市适度发展规模理论的延伸和有益补充。

（2）理论创新

将城市系统分为生产空间子系统、生活空间子系统、发展承载子系统三个维度，结合粮食主产区城市的职能和特征，融合城市综合发展效益优化和系统发展协调，建立了基于栖息地导向的粮食主产区城市适度发展理论模型。本书提出，栖息地导向的粮食主产区城市发展是三个子系统的协同作用，其适度发展原则是达到三个子系统的发展协调和效益优化的有机融合，体现静态适度人口论与动态适度人口论的统一。

（3）方法创新

①提出并验证了城市系统发展呈阶段性倒 N 形曲线的假设；设计并验证了栖息地导向的粮食主产区城市发展规模适度性测度模型；发现利用城市系统协调发展度优化模型测度具有显著优势。②根据系统动态涨落理论和分叉点理论，提出城市系统发展呈阶段性倒 N 形曲线的假设，是对城市发展总体呈倒 U 形曲线理论的细化和提升。③利用城市系统协调发展度优化模型测度粮食主产区城市的适度发展规模，显示出其具有精度高、时效性强、动态性明显、"短板效应"突出的显著优势，用其测度结果作为粮食主产区城市适度发展规模的低值，有利于及时发现问题，调整发展方

式，弥补短板。

（4）评价体系创新

针对粮食主产区城市，尝试建立了栖息地导向的发展效益综合评价体系，建立综合集成赋权模型，采用熵值法与层次分析法主客观结合确定指标权重，为粮食主产区城市进行栖息地导向的发展效益评价提供了科学指导和有效测度其适度发展规模的工具。

第二章 相关概念及理论基础

本章在界定城市发展规模适度性的基础上，研究城市适度发展规模的含义，探索测度途径。明确城市适度发展规模理论，为寻找粮食主产区城市适度发展规模提供理论依据和借鉴方法。城市作为生产空间与生活空间的综合体，其发展应能有机协调经济效率和生态宜居，如单从某一方面考量城市发展规模的适度性，会存在偏差。综合运用城市适度发展规模理论，创新考量模式，能使测度结果更加准确、有效。阐述栖息地理论、生态文明理论，为基于栖息地导向进行粮食主产区城市发展规模适度性研究，提供理论指导和分析框架。合理确定城市发展规模，通过经济、社会、环境子系统的协调发展和综合效益优化，建立人与人、人与社会、人与自然的和谐关系，实现城市复合生态系统的结构协调与功能耦合，达到动力、质量、公平的有机统一。

第一节 城市发展规模适度性的相关概念

一、城市发展的有关概念

按我国现行的城乡划分标准，城市是有一定人口规模，并以非农业人口为主的居民集居地，是聚落（Settlement）的一种特殊形态。"市"与"镇"是相对于乡村而言，经国家批准设有市建制的城镇称为城市，不够设市条件的建制镇称为镇。在生产和生活方式上，"市"和"镇"有着相类的模式，可统称为城镇（或市镇），广义上的城市即指城镇（许学强和周一星等）。

城市的发展与城镇化紧密相关。"城镇化"一词来源于拉丁文 Urbanization，最早源于西班牙工程师赛达（A. Serda）的著作《城镇化基本理论》，这一概念被用来描述乡村向城市演变的过程。对于 Urbanization 一词，国际上通常采用"城市化"的理解。20 世纪 70 年代后期，Urbanization 被引入中国学术界并被接受，在我国被理解为"城镇化"比较普遍。"城镇化"和"城市化"是一个同质但稍有差异的人口高度集中的区域化现象。1982年，中国城市与区域规划学界和地理学界于南京召开的"中国城镇化道路问题学术讨论会"上，确定"城镇化"与"城市化"为同义语。本书采用广义的城市概念，所说的城市发展规模，即为城镇化发展所达到的规模。

二、城市规模的定义与表征

在一个区域或国家，因内外发展条件不同而形成不同的城市规模。城市规模指城市内各种要素的集中程度，是对人口、经济、科学技术等在城市内集聚强度的量度，是对城市本质特征的量化表现，是一个反映城市大小的指标。

对城市规模的表征常用的有自然规模和经济规模两种形式。自然规模多以城市的人口规模和用地规模来表达，如城市人口数量、城市建成区面积等。经济规模是城市经济实力的具体体现，通常用衡量经济产出的单项指标或复合指标来反映，如区域的国内生产总值（GDP）等。另外，还有资源环境规模，指一个城市的资源环境承载能力，可以用城市的资源环境承载力来表示。

理论上，衡量城市规模的其他指标都与人口规模有内在联系。一般情况下，城市半径大小、城市经济规模都与城市人口存在正相关关系，资源环境承载力也可以用生态环境所容纳的人口来表示。所以，对城市规模的各种度量最终都归结到人口数量上。现实中，人口规模也具有明确的划分标准和衡量指标，便于统计测量。因此，多数研究文献都以人口规模来表征城市规模。

城市生态学认为，城市系统是以人群为中心的复合生态系统，人群数量是影响城市生态系统稳定的关键因素。栖息地导向的城市发展规模，适宜以城市生态系统的核心种群数量（即人口）来衡量。本书所说的城市规模即指城市的人口规模。

三、城市适度发展规模的内涵与测度

1. 适度人口论概述

适度（Moderation），本意指适合要求的程度、适当，引申为程度适当。适度人口论是关于一个国家或地区在一定时期内理想人口总数的理论。适度人口思想源自古希腊学者 Plato 提出的最朴素的容积率概念，英国经济学家 Edwin Cannan（1888）提出"一定时期内生存在一定面积土地上并能保持最大生产力之人口即为适度人口"。一个多世纪以来，适度人口理论不断演化，提法众多，表现为以各种不同目标作为衡量的标准，如生活水平、社会福利、生产率、就业人数、平均寿命等，总体上成熟的研究均以经济最大化为主导。适度人口又可分为：静态适度人口，即以最高生产率或最大福利或其他静态目标衡量的理想人口；动态适度人口，即按最理想的节奏而发展的人口。相对而言，关于动态适度人口的研究少见。

2. 城市最优规模的概念

城市，作为一个统一的行为体，进行着类似于企业的生产活动创造着价值。城市聚集效应发挥作用的过程，也正是城市生产活动进行的过程。从收益最大化角度来说，城市的最优规模，也就是聚集效应能发挥到最大程度时的规模。根据 Combes 等人的研究，规模收益呈 S 形变化，使集聚经济存在某一个极大值，此时的聚集收益为最大收益，其所对应的城市规模也即为最优规模。

Richardson（1973）在其《城市规模经济学》一书中，系统地分析了城市规模理论：城市在其规模扩大的同时，生产规模和市场范围也随之扩大，技术工人增多，大规模生产带来生产效率提高，人口增多使公共基础设施利用充分，集聚经济使城市发展呈现正的外部性，使企业的生产成本和居民的生活成本不断降低，城市平均区位成本也随之下降，城市发展效益递增。但是，集聚经济并不是永续存在，根据 Krugman 等人的研究，当城市发展超过某一规模时，过度的聚集就会产生交通拥堵、房价升高、环境超压、生态恶化等问题，造成城市区位成本上升、发展效益下降。

上述研究表明，在城市规模逐步增加的过程中，城市平均区位收益出现先升后降的趋势，呈倒 U 形，其最高点即对应为城市平均收益最大的优化规模；城市平均区位成本先降后升，表现为正 U 形，其最低点即对应为城市平均成本最小的优化规模；当城市的平均区位收益与平均区位成本之差值最大时，其所对应的为城市净收益最大的优化规模。本书将借助于该论点展开研究。

3. 城市适度规模的含义

根据城市最优规模理论，当城市增长达到一定规模后，就应该停止增长，保持稳定。而现实中，城市的增长是持续存在的，这就出现了理论与现实之间的矛盾。从已有的研究结果看，用不同方法测得的最优规模并不完全重叠，而是形成了一个区间，处于这个区间内的城市规模都有其合理性。

Capello 和 Camagni（2000）引入城市网络理论改进了城市最优规模理论，提出当城市规模扩大所带来的社会综合收益等于城市规模扩大所带来的社会综合成本时，城市规模达到动态的均衡，形成合理的城市规模区间，即适度城市规模（如图 2-1 所示），把确定城市规模的成本最小论、收益最大论，拓展到成本收益平衡论。

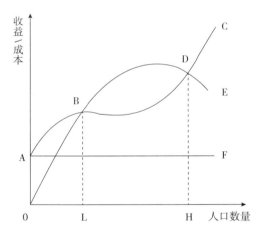

图 2-1 适度城市规模示意

法国人口学家 Alfred Sauvy 认为，适度人口规模是指，在一定时期内，某一国家或某一地区，根据"某种可能的或期望的生活方式"和"个人不同的生活标准"所确定的最优人口数量。这一解释成为了对城市人口规模研究的经典概念。由此，城市合理规模不再是单一根据经济收益所确定的一个定量值，而应包括在城市内生活的人们的良好感受。由于城市发展变化是动态的，所以在这两个方面存在一个弹性区间，这个弹性区间内的规模即为适度规模。该论点可作为本书适度规模研究的基础。

4. 城市适度规模的测度

关于城市发展是否存在最优规模的问题，学界存在争议。伴随着工业革命，西方发达国家就开始了城市化进程，这种争论在国外学界表现得最为突出。国外学者对于城市最优规模问题的探究和分析，总体上有三种观点：①认为城市的最优规模存在，且是一个明确的数值；②认为城市的最优规模应是一个适度的范围，即存在一个适度规模区间；③认为城市的最优规模是动态的，随着时空条件的改变而变化，不存在绝对静止地适合所有城市的最优值（Barton，1976）。

系统的、综合的来看，这三种观点都有一定道理。第一种，认为城市最优规模是一个确切数值，对于特定时间、特定城市来说，存在着最优规模的特定值，虽然难以精确计算，但是可以估算和预测出。第二种，认为城市最优规模是一个适度区间，是从动态视角考量，指出了合理的城市规模是在某个最优值的上下波动。第三种，融入了权变思想，认为合理的城市规模不仅与所研究城市的特质有关，还与其所处的时代和空间特征有关。

由上述三种观点可以看出：①最优城市规模是一个相对命题，是就某一特定区域、某一历史时期其所处的经济、社会、科学技术、生态环境等因素相对而言的，不能一概而论。②某些考量因素的改变必然会对城市合理规模产生相应的影响，孤立系统资源环境支持下的人口承载力，与开放系统资源环境支持下的人口承载力显然不同，对外输出物资和接受物资输入（如粮食、生产生活用水）也必然是其中重要的影响因素。

因此，从动态、权变的角度来看，相对于研究最优规模，研究适度规模区间更具有实际意义，或者说最优规模的表征就是一个规模区间。本书所说的适度规模，即是指在当前发展状态下，城市的适度发展规模区间。但是，由于一个区间难以直接求证，所以寻找城市适度规模还得借助于寻找最优规模。最优规模测度对规模适度性研究有一定的指向作用。

第二节 城市适度发展规模理论

一、城市机能理论

Fu-chen Lo 和 Kamal Salih（1978）共同认为城市规模和城市机能效率之间有一定的联系，城市的机能不同，其最优规模也不同。随着经济发展，城市逐步表现出为农业服务、为制造业服务、为第三产业服务的机能，在不同的发展阶段，城市的服务对象不同，城市机能的表现形式就不同，城市的最优规模也不同。

当城市主要为农业服务的时候，城市机能效率以农村服务为主，城市表现出农业城市的特征，因而具有农业城市的最优规模。随着城市规模扩大，制造业、第三产业效率增加，城市机能逐步向为制造业、第三产业服务转化。当制造业效率大于服务业效率的时候，城市机能表现出以制造业服务为主，城市规模具有以制造业为主的效率。随着城市规模的继续扩大，服务业效率超过制造业效率，城市机能转变为向第三产业服务，从而出现以服务业为主的最优城市规模。

城市机能理论表明，在城市经济发展的不同阶段，城市有不同的服务对象，从而具有不同的功能特征，亦对应有不同的适度规模。换句话说，不同职能分工的城市，其适度的发展规模不同，粮食主产区城市的合理发展必然有其特殊的适度规模。粮食主产区的确立定位了城市的机能，城市机能理论将用来指引粮食主产区城市发展方向的研究。

二、集聚经济理论

经济学家和地理学家共同认为，经济空间形成是方向相反的力量共同作用的结果，有些力量促使人类活动集聚，加强经济活动空间集中，被称为向心力。有些力量促使人类活动分散，排斥经济空间集中，被称为离心力。

集聚经济是城市发展的原动力。Arthur O'Sullivan（1990）通过对美国贸易城市和工业城市的研究，得出结论：生产和市场集中能够产生出的多种收益是城市存在的原因，换句话说就是，集中生产和集中交换可以产生更高的收益。国外众多学者的研究表明，集聚经济（Egglomeration Economies）现象是推动城市发展的力量。某一产业内的企业向同一地区集中被称作地方化经济（Localization Economies），表示这些企业被地方化到某一产业中，如美国的众多软件企业集中在硅谷。如果集聚经济突破了产业的界限，就被称为城市化经济（Urbanization Economies），就是说，如果一个产业的企业在一个地区聚集，也会吸引其他产业的企业来这里经营。城市化经济促进了不同类型城市的发展，而集聚经济则是地方化经济和城市化经济共同的来源。

集聚经济根源于规模收益递增。马歇尔经济学中隐含的微观经济机制解释了规模收益递增。Marshal（1890）归纳了三种类型的外部经济：①单位成本较低的特殊投入品，需求高时的分布；②本地劳动力市场，实现就业和劳动者的良好匹配，改善厂商和劳动者的经济状况；③知识的快速传播及溢出效应的存在，提高劳动生产率，促进经济增长。这些微观经济机制总体上导致了厂商空间聚集时的规模收益递增。由此，Krugman等空间经济学家认为，规模收益递增是经济空间形成的核心。

规模收益递增在一定的生产力区间范围内存在。Combes、Mayer和Thisse（2008）揭示了规模收益的S形变化规律。对于低水平的产出，规模收益递减；当产出超出某一临界值时，由于使用大规模的生产技术，导致规模收益递增；当产出量非常大时，再次出现规模收益递减特征，因为各种约束条件限制了更大规模生产的收益递增。所以，在一定范围内，集聚经济存在一个最大值。

上述，集聚经济理论认为：因为城市发展的原动力有限，所以城市发展最终达到一个适度的规模区间为最优。城市规模和城市效率之间有着密切的关系，随着城市规模扩大，城市效率提高，但过大的城市规模又导致城市效率降低。粮食主产区城市的发展也服从这样的规律。

三、成本—收益理论

从经济学视角看，任何行为都是有成本的，把成本降至最低、收益达到最高是经济学研究首先关注的问题。"成本—收益"理论是与最低成本理论相对而言的，因此研究成本—收益理论，先从最低成本理论谈起。

1. 最低成本理论

最低成本理论认为城市人均成本与城市规模有关，并建立了函数模型。城市人均成本包含了城市公共设施投资的平均成本和城市运行平均成本。公共设施投资平均成本随着人口增加而逐步下降，城市运行平均成本随人口增加先下降后增加，整体来说，城市人均成本随城市人口增长先下降后增加，函数图像呈 U 形，存在一个最低点，这个极值点所对应的人口即为城市的最优规模。

最低成本理论有许多不完善的地方：①仅从城市的公共成本出发分析城市的最优规模是不够的，城市成本还应包括城市居民的个人生活成本；②除经济因素外，非经济因素（生态环境、宜居情况、交通状况等）对城市最优规模的影响也很重要，仅从成本角度分析难以包容；③其存在的最大缺陷是，没有考虑到城市的规模收益，从收益最大化角度看，不考虑收益的研究肯定是不完善的；④公共设施投资涉及投资周期和折旧问题，时间因素对此影响比较大；⑤在实证研究中，选用不同的成本指标对结果也有相应的影响。

由于最低成本理论存在缺陷，对实证研究结果也有一定影响。所以，常用于从理论上分析城市发展的规律。

2. 成本—收益理论

Alonso W.（1970）提出了融合收益和成本两方面因素的"成本—收益"理论来寻找城市最优规模，以弥补最低成本理论的不足。认为城市边际成本和边际收益随着城市规模的扩大而增加，前者呈递增趋势，后者呈递减趋势，两条边际曲线的交点对应为城市的最优规模。Edel（1972）、Anthon 和 Robert（1976）、Harvey（2001）等学者发展了 Alonso 的收益模型，解释了其他交点的含义。以横轴表示城市人口规模，以纵轴表示城市成本和收益，描绘出基本模型，类似于微观经济理论的生产曲线（如图 2-2 所示）。

图 2-2 中，边际成本曲线（MC）交与平均成本曲线（AC）的最低点（B 点），其所对应的就是最低成本的城市规模；从城市居民个人的角度看，最优城市规模是平均收益（AU）和平均成本（AC）差距最大时的所对应的规模（C 点）；从全社会的角度看，最优城市规模是边际收益曲线（MU）和边际成本曲线（MC）的交叉点（D 点）。平均收益曲线（AU）和平均成本曲线（AC）的交叉点（A 点）即是 Richardson H. W.（1972）

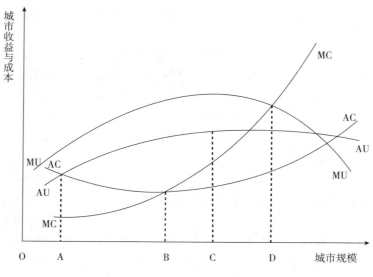

图 2-2 Alonso 成本—收益曲线

提出的最低阈值规模（Minimum Threshold Size）。

　　不过，Gilbert A.（1976）认为，成本—收益理论虽然从微观经济理论出发对城市发展问题做出了合理的理论分析，给出了最优城市规模的理论解释，但是其关于总成本和总收益的度量成为理论的限度，难以做到定量分析。实际上，由于二者综合了很多因素，可以采用综合评价方法，解决度量问题，关键在于科学建立综合成本和综合收益的评价体系。上述观点是本书进行测度方法研究的理论基点。

四、资源环境约束理论

　　区域内的资源是有限的，相应的，区域内资源环境的承载能力也是有限的。1921 年，帕克和伯克斯在人类生态学研究中最早提出了"承载力"的概念，指在某一特定的环境条件下（主要指生存空间、营养物质、阳光等生态因子的组合），某种个体存在数量的最高极限。联合国教科文组织将一个国家或地区的资源承载力定义为：在可以预见的时期内，利用本地的能源和其他资源以及智力、技术等，在保证与其社会文化准则相符的物质生活水平下，能够持续供养的人口数量。我国学者牛文元（1994）认为，资源承载力是指"一个国家或地区的资源数量和质量，对该空间内人口的基本生存和发展的支撑能力"。高吉喜（2001）指出，环境承载力是指在一定的生活水平和环境质量要求下，在不超出生态系统弹性限度范围内，环境子系统所能承纳的污染物数量，以及可支撑的经济规模和相应的人口数量。

人类的生存与发展离不开资源和环境，资源环境承载力是一个国家或地区的综合发展及发展规模的关键性制约因素。从可持续发展角度来说，社会经济发展必须控制在资源环境承载力的范围之内，才能通过资源的可持续利用实现社会经济的可持续发展。在既定的技术条件下，区域资源环境对人口及其活动的可容纳量有一个"可持续性边界"，在可持续性边界内的人口容量能够实现生活水平的逐步提高，人口容量超过了这一界限就要降低生活标准，如果人口容量超过了最大人口承载力，部分人口就有可能面临生存危机。譬如，国家投巨资建设的南水北调工程，就是为了解决京津地区的水资源短缺问题。我们把"可持续性边界"以内的人口容量称作"可持续的资源环境人口承载量"，亦即适度人口（如图2-3所示）。

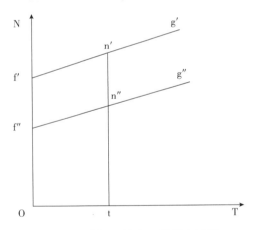

图 2-3　资源环境人口承载力示意

注：横轴 OT 表示时间，纵轴 ON 表示人口容量，f'g'为资源的"最大人口承载量"，f"g"为资源的"可持续性边界"，f"g"下方的人口容量为"可持续的资源人口承载量"。

资源环境约束理论提示，研究城市的发展规模必须考虑区域的资源环境承载能力，对城市的发展成本及综合效益的评价，应该把城市发展对资源环境的影响包含在内。城市发展离不开资源环境承载，资源环境约束理论是本书这方面研究的基础。

五、居民生活质量理论

栖息地导向的城市发展，宜居是重要的考量因素，居民良好的生活质量即是宜居的重要反映，也是城市作为人类生活空间职能的集中体现。居民生活质量理论（Quality of Life，QOL）认为城市的功能在于提供公共服务，城市的适度发展规模就是其能够提供有质量服务的人口规模。该理论提出，可利用居民生活质量指数和人均预期寿命来测度最优城市规模，关键在于居民生活质量指数的测量。

随着经济发展和科学技术、管理能力、社会文明程度等的提高，城市的社会服务能力也在相应提升，其所能服务的群体也在不断扩大。Gibson J. E.（1977）认为，虽然 3 万人左右的城市规模就能够实现居民生活的最大满足，而超过此规模的城市通过服务功能的合理化，其固有的满足度还能进一步提高。如金相郁（2004）所说，人口规模在 100 万以上的大城市所具有的文化、信息、创新等方面的特殊效应是其他较小城市所无法比拟的。现实中，更大规模的城市也已大量存在。

虽然城市的服务能力在不断提高，但是就居民生活质量来看，城市的发展也存在边界。Henderson、Krugman、O'Sullivan 等经济学家分别从实际工资、社会福利等不同角度，研究了城市规模与居民效用之间的关系，揭示出居民生活质量随着城市人口规模增大呈现出先增后减的变化特征，曲线呈倒 U 形，理论上存在最优值，其所对应的即为适度城市规模。以人为本的城市发展理念，必须注重居民生活质量，该理论支撑起本书对城市居民生活质量方面的考量。

第三节　生态文明理论

一、生态文明的产生

人类文明的内涵包括了物质和意识两个层面。在物质层面，人类文明是对人类生存方式的概括；在意识层面，人类文明是对人类社会基本秩序的表述。人类文明演替的本质是其生存方式和社会基本秩序的改变。在人类历史的进程中，人类文明大体经历了原始文明、农业文明、工业文明几个阶段。

随着社会经济发展，人类与自然环境之间的矛盾越来越突出，人类的生存开始出现困境，人们开始寻求新的发展方式。20 世纪 80 年代，联合国环境与发展委员会颁布的《我们共同的未来》报告，提出了"可持续发展"的理念，同时也拉开了生态文明建设序幕，可持续发展研究促使人们由单一的"生态保护"深入到更为全面的"生态文明"，继而在可持续发展理论基础上衍生出了生态文明理论。

二、生态文明的内涵

国内外学者从不同角度对生态文明理论进行了研究，提出了建议主张，但学术界对生态文明理论缺乏学科之间的协同整合，以致目前尚没有形成统一的定义，不同学科、不同学者对生态文明的理解也不尽相同，如表 2-1 所示。

表 2-1　生态文明理论的内涵

学者	年份	内　涵
Richard Register	1987	追求人类与自然的和谐统一，社会经济的健康可持续发展，居民充满活力且与自然和谐共处，无污染或低污染
Morrison	1995	人类活动可持续地保持平衡，保持自然和社会生态的一贯联系，与自然共存
JohnB Cobb	2007	改变人类与自然抗争的世界视角，树立生态的世界观与实践方式
Clifford Cobb	2007	从孤立、片面的思考方式转变为历史性、整体性的思考方式
Salnazaryan	2011	将生态环境质量与社会文明关联思考
Magdoff Fred	2012	和谐是生态文明的重要特征
邱耕田	1997	生态文明是人类在改造物质世界的同时，又主动保护客观世界，积极改善和优化人与自然的关系，建设良好的生态环境所取得的物质与精神成果的总和

续表

学者	年份	内　涵
甘泉	2000	生态文明要实现人与自然的和谐、人与人的和谐，追求社会公正
潘岳	2006	生态文明是人类遵循人、自然、社会和谐发展的客观规律取得的物质与精神成果的总和，是以人与自然、人与人、人与社会和谐共生、良性循环、全面发展的文化伦理形态
郇庆治	2007	生态文明是在后工业社会传统经济理性服从社会与生态理性新的价值观念基础上对人类生活方式的重建，是一种基于多元、合作、共享原则的文明
姬振海	2007	生态文明的初级形态是用更文明的态度对待自然，高级形态是积极改善优化人与自然、人与人的关系，建设有序的生态运行机制和良好的生态环境
杜受祜	2007	建设生态文明要从单一考虑经济增长转变到树立可持续发展观念
张世秋	2010	强调人与自然、人与环境的协调发展
王如松	2007 2010	生态文明是人与自然保持平衡发展前提下不断进步的形态，是人与自然关系的文明；包含了环境与经济发展的耦合关系，与人类活动的服务胁迫关系，与人类本身的整合关系
牛文元	2013	生态文明的核心是平衡与协调，包括了经济、社会、自然全面发展的绿色建构，发展、协调、持续的多维均衡，动力、质量、公平的有机统一
严耕	2013	实现社会、经济、资源、环境、生态的和谐，实现自然与文明共赢
沈清基	2013	持续保持地球上的生命活力与环境稳定，以生态环境质量持续改善作为人类经济、社会、文化发展的前提
谷树忠等	2013	生态文明是人类与自然和谐相处的文明，应贯穿于经济、社会、资源、环境和人文、民生等各个领域，使所有的发展都体现生态文明的要求
曹蕾	2014	生态文明是可持续发展方式、和谐人地关系及经济、社会、自然多系统有机复合的认识论，体现出多层要素综合作用、多个系统有机耦合、多种形式表现
曾刚	2009 2014	生态文明本质是区域内的复合生态系统，内涵包括社会和谐、经济发展、环境友好、生态健康、管理科学，是结构性协调与功能性耦合的地域系统

学者	年份	内　涵
杨启乐	2014	生态文明是人类与自然和谐可持续发展基础上进行文明活动的成果
朱桂云	2014	生态文明是人类遵循社会与自然和谐发展的规律、人与自然相互作用的行为理念及取得的进步成果的总和

资料来源：根据文献整理。

从研究成果看，虽然不同学者对生态文明有不同的理解，但并没有本质冲突，在许多方面还有一致意见。学者们认为生态文明是融合多方面因素的复合生态系统，其核心内容是多个子系统的平衡与协调，追求的是人与自然、人与环境、人与人的协调、持续、和谐发展。从生态文明开始，人类与自然的关系从对立走向统一、从斗争转向和谐，人们不再寻求对自然的控制，而是力图与自然和谐共处，科学技术也不再是征服自然的工具，而是维护人与自然和谐的助手，人类文明转入到一个更高级阶段。

三、生态文明的特征

生态文明有如下特征：①高级性，是人类迄今最高级的文明形态；②共生性，寻求建设和谐有序的人类社会，包括人与人、人与自然、人与社会的有序共生；③可持续性，促进建立健康有序的生态机制，实现经济、社会、自然、环境、人的可持续发展；④平等性，包括人与人、人与自然的代内、代际平等；⑤科学性，遵循生态学、社会学、经济学等学科的基本原理和规律。

总的来说，自然观的转变是生态文明区别于其他文明的显著标志，从工业文明向生态文明的转变，本质上是基于自然观的转变。原始文明、农业文明人们追求生存，工业文明人们追求物质财富累积，进入生态文明人类开始关注自然，生态文明第一次把人与自然的关系作为考量社会进步的特征。

四、生态文明对城市发展的启示

城市发展过程有较强的作用力，同时也产生了正、负两方面效应，在带来社会经济发展、居民生活水平提高的同时，有可能损伤生态环境，降低整个复合生态系统的收益，甚至导致系统崩溃。生态文明理论指导的城市发展，要求发展的速度、规模、强度与生态环境的承载力相适应，保证城市的发展不超出生态环境的阈值范围，以限制城市发展过程中产生的负效应，提高城市的发展质量。党的十八大提出的"推进生态文明建设"，即是为破解当前所面临的资源约束趋紧、环境污染严重、生态系统退化的发展困局，实现人与自然的和谐发展。

生态文明理论对城市发展提出了如下要求：①要加强对自然生态系统和环境的保护，以生态环境质量持续改善作为经济、社会发展的前提，修复受损生态，注重发展质量，实现人与自然、人与人、人与社会的和谐发展。②要协调生产空间和生活空间两种职能，平衡经济发展、社会建设和环境保护的关系，创建经济循环、社会公平、宜业宜居的栖息环境，提升城市的服务能力，达到生产空间集约高效、生活空间宜居适度。③要实现城市复合生态系统的结构协调与功能耦合，通过经济、社会、环境等子系统的协调发展和综合效益优化，最终达到动力、质量、公平的有机统一。生态文明理论作为本书研究的理论基础之一，对定义栖息地导向的城市发展规模适度性有一定的指导作用。

第四节　栖息地理论

一、栖息地的概念

1. 栖息地的定义

英美学派代表人物，英国植物生态学家 A. G. Tansley（1935）首先提出了生态系统（Ecosystem）的概念，认为生物与环境之间形成了一个不可分割的相互关联和相互影响的整体。苏联学者 Sukachev（1940）提出了生物地理群落（Geobiocenoce）概念，认为生物地理群落是地球表面特定的地段，生物群落及其稳定的地理环境成分保持一致并相互作用形成完整的相互制约的综合体。生物地理群落与生态系统概念实质是一致的，生态学上把生物种群的分布空间（即其生存的自然地理环境）称为该种群的栖息地。

栖，本指禽鸟歇宿，泛指居住、停留。栖息，意为居住、止息，多指隐居①。谢灵运《道路忆山中》诗："追寻栖息时，偃卧任纵诞。"韦应物《答裴处士》诗："况子逸群士，栖息蓬蒿间。"栖息地（Habitat）又称生境，狭义指鸟类停留、休息的场所，生态学（Ecology）中指生物生存和繁衍的地方，在人类社会中，栖息地一词指人类的住处、聚集处。本书指自然环境优良、社会环境和谐、经济发展持续，适合人类休养生息，满足生活、生产发展需要的区域，简言之，即生态、宜居、富足。

2. 栖息地的功能

栖息地提供了生物种群的生存空间。在自然界，没有一个生物个体能够长期单独存在，它或多或少、直接或间接地依赖别的生物而存在，生物也只有形成一个群体才能繁衍后代，即个体必须依赖群体而存在，群体是个体发展的必然结果。生态学上把这种在特定时间内、占据一定空间的同种生物的集合群称为生物种群。不同种群在各自特定的空间内分布，并具有一定特性，其活动和变化对其他种群和环境也会有相应影响。

栖息地提供了生物维持其正常生命活动所依赖的各种环境资源。以动物栖息地来说，栖息地为动物提供充足的食物来源、适宜的繁殖地点、躲避天敌和不良气候的保护条件等能保证其生存和繁衍的基本要素。其选择与动物的适应性、进化及物种的形成过程紧密相关，栖息地的生态环境水平能够显著地刺激或抑制动物个体的成长质量和种群的整体数量。

栖息地是所有有生命的生物体存在的基本要求，是构成物种存活和繁殖不可缺少的条件。每个栖息地中都有特定的主要物种，每个物种亦都有其特定的栖息地。栖息地的种类和数目是决定在其中生活的物种种数的主要因子，生境或群落的结构越复杂，其中所含有的生物种类也越多。

3. 栖息地的划分

栖息地是一个由各种因素组成的综合体，这些组成生境的因素被称为生态因子。各种生态因子之间的相互作用，使栖息地维持其结构和功能的相对稳定，保持各种成分的再生和系统平衡，这种栖息地被称作生态栖息

---

① 辞海编辑委员会（夏征农主编）. 辞海（1999 年版缩印本）［M］. 上海：上海辞书出版社，2002.

地。因此，从生态系统角度可以在栖息地中划分出生态栖息地。

生态栖息地能够自身保持长期的生态平衡，在整个生态系统中，生物与生物之间、生物与环境之间形成了物质的循环和能量的流动，生态栖息地是承载这些物质和能量循环流动的场所。

4. 栖息地的选择

栖息地选择理论（Habitat Selection）认为，人类对环境的立即反应为其偏好，暗示了某环境是否适合人类的生存与繁衍。英国地理学家 Jay Appleton 认为，从进化论观点看，人类的环境偏好行为是不断演进的。人类所偏好的栖息环境从资源丰富、有助于人类生存与繁衍的自然生物区，过渡到经济、社会、自然协调共生的高级阶段，达到人类发展与自然的和谐相处。

二、人类栖息地的含义

1. 栖息地是人类基本的生存空间

Barry W. Starke（2008）提出，人类的生物本性促使其产生三类行为：①尽可能地延续生存时间；②繁衍后代，让生命绵延不息；③积累促进人类生存繁衍的财富和经验。这三类行为的活动都离不开一个共同的物质载体——栖息地。

实际上，人类自身发展作为一种动物的演变过程，在相当长时期内是地球的一部分，人类在找寻适合自己脆弱生命的栖息地。原始文明时期，人类没有改造自然的能力，只能适应自然，栖息在自然环境中，形成原始群落。农业文明阶段，人类适应自然的能力增强，修建了住所，形成了村庄、城郭。工业文明以来，人类改造自然的能力突飞猛进，不断改善自己的栖息环境，形成了各种等级的现代城市。在整个人类发展的历史进程中，人类都在为自己寻找生存空间，建造理想的栖息地。

2. 城市是人类建造的主要栖息地

人类作为一个高级物种，其自身的繁衍、生息和发展，自然也离不开栖息地。人群的生存发展、生活生产同样都面临着生活资源、生产资料等各种资源及栖居、劳作等生活、生产空间的供给保证。

Fuan Li（2010）提出，企业在市场竞争中生存，其行为也存在动物的某些特性。企业也需要其赖以生存的资源获取、生产制造、产品销售和其他空间。这个空间类似于自然界的生物栖息地，称其为企业栖息地。它为企业提供适宜的外部环境、充足的生产资源、良好的保护条件等。企业栖息地的资源禀赋、社会软环境、相关利益主体的支持度等特征对企业的战略决策、成长方向和绩效有显著影响。企业的区位选择、企业迁移实质上是企业在寻找合适的栖息地。

现代社会中，城市成为人们主要的栖息地。不论是为人类创造财富、提供劳动场所的企业，还是具体的人类个体，都面临着栖息地的需求和选择，城市成为最理想的选择目标。集聚经济效应导致了信息、资金、技术、生产资料等资源的集中，区位优势带来了交通、消费的便捷（如长江经济带），这些都为企业生产和居民生活提供了良好的物质基础，使城市成为人口和经济集聚的中心。从国外城市化的结果看，主要发达国家的城市化率均在 80% 以上，美国大纽约区、五大湖区、大洛杉矶区三大都市带的产值占到了全美 GDP 的 76%[1]，人口和财富明显的集中在城市地区。根据我国的城镇化规划，到 2025 年城镇人口将达到全国人口的 2/3 左右[2]，对农村而言这是栖息地的再选择。

三、城市栖息地的内涵和构建

1. 城市栖息地的含义

Davis（2004）提出城市栖息地是人口较大规模集居的城市化区域，涵盖了以建筑物、构筑物为主体的环境和人口在内的城市生态系统。城市栖息地以人为中心，人在其中不仅是消费者，而且是整个栖息地的营造者。城市栖息地内运行的是人工生态系统，其能量和物质运转在人的控制下进行，居民所处的生物和非生物环境都经过了人工改造。城市栖息地内人口、能量、物质的容量大，密度高，流量大，运转快，其人工系统运行与社会经济发展的活跃程度有关。由于城市是一定区域的中心地，城市依赖区域存在和发展，故而城市栖息地的依赖性强、独立性弱。

城市栖息地是社会、经济、自然协调发展，物质、能量、信息高效利用，技术、文化、景观的恰当融合；是人与自然的潜力充分发挥，居民身心健康，生态持续和谐的集约型人类聚居地。广义上讲，是建立在人类对人与

---

① 陈文魁. 城镇化建设与可持续发展［M］. 北京：国家行政学院出版社，2013.
② 根据《国家新型城镇化规划》整理。

自然关系更深刻认识基础上的新的价值观，是按照生态学原则建立起来的社会、经济、自然协调发展的新型社会关系，是有效利用环境资源实现可持续发展的新生产、生活方式。狭义的讲，是按照生态学原理对城市的自然、经济、社会发展进行科学规划，建立高效、和谐、健康、可持续发展的人类聚居地。城市栖息地本质上是以人居为中心改造建设的一种生态栖息地。

2. 城市栖息地的特征

城市是以人为中心，以一定的环境条件为背景，以经济为基础的社会、经济、自然的综合体。按照系统论的观点，这个综合体称为城市系统（Urban System）。从生态学看，城市是人类以自己为主要物种所构建的栖息地。从生态平衡的角度看，城市栖息地有如下特征：①和谐性，城市有合理的生态结构，追求城市系统的生态和谐，人与自然的健康发展；②持续性，追求城市复合生态系统的可持续发展，其中以自然子系统的可持续发展为基础；③高效性，以知识经济为支撑最大限度地减少对自然资源的消耗，以循环经济为依托最大限度地降低对自然环境的污染；④系统性，基于城市生态学原理，建立包括经济—社会—自然的复合生态系统，各子系统在栖息地整体生态平衡的协调下均衡发展；⑤区域性，栖息地是以一定区域为依托的城乡综合体，孤立城市难以实现生态化；⑥多样性，栖息地改变了传统城市的单一化、专业化分割，具有生物多样性、文化多样性、景观多样性、功能多样性等特征。

3. 城市栖息地的构建

相对于自然栖息地来讲，由于人类活动的存在，给城市栖息地增加了许多社会功能。同时，人类活动也对城市栖息地产生了重要影响，使原有的生态系统人为地改变了结构、改造了一定的物质循环、改变了一定的能量循环。建设城市生态栖息地，就是要通过修正人类自身的活动行为，修复城市栖息地的结构和功能，或者直接通过生态重建，使城市建立起能够保持自我平衡的生态系统。

当前，从世界范围看，人类活动经常从两个方面破坏生态系统平衡。一是对自然资源的不合理或过度开发利用，二是对自然环境的污染。原因在于人口增长和经济发展对自然的压力过大。因此，建设城市栖息地应从以下几个方面着手：①合理确定城市人口规模，将其控制在能够保持栖息地生态平衡的限度内；②生态化防治城市环境污染，营造生态栖息环境；③建设生态城市景观，将建筑融入自然，使自然环境在城市建设扩大的同时得到保护和提升；④城市与依托区域协调发展，建设生态社区。最终要修复人类活动对自然环境的破坏，建立绿色开放空间，将自然引入城市，将城市人群融入到自然中，构建和谐的人与自然关系。

四、栖息地理论导向的城市发展规模适度性

经济效率导向的城市发展片面追求生产力增长，以满足人类的物质消费需求，最终造成城市膨胀，忽视了社会公平和环境宜居。西方发达国家"先污染后治理"的城市化老路和我国开放过程中出现的社会不公，均与效率导向的城市化发展有关。栖息地导向的城市发展，是要达到自然环境优良、社会环境和谐、经济发展持续，以适合人类休养生息，即是要保持整个城市生态系统的平衡与协调，而保持适度的人口规模是其必要的调控手段。

城市复合生态系统包括社会、经济和自然三个子系统，社会子系统以人为中心，以密度高的人口和强度高的生活消费为特征；经济子系统以生产为中心，以经济再生产过程作为城市系统的中心环节；自然子系统以资源结构和生物结构为主线，包括以能源为核心的资源支撑力和以土地为核心的自然环境承载力，以资源与环境对城市化的支持、容纳、缓冲和净化等为特征。城市化进程要达到人口转移、经济增长、社会进步的综合目标，实现以人为本的城市发展，就要协调好三个子系统的关系，保持系统整体平衡。然而，经济子系统和社会子系统的无限发展对资源环境需求量的时序无限性与生态供给的阈值性之间存在着矛盾，这既是城市发展过程中存在的基本矛盾，又是城市发展应保持规模适度性的根源。

城市发展基本矛盾的存在使经济、社会发展与资源环境之间产生了交互的影响。经济、社会发展对资源环境有胁迫作用，其快速发展加速了对资源的索取和对环境的压力，对自然子系统产生影响。资源环境对经济和社会发展有促进或遏制作用，资源环境改善促进其发展，资源环境恶化遏制其发展。同时，经济、社会子系统之间也存在因资源调配不均而产生了发展不平衡的问题。因此，城市系统是一个动态涨落系统，各子系统的变化对系统整体的平衡产生影响，特别是随着城市化的推进，资源环境系统的供给能力下降，而城市发展的需求量增加。

在此基础上，本书提出栖息地导向的城市适度发展。其内涵是在城市的发展承载能力范围内，发挥好城市的生产空间与生活空间两种职能，协

调好集约高效与宜居适度两个维度，实现发展的动力、质量、公平有机统一，达到城市系统发展协调与综合效益优化，建造人类宜业宜居的栖息环境。其原则是通过调控城市的主体——人群的数量，保持适度的城市人口密度和消费强度，使经济和社会的再生产能力及其对资源环境的压力保持在适度范围内，从而保持城市生态系统的平衡和持续发展。判断标准是兼顾城市系统的综合发展收益优化和城市系统的整体发展协调，将静态适度人口论与动态适度人口论的发展要求有机结合。

第五节　本章小结

本章引入城市适度发展规模理论、生态文明理论、栖息地理论作为本书研究的理论基础。对城市发展的启示是：确定城市适度发展规模，通过经济、社会、环境子系统的协调发展和综合效益优化，建立人与人、人与社会、人与自然的和谐关系，保持城市生态系统的平衡和持续发展，实现城市复合生态系统的结构协调与功能耦合，达到动力、质量、公平的有机统一。

第三章 栖息地导向的粮食主产区城市发展规模适度性机理分析

城市适度发展规模理论、栖息地理论、生态文明理论作为本书研究的理论基础，本章以此基础对栖息地导向的粮食主产区城市发展规模适度性进行机理分析。城市的形成和发展源于要素聚集，城市的机能不同，要素聚集的种类和规模不同，城市发展所能达到的规模也不同。城市发展的适度规模理论提示，在一定发展状态下，城市发展存在适度规模。栖息地理论和生态文明理论要求，城市的良性发展要协调生产空间和生活空间两种职能，创建经济循环、社会公平、宜业宜居的栖息环境，实现城市系统的结构协调与功能耦合，达到发展的动力、质量、公平的有机统一。本章在第二章提出的栖息地导向的城市适度发展内涵和原则基础上，从理论上分析栖息地导向的粮食主产区城市发展规模适度性，建立表征该类城市适度发展规模的概念模型。

第一节 粮食主产区城市的特征与发展规模适度性

一、粮食主产区城市的有关概念

1. 粮食主产区的界定

《全国主体功能区规划》确定了我国国土资源的主体功能定位，并根据所提供主体产品的类型，把国土空间划分为城市化地区、农产品主产区和重点生态功能区三类地区。农产品主产区是具有较好的农业生产条件，以提供农产品为主体功能，以提供生态产品、服务产品和工业品为其他功能，是保护耕地、保障农产品供给、稳定粮食生产、确保国家粮食安全和食物安全的重点区域。

粮食主产区是农产品主产区中自然条件（如土壤、气候、地形等）适合种植粮食作物，经济条件具有发展粮食产业比较优势的地区，是确保国家粮食安全的关键区域。衡量的标准主要有：粮食产量、提供的商品粮数量、播种面积等。通常以省为单位，如果粮食年产量达到1000万吨，人均粮食占有量达到300千克，可以划为粮食主产区。根据财政部《关于改革和完善农业综合开发政策措施的意见》（2013），我国确定了包括河南在内的13个省为粮食主产区。

2. 城市的功能与类型划分

（1）城市的功能

城市的功能主要指城市在一定区域内所承担的政治、经济、文化等方面的职能，或者说，是城市在一定区域范围内所具有的能力和所起的作用。它是城市存在的内在本质，主要与城市的经济能力大小有关，与城市的发展历史相适应，是区别于其他城市的典型标志。

对于城市的功能，不同学科有不同的理解。社会学认为，城市是现代人类文化创造和传播的中心，是人类主要的生产活动场所。城市管理学认为，城市功能表现为社会生活依托体、社会文化承载体和经济中心。城市经济学认为，城市是在有限空间地域内各种经济市场相互交织的网络系统，是市场集合体，其最主要的功能是服务于交易的实现。从人类栖息地的角度看，城市的功能可归为生产空间职能（经济中心、市场集合体）、生活空间职能（文化载体、生活场所）、发展承载空间职能（资源、环境）三个方面，以人为本的城市发展，应实现三种职能的协调统一。

（2）城市的类型

依据不同的标准，可以将城市划分为不同的类型。理论研究中，常按照城市的具体性质或功能分类。现代城市具有多种功能，包括生产、集散、居住、服务、创新、旅游、交通枢纽、组织管理等，整体上可以分为两大类。一类是共性功能，突出城市的共性特征，主要用来区分城市与乡村。另一类是主导功能，指在城市诸多功能中处于突出地位，能够对其他功能产生影响，起主导作用的功能，决定了城市的类型。按照城市的性质或功能，城市可分为如下几种（如表3-1所示）。

表 3-1　城市类型划分

城市类型	性质（功能）
综合性城市	既是政治中心，又是工业生产、交通运输、科学技术、金融、信息等中心
工业城市	工业部门的产值和就业人口在整个城市的国内生产总值和总就业人口中占有较大的比重，又可细分为综合型工业城市和单一型工业城市
商贸金融城市	商品集散地和资金流通中心
资源型城市	以本地区矿产、森林等自然资源开采、加工为主导产业的城市
交通港口城市	铁路枢纽城市、海港城市、内河港埠城市
风景旅游城市	旅游业是城市的主导产业，带动着其他相关产业的发展
农业型城市	现代农业及其相关产业在城市经济中还占有相当的比重，农业生产方式具备工业化、产业化、专业化、商品化的特征，人口适度集中，城市发挥其区位优势为农业生产服务，其中农业生产以粮食为主的城市为粮食主产区城市

资料来源：根据文献整理。

二、粮食主产区城市的形成和发展

城市是社会生产力发展到一定阶段的产物，人类社会的三次分工孕育了城市。农业和畜牧业分离，人类逐步形成了原始固定群居的居民点。金属工具的使用，提高了劳动生产率，出现了剩余产品，促进了手工业和农业的分离。随着商品生产和交换规模的扩大，商业从农业和手工业中分离出来，分化出了商人阶层，也产生了以商品加工和商品交换为生存方式的固定聚集区，为了加强自我保护，这些聚集区修城筑池，逐渐形成城市。

粮食主产区城市多形成于农产品集市。粮食主产地区，平原广阔、土壤肥沃、气候适宜农作物生长，在农耕时期多属于富庶区域，吸引人群聚集，人口众多。随着生产力提高，剩余产品集累，早期的交换活动促使集市形成。随着交换活动增多持久，出现了专门从事农产品加工、农业生产工具制造、农产品贸易的人定居，集市规模逐渐扩大形成城市。

粮食主产地区，因适宜农耕而聚集人口，人群因善于耕作而到此集聚，城市也因农贸发展所形成，惯性思维形成的农耕意识使其在从农业社会向工业社会的演进中没能跟上时代的步伐。在现代交通体系出现前，农产品贸易距离短，造成了粮食主产地区交通基础条件薄弱的现状。当今，粮食主产区的城市发展，相对于其他地区，还受到土地、产业、制度等因素的制约——耕地红线是粮食主产区城市发展的警戒线，不可逾越；农业属于财政补贴的弱质性产业，粮食主产区长期以来形成的工业滞后、科技落后、经济薄弱的状况难以改变；土地流转制度、城乡户籍制度、社会保障制度等体制性壁垒尚未完全破除。综上所述，长期区域分工所形成的发展路径束缚，成为粮食主产区城市发展的障碍。

三、粮食主产区城市的特殊性

1. 理想的农业型城市特征

粮食主产区城市属于农业型城市，理想的农业型城市有如下特征。①经济体制以市场为中心，通过开放的市场来配置资源，允许人口、资金、技术、物资等生产要素自由流动。②产业基础以农业及相关产业为主导，形成合理的产业结构，其他产业如工业、商业、运输业、金融业等与农业生产协调发展，为农业生产服务。③有适度的人口规模，人口迁移主要来源于周围的农村地区，居住实现密集化，居民生活方式城市文明化。④社会保障体系公平、包容、共享。⑤城市环境生态宜居。⑥城市基本设施完善，交通通信等符合现代城市要求。

2. 粮食主产区城市的特点

（1）经济体制不完善，多数地区属于以农业经济为主体的欠发达区域

区域不平衡发展战略实施后，为了保障粮食安全，国家以行政手段将尚未实现产业结构转换的地区分工为粮食主产区，并通过调控粮食市场和行政管理对粮食主产区推进工业化设置了种种障碍，如设立基本农田制度对农区土地"农转非"进行限制，在工业项目规划和投资上向非粮食主产区倾斜等。由于作为国家粮食主产区的地区分工，更多的是由政府指令而不是市场左右的结果，这样的地区分工不是由市场在调节和均衡利益分配，在我国农业收益比较低和未建立健全相应的区域分工和利益协调机制的情况下，通过市场规律的作用，粮食主产区有限的农业收益大量流入工业发达地区，进行资本积累乏力，难以提升产业结构和就业结构，直接制约了该类地区的经济和社会发展。例如，我国 13 个粮食主产省（区）中，除辽宁、山东、江苏外，其余 10 个省均为经济欠发达地区。据《中国统

计年鉴》（2014）显示，粮食生产能力排名在前二位的河南、黑龙江两省的人均生产总值在全国分别名列第 23 位和第 17 位，其中河南粮食产量占全国粮食总产量的 1/10 左右。"产粮多、工业弱、经济穷"的特征导致粮食主产区城市经济基础差，缺乏发展活力。

（2）粮食安全责任重，影响产业结构协调发展

娄源功（2003）认为，中国的粮食安全是指"国家满足人们以合理价格对粮食的直接消费和间接消费，以及具备抵御各种粮食风险的能力"。顾海兵等（2008）考虑中国所处的时代背景，将"中国粮食安全"的内涵界定为：短期内，粮食安全表现为国内价格水平在适度区间波动；中长期内，粮食安全是指国内粮食供需实物量的平衡。总的来说，粮食安全的基本内涵包括物质保障能力和水平、消费能力和水平、粮食供给保障的途径和机制三个方面。对粮食主产区来说，就是粮食产出要稳定达到一定数量，这个量不仅要满足本地区人口消费，且有富余，能够为国家提供一定数量的商品粮。随着城镇化浪潮的推进，粮食生产重任更加集中在粮食主产地区。曾福生和匡远配（2009）认为粮食主产区对国家粮食安全的贡献率达到了 71.7%。崔奇峰和周宁等（2013）发现自 2000~2010 年，粮食主产区的粮食贡献率平均为 73.25%，最高达 75.5%，且有增加趋势。例如，湖南是国家的粮食主产区，历年来湖南省向国家提供商品粮人均近 100 千克。粮食安全重任要求粮食主产区城市的产业结构在保证粮食生产的前提下形成和发展，然而粮食主产区城市的经济基础薄弱，农业相关产业发展缓慢，未能形成合理的产业结构，多数粮食主产区城市仍呈现"一产大、二产弱、三产小"的传统格局，越来越重的粮食生产责任更加剧了这种扭曲。

（3）人力资源丰富但人力资本匮乏，城市文明程度低

粮食主产地区内储备了充裕的农业劳动力，随着农业生产率的逐步提高，能够释放出大量的剩余劳动力，为向非农劳动力转化提供了资源。当今，到长三角、珠三角、京津冀、环渤海几个大经济圈外出务工的农民工就多出自这些地区。但是，除少数几个省外，多数粮食主产区位于中西部地区，经济、文化落后，科技、教育不发达，商业意识淡薄，外出务工也是以劳动密集型为主，缺乏现代职业技能，人力资本匮乏。造成粮食主产区城市虽然辖区人口众多，但人口素质整体不高，城市文明程度较低。

（4）社会保障体系不完善，社会和谐潜在威胁

我国的城乡关系发展经历了从历史上城乡一体化到近现代城乡二元分

离再到当代城乡一体化的进程，城乡居民"身份—权利—待遇"体系的演变，出现了从城乡同构体系到城乡差别体系再到同城差别体系的转变。粮食主产区城市经济基础薄弱，社会保障能力有限，"以地为本"的城市发展特征明显。农民离开土地进入城市，虽然同在一座城市里工作生活，但是其待遇相差很大。在同一座城市中工作生活的人群，根据其权利待遇可以分作三类：本地市民、本地农民、外来人口。三种身份相互封闭、隔离、排斥，造成了同城差别。三个不同群体固守现有利益划分，围绕各自不同利益诉求展开竞争、博弈、冲突，对社会和谐稳定形成了一定影响。

（5）生态环境遭到不同程度破坏，生态修复和环境治理压力大

粮食主产区城市除常见的城市污染外，农业污染对城市也造成了严重影响，突出表现为土壤退化仍在增加、地表水环境不良、农业面源污染严重、空气污染蔓延几个方面。主观原因：一方面是农村环境保护意识淡薄，再加上从事农业生产的相对效益较差，致使大多数农民片面注重经济效益，重开发轻保护，重建设轻维护，对资源采取掠夺式、粗放型开发利用，加剧了农业生态环境恶化。另一方面，由于环境保护部门的工作重心主要集中在工业方面，对农业生态环境的监管鞭长莫及。客观原因：一是随着粮食需求量持续增长，为了追求产量，放弃有机肥、增大化肥、农药、农膜的使用量，提高复种指数，加大了对农业生态环境的压力，造成农业生态环境破坏和环境污染。二是农艺技术落后，生产力水平低，农民对集约经营、规模化经营缺乏认识，对科学施肥、发展循环经济认识不足。三是缺乏秸秆回收再利用，秸秆焚烧造成了严重的空气污染。农业和农村生态环境恶化最终对城市环境特别是水、大气生态环境保护和治理造成了压力。

（6）财政能力有限，城市基本设施建设滞后

由于粮食主产区城市经济基础差，财政投入有限，相应的城市基本设施建设乏力。

四、粮食主产区城市特征决定的发展规模适度性

与其他区域的城市相比，粮食主产区城市的发展既要吸纳农业剩余劳动力，又不能挤占粮食生产用地，更不能影响粮食生产力。同时，还要做好工业反哺农业。粮食主产区城市发展只能在保障粮食安全的前提下适度发展，下面根据其特征分析发展规模的适度性。

（1）为保障粮食安全，对城市建设用地扩张的限制更加严格

当前我国粮食总需求呈刚性增长，未来一定时期内对粮食的总需求仍将呈上升趋势，粮食稳产增产压力巨大。在粮食主产区内推进城市发展，必须要把保护耕地放在首位。原因是，我国的人口总量尚未达到顶峰，随着人口数量的增长，对粮食的需求量逐年增加。据统计，每年需要增加粮食30亿千克以上。随着小康社会的到来，人民的生活水平整体提高，人均粮食消费量也要增加。这样的粮食需求，单靠农业劳动生产率提高是满足不了的。为保证粮食安全供应，确保耕地面积和粮食播种面积就首当其冲，可以说"没有相当数量的粮食种植面积，就没有粮食安全的保证"。随着第一次城镇化浪潮的推进，我国的耕地保有量锐减，从1996年的19.51亿亩减少到2010年的18.26亿亩，因此，国家出台了到2020年确保18.05亿亩耕地的强制政策。对粮食主产区城市来说，确保耕地红线的责任更重。张毓珂（2015）进一步提出，要严格强调"耕地动态总量平衡"。耕地的总量平衡，不单纯是数量上的占补平衡，还应突出耕地的质量平衡，也就是说，新开垦的耕地必须要确保质量。在这样的背景下，粮食主产区的城市发展因其面积扩张受限，根据城市人口与城市面积成正相关的一般规律，城市的人口规模扩大应适度。

（2）粮食主产区薄弱的经济基础，决定城市发展速度

钱纳里和塞尔昆认为，一个地区的现代经济增长，就是要从以农业为主的农耕社会转变为以工业为主的"工业化社会"，而后再转向以服务业为主的"后工业化社会"。随着城镇化的发展，农村富余劳动力进入到城市生活，城市要提供吸纳这些劳动力的就业岗位。然而，传统农业地区因为经济欠发达，制造业、服务业整体较弱，这些地区的城市需要抓紧发展工业和服务业，以增强农业转移劳动力的就地消化能力，才能保证城镇化的质量，而这必然是一个循序渐进的过程。因此，粮食主产区城市的发展速度应保持适度。

（3）农业劳动力人口非农化转移，要保证农业人力资本水平

在农业劳动边际生产率为零的情况下，其他产业部门吸收部分农业劳动力，不仅不会影响农业总产出，还能够减轻农业部门劳动力剩余的压力。随着其他产业部门的继续扩张和吸纳农业劳动力数量的增加，在农业劳动边际生产率已大于零的情况下，继续转移农业劳动力就会引起农业总产出的减少。王雅鹏（2015）认为，现阶段农村劳动力转移存在选择性的

特征，即质量较高的农业劳动力转移出去，导致农业从业者出现老龄化、女性化和低等素质化，引起农业人力资本水平的整体下降。程明望等（2015）研究发现，粮食主销区的城镇化快速推进造成了农业劳动力的大量流失和弱质化，农业劳动力转移已显著影响到粮食产量，危及粮食安全，粮食主产区应当警惕。粮食主产区的城市发展，必须要注意城市用工与农业劳动力分配的平衡问题，速度不能过快，规模要适度。

（4）农业转移人口，适应城市化生活需要经过一定的过渡期

粮食主产区城市因经济实力较弱，吸引力不强，导致其迁入人口以来自周边农村为主。现阶段，我国农村的教育水平整体落后，在传统的粮食主产地区表现得更为突出，农业人口非农化后，其劳动技术能力适应新工作的要求需要一个培训过程，由农民转变为市民，其生活方式、生活习惯的转化需要一个适应过程。如果是大量农民简单地涌入城市，那将不是乡村城市化、农民市民化，而是城市农村化或是失地农民找不到工作变成流民，对城市的稳定、繁荣、文明都将产生负面影响。因此，粮食主产区的城市发展应当循序渐进，保持规模适度。

（5）生态环境修复压力迫使城市发展保持适度

城市的发展必须与资源环境的承载力相适应，以维持区域人口、资源、环境的协调。城市栖息地构建要求城市与郊区、农村协调发展。农业生态环境破坏和环境污染给粮食主产区城市发展造成了严重压力，城市发展首先要对周边遭到破坏的生态环境进行修复和重建，保持区域生态平衡，在一定程度上减缓了城市发展速度。栖息地导向要求粮食主产区城市的发展规模和速度保持适度。

（6）社会保障能力和城市设施建设能力要求城市发展规模应适度

粮食主产区城市有限的财政能力，决定其社会保障和城市设施建设投入受限，城市规模快速发展难以保障内涵质量。

（7）城市体系层级演化规律要求城市规模要适度

城市体系的层级演化形成了由中心城市到小城镇规模递减的特征，以省为单位来说，一般是从省会城市、地级市到市属县及乡镇其人口规模呈阶梯性减少。也就是说，城市等级高低与城市规模呈正相关，中心城市的规模对边缘城市的规模有限定作用，因此，省级、市级、县级城市的规模会自然形成一个适度的规模区间。从属于农业类型的粮食主产区城市，等级一般不高，辐射能力不强，其规模扩展的空间不大。

粮食主产区的区位特征，决定了其相对闭塞、远离经济活跃区的特性。粮食主产区城市，从经济类型看，属于内向型消费经济，农业以外的生产以满足本地居民的生活需要为主；从要素流动看，相对于矿业、工业型城市，成本较高，流动性较差；从辐射能力看，城市辐射范围较小，发展的经济空间有限；从城市功能看，生活空间职能更为明显，栖息地的效用更加突出。这些特性决定了粮食主产区城市的规模不宜大、发展速度不宜快，城市发展应因地制宜保持适度，以栖息地理念指导粮食主产区城市的合理发展具有典型的适用性。

第二节　栖息地导向的城市系统特征与粮食主产区城市发展规模适度性

城市是由社会、经济、资源、生态、技术等多种要素组成的综合体。在这个综合体中，每种要素又包含多种元素，各元素之间既有联系又有区别，共同构成了一个复杂系统，实现一定的功能。通常用城市结构来反映和揭示城市要素的组合状态。所谓城市结构，指城市各组成要素之间相互联系、相互作用的形式和方式。从不同角度研究城市的要素及其组合，可以得到多种结构形态。传统的，把城市结构分为经济结构、社会结构、空间结构三种类型，如表3-2所示。

表3-2　传统的城市结构

城市结构	经济结构	生产力结构	产业结构
			产品结构
			技术结构
			就业结构
		生产关系结构	所有制结构
			分配结构

续表

城市结构	社会结构	政治结构	——
		人口结构	人口自然结构
			人口社会结构
		文化结构	——
	空间结构	城市密度	人口密度
			经济密度
		城市布局	——
		城市形态	——

资料来源：根据参考文献整理。

传统的划分方法，突出了城市系统中的经济地理因素、人口社会因素，忽视了人类赖以生存的生态环境因素。自20世纪70年代以来，可持续发展理念开始用于指导城市建设，低碳经济、循环经济等发展方式在逐步推广应用，但至今收效不甚明显。原因在于，通过废物回收利用、节能减排、压缩开发项目等末端做法来修复环境，解决城市发展困境，实际上是治标不治本，其根本没有停止对地球基本资源的掠夺，而只是通过减轻人类当前行为的消极后果来延续原有的生产和生活模式。若要从根本上解决这一问题，就要重新审视城市系统结构，以栖息地导向构建社会、经济、环境等各子系统整体生态平衡和协调发展的城市。根据 Davis（2004）对城市栖息地的理解，即是以人类栖息地为导向建立城市生态系统。

一、城市生态系统的含义与组成

生态系统指在一定的空间和时间范围内，在各种生物及生物群落与其无生命环境之间，通过能量流动和物质循环等相互作用而形成的统一整体。城市具有生态系统的一般特征：包括生物种群（动物、植物、人类、微生物），包括无生命环境（阳光、空气、水、土壤），有物质循环、能量流动、信息交换。城市是一个陆生的生态系统。

中国著名生态学家马世骏教授指出：城市生态系统是一个以人为中心的自然界、经济与社会的复合人工生态系统。换句话说，城市生态系统包括了自然、经济、社会三个子系统，是一个以人为中心的复合生态系统。

生态学家王如松（2014）提出了城市生态系统的具体结构，如表 3-3 所示。

表 3-3　城市生态系统组成

城市生态系统	自然生态系统	生命物质
		非生命物质
	经济生态系统	人类经济活动
		产业结构特征
	社会生态系统	政治、文化
		科技、教育
		政策、法律

资料来源：根据参考文献整理。

二、城市生态系统的特征

城市生态系统运行，是以人居为核心，从有机的生物环境、无机的物理环境和人工的社会环境之间进行物质、能量、信息交换等相互作用的过程（如图 3-1 所示）。生物环境，即通常所说的生物群落，包括动物、植物、微生物等生命因素。物理环境指原已存在和在原有基础上经人类活动改变了的物质因素，如城市的地质、地貌、大气、水文、土壤等无生命因素。人工社会环境，包括建筑、道路、管廊和其他生产、生活设施等人造因素。

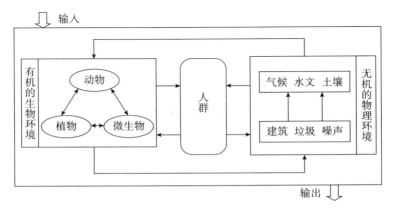

图 3-1　城市生态系统运行示意

城市生态系统相对于一般自然生态系统（如森林、草原）和半自然生态系统（如农田）而言，有如下特点：①城市生态系统是人工生态系统。人是系统的核心和决定因素，系统本身由人工创造，系统的规模、结构、性质由人群自己决定。人既是能动调节的主体，又是被动调节的客体，人群决定的合理性，通过系统整体作用效力的衡量后再反作用于人群。②城市生态系统中消费者占优势。人类超强的繁衍能力，使消费者生物量远超过第一性初级生产者生物量，形成了倒金字塔形生物量结构，致使社会、经济子系统对自然子系统的依赖性极大。③城市生态系统受到社会、经济等多种影响因素的制约。人作为系统的核心，具有生物学人、社会学人、经济学人的三重属性，人的活动服从生物学规律，人的行为准则受社会生产力、生产关系及上层建筑的规范和约束。因此，城市生态系统和城市的经济、社会发展状况紧密相关。

栖息地导向的城市生态系统有如下特征：①城市系统运行包含了三种关系：一是社会系统为经济系统提供技术、人力资源，经济系统为社会系统提供产品和服务；二是自然系统为经济系统提供资源、能源，经济系统向自然系统排放废物；三是社会系统通过生产、生活等人类活动作用于自然系统，自然系统对人类社会的生存环境产生响应。②城市系统内部蕴藏了三个矛盾：一是生产能力提高与满足人民生活需求之间的矛盾；二是经济开发强度与环境容量之间的矛盾；三是人类社会活动对环境造成的损伤与自然系统自我修复还原能力之间的矛盾。③城市发展通过调整城市生态系统的运行实现三项目标：一是协调经济、社会、自然之间的矛盾，平衡社会产出、人类活动、资源消耗三者之间的关系，维护生态系统持续运转；二是提升经济、社会、生态等城市综合发展效益，提高发展质量，改善人类生存条件；三是保持各个子系统及整个复合系统的协调发展、稳定有序，增强抵御风险能力。

三、城市生态系统特征决定的粮食主产区城市发展规模适度性

栖息地导向的城市系统结构，人群是城市生态系统的核心要素，人群数量决定了城市生态系统的运行负荷，人群数量必须控制在资源环境的容量限度内，与自然子系统的承载能力相适应。除此之外，粮食主产区城市还有特殊性：第一，城市生态系统倒金字塔形的生物量结构，要求有辅助

的能量物质输入，以减缓对自然子系统的压力。粮食主产区城市为保障粮食安全，承担着为其他城市输入能量物质（粮食）的重任，自身只有通过调节城市人群数量，来保持城市生态系统平衡。第二，城市生态系统平衡恢复需要有人的正确参与，现阶段粮食主产区城市科技创新能力弱、环境治理能力不强，人群对城市生态系统恢复的辅助作用小，需要通过保持适度人口数量，控制生产、生活产生的废物量来减轻环境污染，保持生态系统平衡。第三，城市生态系统和城市的经济、社会发展状况紧密相关，当前粮食主产区城市的经济基础弱、社会文明程度不高，为保证城市生态系统质量，应保持适度的人群数量。

第三节　栖息地导向的城市发展机制与粮食主产区城市发展规模适度性

经济学领域里，机制指的是经济组织和经济系统内部和外部各要素、各部分、各环节的相互推动、制约关系，以及其组织或系统运作的原理，泛指解释某一经济现象的带有规律性的原理和方法。赵维良（2007）提出，城市发展的动力机制，指的是推动城市发展所必需动力的产生机理，以及维持和改善这种作用机理的各种关系、组织制度等所构成的综合系统的总和。本节基于栖息地导向分析城市的发展机制，探讨粮食主产区城市发展规模的适度性。

一、传统的城市发展机制

1. 传统的城市发展动力机制

传统的城市发展，是以政府、居民等为城市建设主体，推动农村向城市转型和城市发展。其动力源主要包括两个方面：一是内在动力，即城市发展的推力系统；二是外在动力，即城市发展的拉力系统。推力系统和拉力系统通过激励和约束的共同作用，带动城市发展。

研究国内外城市化发展的历程，尽管影响城市发展的力量各有不同，但总体来说，内在动力是来自于市场机制，即经济推动力。由于规模经济的存在，吸引生产要素向城市流动，集聚经济现象越来越强烈，城市化经济作用越来越明显，导致企业和人口向城市集中，使城市规模增大产生更强的集聚作用，由此形成"强者愈强"循环。外在动力主要来自于政府调控和技术创新，由政策调控力、政府干预力、科技带动力组成。在推力和拉力的共同作用下，通过人口聚集、产业聚集和空间聚集，系统开始不断运转，城镇化进程走向深入，城市规模逐渐扩大，如图3-2所示。

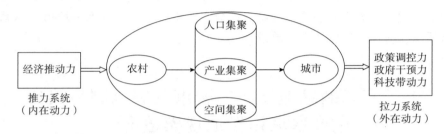

图 3-2　传统的城市发展动力机制

2. 传统城市发展机制的动力来源

（1）经济推动力

在市场经济和生产要素自由流动的条件下，要素流入地与流出地之间的回报率落差，使生产要素产生了定向流动，成为驱动城市发展的基础动力。人口是城市发展过程中最为能动的因素，人口的能动性使其对市场利益机制作用的反应更加敏感，表现为追求更高的劳动回报率。农业生产效率提高，使农村产生了富余劳动力，形成供给；城市经济发展提供就业岗位，增加了劳动力需求；非农产业较高的工资率吸引农村富余劳动力向城市流动，形成了城市发展的推动力。

（2）政策调控力

新制度经济学认为，人在由制度所赋予的约束中从事社会经济活动，土地、资本、劳动等生产要素在制度的调整下发挥功能。制度因素直接或间接地影响经济要素在空间上的流动和重组，对经济发展起着关键的影响作用，有效率的制度安排能够促进经济的增长和发展。

政府通过政策调控干预，逐步降低人口由农村向城市转移的壁垒，增强产业向城市集聚的吸引力。回顾我国的城镇化进程，政策调控在每一个阶段都发挥了明显作用。新中国成立至改革开放前，在计划经济体制下由政府配置资源，政府一方面从农村、农业部门积累工业化、城镇化初始阶段所需的建设资金；另一方面制定措施限制农村人口向城市流动。这一时期，我国的工业化水平提高很快，但城镇化发展缓慢。随着市场经济体制的逐步完善，在国家宏观调控指导下对要素流动的限制逐步放松，大大促进了城镇化，城市人口总量提高，城市发展速度明显加快。当前，有关户籍制度、社会保险制度、医疗保障制度等的变革和创新，探索消除人口由乡村向城市流动的壁垒，激发城市发展的活力。

（3）政府干预力

行政干预力量利用政策手段对经济杠杆进行调节，弱化或强化其他因素的作用，对城市发展产生滞缓或加速作用。在我国的城镇化进程中，政府行政干预是一个重要力量，对城市发展影响较大的行政手段主要有：①户籍制度管制。国家实行农业人口与非农业人口的户籍划分，对两类人口实施有差异的社会福利，政府通过限制户籍迁移，造成城乡隔离，形成壁垒，导致城市化机制中"城市"方的拉力未能充分发挥。②城乡规划调整。政府通过城乡规划布局的调整，如规划区域中心城市、设置城市功能区划等，影响要素资源的配置，最终对城市的集聚力、辐射力产生影响。所以，合理的城镇布局，能够提升城镇和区域的竞争力和发展潜力，将积极地拉动城市发展。③政府直接投资。城市基础设施和市政公用事业属于公共产品，具有显著的外部经济性，必须以政府投资为主。而许多公共产品将对城市形象、生活环境、区位优势等产生重大影响，如交通运输体系中的高速公路、高速铁路建设，因此政府投资能直接影响城市发展。

（4）科技带动力

科技发展对城市的产业结构、社会服务和生活方式有了显著的改善，产生了明显的带动作用，形成了城市发展的拉力。人类进入工业时代以来，生产力水平的每一次跨越都与科技进步紧密相关。科技发展带动产业集聚和产业结构转型升级，进而影响城市发展进程。蒸汽机的发明引发了产业革命，开启了工业化和城市化的先河；交通、通信技术的快速发展，扩大了人际活动空间，使城市半径扩大成为可能；信息技术的出现，创造了计算机产业，把人类带入互联网时代，大大提高了城市的服务能力，智慧城市建设已成为发展趋势。城市发展离不开产业聚集，科技发展能够创造产业、创造需求。据统计，发达国家中科学技术对城市经济增长的贡献率，至20世纪90年代已达到60%~80%，明显超过了资本和劳动力。

3. 传统城市发展机制的弊端

传统的城市发展机制有两个弊端：一是外力直接作用于城市发展，对系统扰动过大；二是没有把城市发展置于城市生态系统的框架内，结果突出了城市发展的经济收益，未考虑城市发展的社会效益、资源环境的承载能力及整个城市系统的协调与均衡。其原动力来自于生产要素集中产生的规模效应，追求效益最大化是其固有的特征。由于缺乏有效调控，势必导致要素过度集中，带来城进农退、城市拥挤、环境污染、通勤成本升高、社会不稳定等城市弊病。西方国家城市化过程中出现的"大城市病""贫民窟"对生态环境的破坏等问题，我国城镇化初期出现的"摊大饼"式的城市扩张，都源于这种不完善的动力机制对城市系统协调发展的忽视。

二、栖息地导向的城市发展机制

1. 栖息地导向的城市发展动力机制

传统的城市发展机制实质上是规模经济导向，或者说是经济效率导向，驱使要素集中、开发强度增大，促使经济增长，突出了城市的生产空间职能，忽视了城市的生活空间属性。结果是带来两个问题：一是忽视了资源环境的承载力，导致环境恶化；二是没有综合考虑城市发展质量，产生社会发展不公平。

城市作为生活空间，要满足为居民提供洁净的空气、清洁的水源、适度的空间、适宜的观感等作为生命体的自然要素需求，也即是满足人类的栖息地要求。简单地说，就是城市要生态宜居。城市发展本身是规模经济作用的结果，规模经济服从于长期成本曲线，随着城市规模扩大首先会带来城市成本降低，城市的生产空间实现集约高效。规模经济或许能允许较大的城市规模，但是在达到规模效益最大化之前，城市本身可能已不适应生态的要求。因此，需要协调城市的生产空间、生活空间两种职能，取得集约高效与适度宜居二者的平衡，从而保证城市的发展质量。

栖息地导向的城市发展，是以人为中心构建城市生态系统。城市能够提供保证人类有质量生存发展所需要的各种资源，实现物质和能量的不断循环流动，保持城市生态环境的稳定和可持续发展，满足人类作为城市主体生物种群的生存和发展需求。简言之，就是舒适、宜居、发展可持续。根据栖息地理论和生态文明理论对城市发展的指导，本书提出栖息地导向的城市发展动力机制（如图 3-3 所示），通过经济、社会、生态的协调发展与综合效益优化，达到城市发展的动力、质量、公平的统一。

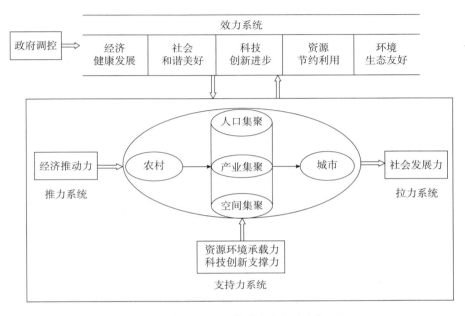

图 3-3　栖息地导向的城市发展动力机制

2. 栖息地导向的城市发展力量组成

栖息地导向的城市发展力量组成如下：①系统发展的内部力量由推力系统、拉力系统和支持力系统构成。推力系统以经济推动力为主，拉力系统以社会发展力为主，支持力系统主要包括资源环境承载力和科技创新支撑力。②推力、拉力、支持力系统的共同作用形成了城市发展的效力系统，效力系统从社会、经济、科技、资源、环境五个方面统筹城市发展进程，协调城市生态系统运转，效力的大小代表了城市栖息地导向的发展能力。③系统的外部力量主要包括政策调控力和政府干预力，政府通过效力系统识别城市发展中存在的问题，利用效力系统来调节协整各方面的作用，实现系统的发展平衡。

（1）推力系统

推力是促使人群离开乡村和促进城市吸纳能力提升的因素，是城市发展的内部动力。经济学家保罗·贝洛克从经济总量增长与城市化的相关关系，钱纳里从人均国民生产总值（GNP）与城市化水平之间的关系，库兹涅茨从产业结构高级化与城市化之间的数量关系等方面的研究表明，经济因素是推动城市发展的主要动力。经济推动力主要源于三个方面：

1）农业发展是城市发展的原始动力。O'Sullivan指出，农业生产过剩是城市发展的第一必要条件。城市以外的人口必须能够生产足够的粮食，来满足他们自己和城市居民的生活需要。因此说，城镇化是建立在农业生产力达到一定程度的基础之上的。农业生产力提高，除了为城镇人口提供粮食之外，还为城镇工业产品提供了市场，更重要的是出现了劳动力剩余甚至隐性失业，而为城镇工业提供了大量劳动力。所以，城市发展首先在农业分工完善、农村经济发达的地区兴起。

2）工业化是城市发展的根本动力。由农村向城市转移的剩余劳动力，起初主要由工业部门吸纳。狭义的工业化强调要素的聚集，正是由于资金、人力、资源、技术等生产要素在有限空间上的聚合，推动了城市的形成和发展。广义的工业化指的是"现代化"，除了产业的空间聚集，还涉及产业结构的调整和演进、居民生活水平提高等，这些又改变着城市的形态、规模和发展速度，继而影响城市的发展进程。国内外的许多研究表明，工业化与城市发展进程有明显的相关性：在工业化的起步期，国民经济实力相对较低，城市发展加速平缓；在工业化的扩张期，工业和国民经济加速发展、实力迅速增强，城市发展速度也快速上升。

3）第三产业是城市发展的后续动力。工业化发展到一定时期，出现了由劳动密集型向资本、技术密集型的产业转型，工业部门吸纳农村剩余劳动力的能力下降，持续吸纳农村剩余劳动力主要靠第三产业的发展。在后工业化时期，随着产业结构的调整，第三产业发展壮大，逐步取代工业成为城市发展的后发力量。这种后续动力具有不竭性，主要体现在：一是对提供生产配套性服务的要求增加，在市场经济条件下，社会化生产越发达，越要求城市提供更多更好的配套服务。二是对生活消费性服务的需求增加，随着收入水平提高，人们越来越注重生活质量，对物质消费和精神享受的需求也随之提高。

（2）拉力系统

拉力是吸引人群来到城市的因素，即城市的吸引力，人对于物质与精神的生活需求是城市发展的内在力量。根据需求层次理论，城市吸引力有低等和高等之分，低层次表现为城乡生活水平差异及城市部门较高的工资率，高层次主要表现为社会综合发展力。人的社会属性使其对生存环境产生社会认知，因此，城市社会环境是城市栖息地的重要组成部分。良好的城市发展带来社会公平、福利共享，增加就业和发展机会，增强城市的服务能力，提供宜居的栖息环境，提高居民的生活质量，加强了城市的吸引力，对人口集聚有正向作用，产生城市发展的拉力。

（3）支持力系统

支持力系统对城市发展起承载作用，主要包括资源环境承载力和科技创新支撑力。

1）资源环境承载力。人类社会的物质资料生产活动，基本上包括如下五个环节：从自然系统获取资源；自然资源转化或加工生产出产品；社会产品消费满足社会需求；向环境排放废物；环境污染治理。人类生产要从自然索取资源，又向自然排放废弃物，人类的生存和发展必然对自然环境产生压力。

城市发展对资源环境有两个明显的影响：第一，对资源环境产出能力的要求提高。城市是经济和社会发展的产物，是人类社会走向文明和进步的标志。城市发展要使人民的生产和生活水平有更大的提高，必然伴随着对资源环境产出能力要求的提高。第二，对资源消耗总量增加。随着城市的发展，越来越多的农村人口转变为城市人口，其农村生活方式转化为城市生活方式，必然伴随着对资源消耗总量的增加。

对资源环境产出要求的提高和对资源消耗总量的增加，从两个方面加重了人类社会对自然环境的压力，一旦该压力超出了资源环境的承载力，系统运转将不可持续甚至面临崩溃。所以，基于栖息地导向来改造传统的城市发展机制，必然要将人类赖以生存的自然环境考虑在内。

2）科技创新支撑力。城市栖息地是以一定区域为依托的城乡综合体，需要郊区、农村与城市协调发展，孤立的城市难以实现生态化。栖息地导向的城市发展，应发挥对农业生产力的带动作用，通过农业、农村的持续发展，为城市发展提供依托。科技创新不仅要发挥对城市发展的拉力作用，也要发挥对农业、农村向现代化转化的推力作用，更要支撑起农村向城市演变的转化过程。因此，将其内化为城市生态系统的支持力。传统上，科技带动重心放在城市一边，科技创新注重工业潜能开发，使工业现代化先行，拉力作用得到了发挥但却忽视了农村发展。不平衡的一侧拉动，极易造成城乡发展不均衡，导致城乡隔离，使城市失去依托。对粮食主产区城市来说，农业生产力落后必然会危及粮食安全。

科技创新能力还应发挥对资源环境承载力的修复和提高功能。开发资源节约型新技术，推广资源节约型新产品和新工艺，节约集约利用资源；推广循环经济、生态经济，注重资源回收利用，提高资源利用效率；推行清洁生产工艺和技术，提高固体废弃物的回收再利用率，提高液体、气体废弃物排放的净化处理能力，实现废弃物排放的减量化、资源化和无害化，综合治理环境污染。通过实现清洁生产和资源节约利用，减轻对生态环境的压力，修复提高资源环境的承载能力。一个社会如果能够采用清洁的生产技术、清洁的生活方式，就可以在既有的规模水平上提供更高质量的环境，或者在相同的环境质量上支撑更大规模的经济或人口，表现为规模—环境边界向外移动（如图 3-4 所示）。也就是说，清洁技术的使用，提升了资源环境的承载力。

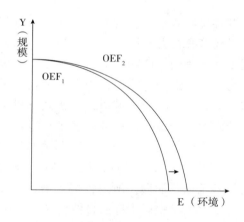

图 3-4　清洁技术使规模—环境边界向外扭转

（4）效力系统

效力系统是对推力系统、拉力系统和支持力系统共同作用的反映，效力是对经济发展推力、社会发展拉力、资源环境和科技创新对城市发展的支持力协同作用所形成的合力的度量。效力越大，表明城市栖息地导向的发展能力越强，其所能容纳的适度人口规模也越大。

栖息地导向的城市发展，理想的目标是经济健康发展、社会和谐美好、科技创新进步、资源节约利用、环境生态友好。经济健康发展是推力系统作用的结果，社会和谐美好是拉力系统作用的结果，科技创新进步、资源节约利用、环境生态友好是支持力系统作用的结果。政府力量通过效力系统对城市的经济、社会、科技、资源、环境进行综合评价，产生对城市发展质量的总体衡量和效果反馈，对城市发展的推力系统（经济）、拉力系统（社会）、支持力系统（科技、资源、环境）作出反应和调控，以促使城市发展的稳定、持续，形成良性循环，最终达到人、自然、社会的和谐，实现高质量的城市发展。

3. 栖息地导向的城市发展机理

栖息地导向的城市发展机理如下：

第一，城市发展主要是由推力、拉力、支持力系统形成的内部力量共同作用的结果，通过三力的协调作用，实现城市的协调发展。政府职能发生转换，由传统的对城市发展的强制拉动作用转变为对城市发展的内部力量的调节作用，以保持城市生态系统的平衡。城市在发展过程中应保持三种作用力的均衡，以协调城市系统内部的矛盾，维护各子系统及整个复合系统的稳定有序，提高城市的综合发展效益。

第二，城市发展在由科技创新和资源环境共同构成的支持力系统的可承载范围内运行，支持力的强度决定了城市发展水平的高度。科技创新能力包含了工业和农业两个部类生产的技术革新，由单纯的从城市一端拉动，转变为对城市系统可持续运转的支撑。科技创新通过提高资源的节约集约利用程度和环境保护治理能力，强化资源环境对城市发展的承载能力。

第三，效力系统确定了城市发展的边界。效力是支持力、推力、拉力三者整体的合力，决定了城市发展水平的高度和质量。通过效力系统的调整约束，由支持力系统支撑，推力系统和拉力系统驱动了城市发展，城市由低级向高级演进，如图3-5所示。

三、栖息地导向的城市发展机制决定粮食主产区城市发展规模适度性

栖息地导向的城市发展是由城市生态系统内部产生的推力、拉力、支持力共同作用的结果，城市系统的内部因素是影响城市发展规模和质量的主导因素。具体就是，城市的经济、社会、资源、环境、科技五个方面因素对应产生的经济推动力、社会发展力、资源环境承载力、科技创新支撑

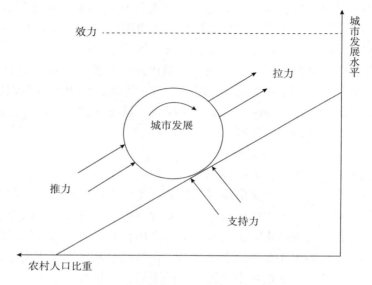

图3-5　栖息地导向的城市发展机理

力共同助力了城市发展，其合力决定了城市发展所能达到的规模。

　　粮食主产区城市的发展力量有限，决定了城市发展的规模适度性，具体如下：①粮食主产区城市系统内的初级产品和能量全部来源于自然系统，同时还要向外输出。自然系统不仅给人类提供栖息环境，更重要的是提供食物和能量的来源。系统内的自然生态空间并不广阔，环境的自我修复能力不强，生态系统比较脆弱，对生产、生活废物污染的自净能力有限，环境容量小，资源环境对城市发展的支撑能力较弱。②粮食主产区的工业基础落后，经济基础不坚实，加上国家功能区划对发展方向的限制，粮食主产区城市的经济发展主要靠高效农业、高新技术产业和服务业。当前，高效农业处于试验阶段，高新技术产业刚起步，服务业比重小，居民收入水平整体不高，经济活力不旺盛，城市发展的经济推力有限。③随着农业生产率的提高，新释放出的农业劳动力逐步向城市转移，而以粮食主产区城市的产业结构现状和经济实力，要提供充足的就业岗位，消除本地市民与转移人口之间的待遇差别，实现同城待遇合理化，任务艰巨。粮食主产区城市的社会生态构建更加复杂，社会发展力有待提高。

第四节　栖息地导向的粮食主产区城市发展规模适度性理论模型

前文分别从粮食主产区城市的机能特征、栖息地导向的城市生态系统结构、栖息地导向的城市发展动力机制三个方面分析了粮食主产区城市发展的规模适度性。栖息地理论和生态文明理论指出，城市发展要通过各子系统的协调发展和综合效益优化，实现结构协调与功能耦合，达到动力、质量、公平的有机统一。本节进一步综合粮食主产区城市的机能、结构、发展动力等因素，建立栖息地导向的粮食主产区城市发展规模适度性理论模型。

一、栖息地导向的粮食主产区城市发展规模适度性维度分析

城市生态系统是包含经济、社会、自然的复合生态系统，栖息地导向的城市发展是各子系统在栖息地整体生态平衡下的均衡发展，要求实现三个子系统之间结构、功能的有机协调。

栖息地导向的城市发展是推力、拉力、支持力协同作用的结果，三者共同促进了城市的发展，三者的合力决定了城市发展的边界。推力来自于经济子系统、拉力来自于社会子系统、支持力来自于自然子系统与科技创新（即发展承载系统）。栖息地导向的城市发展动力机制与城市生态系统结构是有机结合的。

城市具有生产空间与生活空间两种职能。生产空间要求城市集约高效，注重经济效率，对应经济子系统的发展。生活空间要求城市和谐舒适，讲求生态宜居，对应社会子系统的发展。城市职能的发挥要建立在一定的发展承载能力基础上，对应自然子系统的发展，人类科技的发展能够对自然承载力产生影响，将二者均归入发展承载系统。栖息地导向的城市发展，要求城市兼顾生产空间与生活空间两种职能，取得效率与宜居的平衡，其城市职能协调与城市生态结构均衡是内在统一的。

综上所述，栖息地导向的城市发展，其城市系统结构、城市发展机

制、城市职能发挥三者具有内在的统一性，把城市系统解构为生产空间系统、生活空间系统、发展承载系统三个维度来研究城市的适度发展规模，能够有机融合结构、动力、功能三方面的因素，符合栖息地理论和生态文明理论的要求。栖息地导向的粮食主产区城市发展规模适度性可从生产空间系统、生活空间系统、发展承载系统三个维度的协调优化发展来分析，生产空间系统提升是城市发展的条件和手段，生活空间系统提升是城市发展的目的和归宿，发展承载系统提升是城市发展的基础和约束，三个子系统的共同提升实现了城市系统的协调发展和综合效益优化。

二、栖息地导向的粮食主产区城市发展规模适度性要素分析

根据粮食主产区城市的机能特征和发展状况，栖息地导向的粮食主产区城市适度发展，其生产空间系统、生活空间系统、发展承载系统三个维度的要素结构分析如下：

第一，保障粮食安全是粮食主产区城市生产空间系统的首要职能，其发展应在保证粮食生产能力的前提下，提升经济实力、优化经济结构、提高生产效率。本书认为其生产空间系统发展应从粮食安全保障、经济发展水平、经济结构状况、城市发展效能四个方面来考量。

第二，粮食主产区城市的发展用地受限，压缩了城市的生态空间和生活空间，对城市的生态质量产生影响。弱化的经济基础，增加了城市在提升居民生活质量、改善城市设施、提高社会保障能力等方面的难度。本书认为其生活空间系统发展应从城市生态宜居度、城市生活宜居度、城市设施宜居度、城市保障宜居度四个方面来考量。

第三，水、土资源是粮食主产区城市发展的基础，但人均保有量在持续下降。工业污染尚且治理困难，农业面源污染更有赶超工业污染的趋势。粮食主产区城市面临巨大的资源保持和环境治理压力，亟须通过科技创新来提高发展承载力。本书认为其发展承载系统发展应从资源保持状态、环境污染与治理、科技创新能力三个方面来考量。

基于上述分析，本书提出栖息地导向的粮食主产区城市发展规模适度性分析要素，如表3-4所示。

表 3-4 栖息地导向的粮食主产区城市发展规模适度性分析维度和要素

层次	内　容										
系统	栖息地导向的粮食主产区城市生态系统										
维度	生产空间系统 u_1				生活空间系统 u_2				发展承载系统 u_3		
要素	粮食安全保障 u_{11}	经济发展水平 u_{12}	经济结构状况 u_{13}	城市发展效能 u_{14}	城市生态宜居 u_{21}	城市生活宜居 u_{22}	城市设施宜居 u_{23}	城市保障宜居 u_{24}	资源保持状态 u_{31}	环境污染与治理 u_{32}	科技创新能力 u_{33}

三、栖息地导向的粮食主产区城市发展规模适度性分析框架

城市发展是一个系统工程，发展承载是基础、经济发展是手段、生活质量提高是目标，分别对应城市发展承载子系统、生产空间子系统、生活空间子系统的发展。每一个特定阶段的城市发展，都需要与这一阶段的资源环境承载能力相适应，与这一阶段的经济、社会发展水平相匹配，以确保城市发展与经济、社会发展规律和城市自然演替规律相符合。根据"木桶效应"，要实现城市发展的总体优化，不仅要使三个子系统的发展相匹配，防止出现短板，而且要保持三个子系统的配合得当，防止出现缝隙，即要保持各子系统的发展均衡和协调。

栖息地导向的城市系统发展，就是要求人类活动保持城市生态系统的整体协调，实现城市的结构与功能、发展的动力、质量和公平多方面的有机统一。这些特征因子可以用城市系统发展的综合效益及其子系统之间的协调程度来表征。下面在栖息地导向的粮食主产区城市发展规模适度性维度和要素分析（见表3-4）的基础上，建立栖息地导向的粮食主产区城市适度发展理论模型。

本书认为栖息地导向的城市适度发展，是城市综合发展效益的提升（避免出现短板）和城市系统协调程度的改善（子系统协同发展），由此定义栖息地导向的动态城市适度发展（SUD）模型为：

$$SUD(t) = F[U(t)，D(t)，O(t)] \tag{3-1}$$

其中 SUD 代表城市的发展收益，U 代表城市的综合发展效益，D 代表城市系统的协调发展程度，O 表示其他相关因素，t 表示时间；$U>0$、$D>0$，U、D 的改善都会带来 SUD 的正向提高，但其正向作用呈边际递减；U、D 二者中某一个→0（或急剧下降），会导致系统整体→0（或急剧下降）。据此，假设式（3-1）的函数形式为 Cobb-Douglas 型，即

$$SUD = AU^{\alpha}D^{\beta}\mu \tag{3-2}$$

其中 A、α、β 为参数，μ 为随机干扰项，$A>0$、$\alpha>0$、$\beta>0$。

令 $SUD=Q$，对式（3-2）进行全微分可得：

$$dQ = \frac{\partial Q}{\partial U}\cdot dU + \frac{\partial Q}{\partial D}\cdot dD \tag{3-3}$$

上式两边同除以 Q，可得：

$$\frac{dQ}{Q} = \frac{\partial Q}{\partial U}\cdot\frac{dU}{U}\cdot\frac{U}{Q} + \frac{\partial Q}{\partial D}\cdot\frac{dD}{D}\cdot\frac{D}{Q}$$

令 $g = \frac{dQ}{Q}$，$g_1 = \frac{dU}{U}$，$g_2 = \frac{dD}{D}$，分别表示城市发展率、城市综合效益增长率、城市系统协调发展程度增长率。令 $\sigma_1 = \frac{\partial Q}{\partial U}\cdot\frac{U}{Q}$，$\sigma_2 = \frac{\partial Q}{\partial D}\cdot\frac{D}{Q}$，分别表示城市综合发展效益和城市协调发展程度的产出弹性，则式（3-3）可表示为：

$$g = g_1\cdot\sigma_1 + g_2\cdot\sigma_2 \tag{3-4}$$

由此可见，栖息地导向的城市发展包括城市综合发展效益、城市系统协调程度两个方面，这既需要两个方面的变化率正向改变，又与两个方面的产出弹性有关。假定在某一时期内两个方面的产出弹性不变，则可得出如下推论：

①当 $g_1>0$、$g_2>0$ 时，$g>0$，即城市的综合发展效益与城市系统的协调发展程度同时提高时，城市呈良性发展，这是我们追求的理性状态；

②当 $g_1>0$、$g_2<0$ 或 $g_1<0$、$g_2>0$ 时，g 不确定，即城市的综合发展效益与城市系统的协调发展程度不同向变化时，城市的发展状态并不理想；

③当 $g_1<0$、$g_2<0$ 时，$g<0$，即城市的综合发展效益与城市系统的协调发展程度同时降低时，城市倒退。

再对式（3-1）求时间（t）的导数，可得：

$$\frac{dSUD}{dt} = \frac{\partial F}{\partial U} \cdot \frac{dU}{dt} + \frac{\partial F}{\partial D} \cdot \frac{dD}{dt} + \frac{\partial F}{\partial O} \cdot \frac{dO}{dt} \tag{3-5}$$

由于我国处于城市化加速发展初期，城市人口规模（P）随着时间（t）的推移呈现递增趋势，则对式（3-5）的最优值求解可转化为对其对偶函数的极值求解。为简化起见，不考虑其他因素（O）的影响，假设城市的综合发展效益（U）、城市系统的协调发展程度（D）与城市人口规模（P）的对偶函数分别存在以下关系：

$$U = \varphi(P) \tag{3-6}$$

$$D = \psi(P) \tag{3-7}$$

且满足 $\dfrac{dU}{dP} \geqslant 0$，$\dfrac{dD}{dP} \geqslant 0$，$\dfrac{d^2U}{dP^2} < 0$，$\dfrac{d^2D}{dP^2} < 0$。当 $\dfrac{dU}{dP} = 0$，$\dfrac{dD}{dP} = 0$ 时，其所对应的城市人口规模即可能为最优城市规模。对 $\dfrac{dU}{dP} < 0$，$\dfrac{dD}{dP} < 0$ 的情况，城市发展呈现倒退，应予防止出现。

本书将城市生态系统解构为生产空间系统、生活空间系统、发展承载系统三个子系统，如用 u_1、u_2、u_3 分别表示粮食主产区城市的生产空间系统、生活空间系统、发展承载系统的发展效益，则栖息地导向粮食主产区城市的适度发展规模模型为：

$$U = f(u_1, u_2, u_3) = \varphi(P) \tag{3-8}$$

$$D = g(u_1, u_2, u_3) = \psi(P) \tag{3-9}$$

其中

$$u_1 = h(u_{11}, u_{12}, u_{13}, u_{14}) \tag{3-10}$$

$$u_2 = h(u_{21}, u_{22}, u_{23}, u_{24}) \tag{3-11}$$

$$u_3 = h(u_{31}, u_{32}, u_{33}) \tag{3-12}$$

因此，栖息地导向的粮食主产区城市适度发展取决于粮食主产区城市生态系统内各维度及各要素效益的提高与结构的优化；栖息地导向的粮食主产区城市适度发展规模，就是能够实现城市系统协调发展和城市综合发展效益优化的规模。下文通过进一步建立栖息地导向的粮食主产区城市发展效益综合评价体系，对粮食主产区城市的发展效益及城市系统发展的协调性进行评价，进而测度栖息地导向的粮食主产区城市适度发展规模。

第五节　本章小结

　　本章提出栖息地导向的城市发展目标首先是通过各子系统的协调发展和综合效益优化，实现城市系统的结构协调与功能耦合，达到动力、质量、公平的有机统一。其次，分别从粮食主产区城市的特征、栖息地导向的城市生态系统结构、栖息地导向的城市发展动力机制三个方面分析了粮食主产区城市发展的规模适度性。最后，进一步综合粮食主产区城市的机能、结构、发展动力等因素，提出了栖息地导向的粮食主产区城市适度发展的维度和要素结构，建立了栖息地导向的粮食主产区城市适度发展的理论模型。

第四章　栖息地导向的粮食主产区城市发展效益综合评价体系构建

城市发展的适度规模理论提示，城市发展的效益与其规模紧密相关，确定城市的适度发展规模，可以用城市发展的综合效益为工具来进行测度。第三章以栖息地理论和生态文明理论为指导，确立了栖息地导向的粮食主产区城市发展规模适度性分析的维度和要素，本章进一步建立栖息地导向的粮食主产区城市发展效益综合评价体系，对发展效益进行综合评价。本章的主要任务是：以栖息地为导向，通过对粮食主产区城市发展效益综合评价指标的选取和体系的构建，定量分析和判断粮食主产区城市发展的效果，为测度其适度发展规模提供量化工具。

第一节　栖息地导向的粮食主产区城市发展效益综合评价指标体系设计

一、评价指标的选择

科学完善的评价体系是进行分析研究的前提和基础。同样的样本数据，用不同的评价体系评测，可能得出不同的评价结果，只有建立了科学的评价体系，才有可能得出客观公正的评价结论。栖息地导向的粮食主产区城市发展效益综合评价，应从栖息地导向的城市系统结构和发展机制出发，结合粮食主产区城市的特殊职能，依据一定的方法原则来设置评价标准、筛选评价指标。

1. 评价指标的功能

栖息地导向的粮食主产区城市发展效益综合评价，应建立在城市复合生态系统和栖息地导向的城市发展机制基础上，反映城市生产空间系统、生活空间系统、发展承载系统三者的发展状态和趋势，识别经济发展推力、社会发展拉力、资源环境和科技创新承载力的变动情况。评价结果要能够反映城市发展状态与效力系统所要求的经济健康发展、社会和谐美好、资源节约利用、环境生态友好、科技创新进步总体目标的偏差，以发挥效力系统的协调作用。所选评价指标要具体实现以下功能目标：

（1）信息功能目标

所选择的评价指标具有反映和描述任何一个时点或一个时期内粮食主产区城市的生产空间系统、生活空间系统、发展承载系统发展状况的功能。能够反映粮食主产区城市发展各方面质与量的变化信息，进而反映这些变化是否朝着栖息地导向的方向进行。

（2）监测功能目标

所选择的评价指标具有反映和描述一个时期内粮食主产区城市的生产空间系统、生活空间系统、发展承载系统发展趋势和速率的功能。能够通过对其系统内各要素数量和质量的变化与协调性分析，揭示和监测栖息地导向的粮食主产区城市发展变化的趋势与规律。

（3）综合功能目标

所选择的评价指标能够综合测度栖息地导向的粮食主产区城市发展效益及城市结构与功能的耦合性，具有从整体上反映城市发展状况的功能。能够从多方面评测粮食主产区城市的发展收益。

（4）诊断功能目标

所选择的评价指标具有揭示栖息地导向的粮食主产区城市发展进程中存在的问题，并指明解决问题方向的功能。能根据反映、监测、综合作用的结果做出诊断，进而提出改进的方向。

（5）预测功能目标

所选择的评价指标具有对栖息地导向的粮食主产区城市发展趋势进行预测的功能，包括发展能力预测和问题预测。前者在对城市生产空间系统、生活空间系统评价的基础上，预测城市的发展能力；后者在对城市发展承载系统诊断的基础上，预测未来城市发展潜在的问题。

2. 指标选择的原则

栖息地导向的粮食主产区城市发展效益综合评价，是从生态文明视角结合城市生态系统结构对粮食主产区城市发展现状的定量考核评价和对未来发展的科学规划预测。评价体系应为城市发展规划决策提供科学依据，为城市发展与资源、环境、生态相协调提供测量工具，为城市发展方向生态化发挥引导作用。评价指标的选择应遵循以下几个基本原则：

（1）特色性原则

突出粮食主产区城市的粮食安全保障情况，突出与粮食生产紧密相关的耕地与水资源的保护情况，突出城市宜居的发展情况，突出农业对环境的污染与治理情况。

（2）科学性原则

指标体系应建立在科学分析的基础上，反映粮食主产区城市发展的本质特征，准确地表征栖息地导向的发展目标，能够客观、真实、科学的度量区域发展的现实情况，据此对未来做出可靠预测。

（3）全面性原则

所选的指标能够全面、准确地反映粮食主产区城市栖息地的内涵和特征，反映粮食主产区城市复合生态系统的运行情况和变化趋势。

（4）代表性原则

选择能够突出反映粮食主产区城市发展特点的重要指标，涵盖为达到评价目标所需的基本内容。

（5）独立性原则

各个指标内涵清晰、相对独立，同一层次指标不相重叠、无因果关系，指标体系层次分明、能够反映评价意图。

（6）动态性原则

城市发展是一个动态过程，对栖息地导向的粮食主产区城市发展效益的综合评价应通过动态指标来描述，反映内在的发展规律和发展趋势。

（7）通用性原则

粮食主产区众多，各个区域都有其特殊性，城市发展过程和遇到的问题也不尽相同，尽量选择有共性的指标，使评价体系在同类区域内有一定的适用性。

（8）可操作性原则

所选指标应具有较强的可测性、可比性和数据可获得性，尽量选择符合国家统计标准的统计数据,计量统一,使评价过程便于操作,利于实际运用。

3. 指标选择的方法

综合评价体系的指标选取方法,主要可分为定性和定量两大类,一般多将两类方法结合使用。

定性方法主要有理论分析法、频度统计法和专家咨询法。理论分析法是通过对评价对象的内涵、特征的综合分析,选择能够反映发展特征、体现评价目标的重要指标。频度统计法是对相关研究文献所采用的评价体系进行频度统计,选择使用频率高的指标。专家咨询法是在提出初步评价方案的基础上,听取专家意见,对指标体系进行必要的修正。

定量方法主要是借助多元统计分析及其他数理统计方法,对通过定性分析初步建立的指标体系进行检验、选择和优化,提高指标体系的科学性、可操作性和适用性。常用的方法有聚类分析、主成分分析、因子分析、配对比较等,这些方法有软件工具辅助进行,且应用成熟。

二、指标体系的建立

1. 指标初步选择

本书从栖息地导向的城市系统结构和发展机制出发,结合粮食主产区城市的特征,依据上述评价体系的目标和原则,从城市生产空间系统、生活空间系统、发展承载系统三个维度测度粮食主产区城市发展的综合效益。进一步将其解构为粮食安全保障、经济发展水平、经济结构状况、城市发展效能,城市生态宜居度、城市生活宜居度、城市设施宜居度、社会保障宜居度,资源保持状态、环境污染与治理、科技创新能力11个要素。通过查阅有关文献(方创琳,2011;陈明,2013;Shudan Zhu,2013;Chen Mingxing,2014;Zhou D,2015;Pribadi,2015;马德功,2016等),结合《国家新型城镇化规划》"十三五规划纲要"《中国可持续发展战略报告》《宜居城市科学评价标准》"生态市建设指标"等发展评价指标体系,在调查研究、理论分析、文献检索、频度统计的基础上,初步选择评价指标。其中频度统计,通过对已有文献的梳理、综合,涵盖了出现频次在40%以上的指标。

2. 指标优化选择

在初步选择评价指标的基础上，通过聚类分析、配对比较、专家评判，对指标体系作进一步的优化选择。采用层次聚类分析法，通过对指标进行聚类选择，达到分类和筛选的目的。采用配对比较法，构造比较矩阵对指标重要性进行比较，剔除不重要的指标。通过专家结合实际进行的评判，保证指标体系的全面性和针对性。指标筛选流程如图4-1所示。

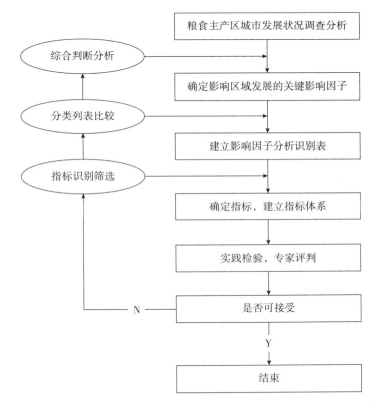

图4-1　栖息地导向的粮食主产区城市发展效益综合评价指标筛选流程

（1）综合判断分析

在理论分析和频度统计的基础上，结合对粮食主产区城市发展状况的调查分析，确定影响该类区域发展的关键影响因子。

（2）分类列表比较

根据栖息地导向的粮食主产区城市发展目标，将影响区域发展的关键影响因子归入到相应的系统层和要素层，建立影响因子识别表。

（3）指标识别筛选

进入影响因子识别表内的指标，可能存在两种情况：一是对评价效果所起的作用相对较弱；二是指标之间可能存在交叉与重复。因此，需要进行指标筛选，剔除关联度大的指标或对评价效果贡献弱的指标，以增强评价体系的信度和效度。本书采用专家咨询法剔除关联明显的指标；采用配对比较法，通过构造比较矩阵对指标的重要性进行两两比较，选择对评价作用贡献大的指标。

（4）专家检验评判

将初步建立的指标体系进行实践检验，请相关领域专家结合评价对象和评价目标对评价体系进行评估，如感到满意，可进行后续工作；否则，须重新进行讨论和设计。

3. 指标体系确立

在定性分析和定量分析结合的基础上，通过指标的初选、分类、筛选和验证，本书建立了栖息地导向的粮食主产区城市发展效益综合评价指标体系。该评价体系共包含 3 个系统层、11 个要素层和 46 个单项指标，如表 4-1 所示。

三、指标体系的内容和指标含义

本书以栖息地导向评价粮食主产区城市的综合发展效益，依据栖息地理论和生态文明理论，按照功能把城市系统划分为生产空间、生活空间、发展承载三个子系统。生产空间系统发挥城市发展的经济职能，体现效率；生活空间系统发挥城市发展的社会职能，体现宜居；发展承载系统发挥对城市发展的支持作用，体现可持续。栖息地导向的城市综合发展效益最优，是在三个子系统结构协调与功能耦合基础上的效益最大化。

1. 表征城市生产空间系统的指标设计

城市生产空间系统指标反映城市的经济发展能力。对粮食主产区城市来说，生产空间发展应在保障粮食安全生产的前提下发展第二产业和第三产业，逐步提高经济效率和经济实力，达到集约高效的目标，本书从粮食安全保障、经济发展水平、经济结构状况、城市发展效能四个方面来表征。

表 4-1　栖息地导向的粮食主产区城市发展效益综合评价体系

目标层	系统层	要素层	指标层	指标意义	评价目标
栖息地导向的粮食主产区城市发展效益 U	城市生产空间系统 U_1	粮食安全保障 U_{11}	粮食贡献度 e_1	反映粮食供应能力	生产空间集约高效粮食生产保障安全
			人均粮食产量 e_2	反映粮食生产能力	
			耕地复种指数 e_3		
			粮食生产机械化程度 e_4	反映粮食生产现代化水平	
			农田有效灌溉率 e_5		
		经济发展水平 U_{12}	人均 GDP 增长率 e_6	反映经济增速	
			人均社会固定资产投资额 e_7	反映城市发展实力	
			人均财政收入 e_8		
		经济结构状况 U_{13}	产业结构系数 e_9	综合反映经济结构	
			粮食产值占 GDP 比重 e_{10}		
			高新技术产值比重率 e_{11}		
		城市发展效能 U_{14}	全社会劳动生产率 e_{12}	反映城市发展效率	
			百元社会固定资产投资实现 GDP e_{13}		
			建成区 GDP 密度 e_{14}		
			单位 GDP 能耗 e_{15}		

续表

目标层	系统层	要素层	指标层	指标意义	评价目标
栖息地导向的粮食主产区城市发展效益 U	城市生活空间系统 U_2	城市生态宜居 U_{21}	建成区绿化覆盖率 s_1	综合反映城市生态	生活空间宜居适度栖息环境生态和谐
			水域功能区水质达标率 s_2		
			空气质量指数 s_3		
			城市生活污水集中处理率 s_4		
			城市生活垃圾无害化处理率 s_5		
		城市生活宜居 U_{22}	城镇居民人均可支配收入基指数 s_6	反映收入、消费情况	
			城镇居民恩格尔系数 s_7		
			人口平均预期寿命 s_8	综合反映社会发展水平	
		城市设施宜居 U_{23}	城市人均道路面积 s_9	反映交通状况	
			城市居民人均住房面积 s_{10}	反映住房条件	
			城市用水普及率 s_{11}	反映生活条件	
			互联网用户覆盖率 s_{12}	反映信息化水平	
		社会保障宜居 U_{24}	千人拥有病床数 s_{13}	反映就医、养老、就业状况	
			养老保险覆盖率 s_{14}		
			城镇就业率 s_{15}		

续表

目标层	系统层	要素层	指标层	指标意义	评价目标
栖息地导向的粮食主产区城市发展效益 U	城市发展承载系统 U_3	资源保持状态 U_{31}	人均耕地面积 b_1	反映资源相对丰度	资源环境承载有力 科技创新增强支撑
			人均水资源占有量 b_2		
			森林覆盖率 b_3	反映生态资源存量	
		环境污染与治理 U_{32}	化肥每公顷使用折纯量 b_4	反映环境压力	
			农药每公顷使用量 b_5		
			地膜每公顷使用量 b_6		
			三废综合排放指数 b_7		
			环保投入占 GDP 比重 b_8	反映环境保护能力	
			耕地水土流失治理率 b_9		
			固体废物综合利用率 b_{10}		
		科技创新能力 U_{33}	科技研发投入占 GDP 比重 b_{11}	反映科技创新活力	
			农业科技成果占科技成果比 b_{12}		
			全要素生产率 b_{13}		
			科研机构 R&D 人员全时当量 b_{14}	反映科技发展潜力	
			粮食生产技术推广人员数 b_{15}		
			万人具有高等学历人数 b_{16}		

（1）要素 U_{11}：粮食安全保障

要素意义：反映粮食主产区城市发展对粮食安全保障能力的影响。

指标选择：表征粮食安全保障能力可从粮食供应能力、粮食生产能力、粮食生产现代化水平角度进行。具体选择了反映粮食供应能力的粮食贡献度指标，反映粮食生产能力的人均粮食产量、耕地复种指数指标，反映粮食生产现代化水平的生产机械化程度、农田有效灌溉率指标。

指标含义：

粮食贡献度 e_1：样本城市的年粮食产量占当年全国粮食总产量的比重。表征城市的粮食供应能力。

$$城市粮食贡献度 = \frac{城市年粮食产量}{当年全国粮食总产量} \times 100\% \quad (4-1)$$

人均粮食产量 e_2：样本城市的年粮食产量与城市总人口之比。表征城市的粮食生产能力。

耕地复种指数 e_3：年粮食播种面积与当年常用耕地面积之比。通过区域的耕作能力，反映城市的粮食生产能力。

粮食生产机械化程度 e_4：年粮食生产投入的机械总动力与当年粮食播种面积之比，即在单位粮食播种面积上投入的机械动力。通过粮食生产的机械化程度，反映粮食生产的现代化水平。

$$粮食生产机械化程度 = \frac{年粮食生产投入的机械总动力（千瓦时）}{年粮食播种面积（公顷）} \quad (4-2)$$

农田有效灌溉率 e_5：农田有效灌溉面积与常用耕地面积之比。通过农田水利保障能力，反映粮食生产的现代化水平。

（2）要素 U_{12}：经济发展水平

要素意义：反映粮食主产区城市发展对经济实力的影响。

指标选择：表征城市的经济实力，可从城市的经济增长速度、城市发展投资力度、城市财政收入水平衡量。具体选用的指标有人均 GDP 增长率、人均社会固定资产投资额、人均财政收入。

指标含义：

人均 GDP 增长率 e_6：反映经济增长速度，采用可比价格计算，去除了物价上涨等因素的影响，计算方法为：

$$人均\ GDP\ 增长率 = \frac{（T+1）年的人均\ GDP - T\ 年的人均\ GDP}{T\ 年的人均\ GDP} \times 100\%$$

$$(4-3)$$

人均社会固定资产投资额 e_7：年社会固定资产投资总额与当年城市总人口之比，反映城市发展的投资能力。

人均财政收入 e_8：年财政总收入与当年城市总人口之比，反映城市发展的财政实力。

（3）要素 U_{13}：经济结构状况

要素意义：反映粮食主产区城市发展进程中经济结构调整优化的效果。

指标选择：反映粮食主产区城市的经济结构可从产业结构系数、粮食产值占 GDP 比重、高新技术产值比重三方面进行。

指标含义：

产业结构系数 e_9：龚唯平和赵今朝（2009）提出，用产业结构系数来衡量区域产业结构变动，反映区域三次产业间的相互作用及对区域经济增长的影响。计算方法如下：

$$G = \lambda(X_1, X_2, X_3, T) \tag{4-4}$$

G 为国内生产总值；X_1、X_2、X_3 分别代表第一产业、第二产业、第三产业的产值；T 代表经济制度和技术水平；λ 为产业结构系数，作为产业结构变动状态指标，影响整个生产函数。λ 的取值为正数（$\lambda > 0$），$\lambda > 1$ 表明产业结构协调好，生产过程总体顺畅，资源利用效率高，三次产业的结构比例符合区域经济发展要求；$0 < \lambda < 1$ 表明产业结构不协调，有资源浪费或资源利用不足，导致产业间的整体协作能力不强；$\lambda = 1$ 的情况出现概率很小，只出现在一个时间点上，难于捕捉和验证。产业之间的协调一般是在前两种情况之间徘徊，出现在一段时间内，具有持续性。按照龚唯平和赵今朝提出的测算办法，$\lambda =$ 实际 GDP/预测的 GDP。选取研究区域的实际 GDP、三次产业值进行回归，检验回归方程，确定经济增长模型。将研究区域第一产业、第二产业、第三产业的值代入方程，计算出预测 GDP，根据实际 GDP 与预测 GDP 的比值可计算 λ 的大小。

粮食产值占 GDP 比重 e_{10}：反映粮食生产对粮食主产区城市经济发展的贡献，是显示粮食主产区城市经济结构特征的重要指标。计算方法为：

$$粮食产值占 GDP 比重 =（粮食产值/国内生产总值）\times 100\% \tag{4-5}$$

高新技术产值比重 e_{11}：反映高新技术产业对粮食主产区城市经济发展的贡献，是反映粮食主产区城市经济转型发展的重要指标。计算方法为：

高新技术产值比重 =（高新技术产业产值／国内生产总值）× 100%

$$（4-6）$$

（4）要素 U_{14}：城市发展效能

要素意义：反映粮食主产区城市发展进程中城市生产效率的变动情况。

指标选择：选用全社会劳动生产率、百元社会固定资产投资实现 GDP、建成区 GDP 密度、单位 GDP 能耗四个指标，分别从劳动产出效率、投资产出效率、土地产出效率、能源利用效率四个方面进行测度。

指标含义：

全社会劳动生产率 e_{12}：指一定时期内全体社会劳动者（从业人员）的劳动效率。表明一个地区的社会生产力发展水平，是反映该地区经济效率的基本指标。计算方法为：

$$全社会劳动生产率 = \frac{国内生产总值}{社会从业人员平均人数} \qquad （4-7）$$

百元社会固定资产投资实现 GDPe_{13}：指报告期内区域的国内生产总值与社会固定资产投资总额（百元）之比，反映了社会固定资产投资的产出效率。计算公式为：

$$百元社会固定资产投资实现 GDP = \frac{国内生产总值}{社会固定资产投资总额} ×100$$

$$（4-8）$$

建成区 GDP 密度 e_{14}：指城市建成区单位面积土地上产生的国内生产总值，反映了城市发展过程中土地的利用效率。计算方法为：

$$建成区 GDP 密度 = \frac{城市建成区国内生产总值}{城市建成区面积} \qquad （4-9）$$

单位 GDP 能耗 e_{15}：指区域产生每单位 GDP 所耗费的能源总量，是反映城市经济集约化程度的重要指标。计算方法为：

$$单位 GDP 能耗 = \frac{综合能源消费量}{区域国内生产总值} \qquad （4-10）$$

综合能源消费量，指报告期内城市生产活动中实际消费的各种能源的总和（折算成吨标准煤计算）。

2. 表征城市生活空间系统的指标设计

城市生活空间系统指标反映城市的社会发展能力。栖息地导向的粮食主产区城市发展，可从城市的生态宜居度、生活宜居度、设施宜居度、保障宜居度四个方面，衡量其是否达到生活空间宜居适度，栖息环境生态和谐的发展目标。

（1）要素 U_{21}：城市生态宜居度

要素意义：反映粮食主产区城市的生态宜居情况，表征城市的栖息环境质量。

指标选择：城市良好的绿化、清洁的水源、洁净的空气是反映居民栖息环境质量的基本要求。随着城市人口规模增大，城市的生活污水处理能力、生活垃圾处理能力正在面临挑战，二者的处理情况成为衡量城市生态宜居的主要方面。本书从城市的绿化效果、水源和空气质量、污水及垃圾处理水平三个方面选择了五个指标进行度量，具体为建成区绿化覆盖率、区域水域功能区水质达标率、空气质量指数、城市生活污水集中处理率、城市生活垃圾无害化处理率。

指标含义：

建成区绿化覆盖率 s_1：指城市建成区绿化覆盖面积与建成区总面积之比，是反映城市绿化水平的主要指标。建成区绿化覆盖面积指年末城市建成区内用作园林和绿化的各种绿地面积。

区域水域功能区水质达标率 s_2：反映区域水环境质量的重要指标，本书采用达到国家Ⅲ类以上水质的水域量占区域水域总量的比来表示。计算方法如下：

$$区域水域功能区水质达标率 = \frac{达到国家 Ⅲ 类以上水质水域量}{区域水域总量}$$

$$(4-11)$$

水质达标率越高，说明区域维护河流生态、保护水资源的能力越强，区域的水生态环境越好。

空气质量指数（AQI）s_3：评价大气环境质量状况的规范指标，根据空气中各类污染物的浓度分别计算各类污染项目的空气质量分指数（IAQI），再取各类污染项目空气质量分指数（IAQI）中的最大值为空气质量指数（AQI）。空气质量指数（AQI）介于 0 ~ 50，空气质量级别为一级（优）；空气质量指数（AQI）介于 51 ~ 100，空气质量级别为二级（良）。当前，我国空气质量指数采用日报和实时报两种形式，日报周期为 24 小时，实时报周期为 1 小时。根据研究需要，本书采用年度数据，使用年空气质量良好率指标，即空气质量为二级以上天数的比率。

城市生活污水集中处理率 s_4：表征城市的生活污水集中处理能力，该指标值越大，城市的生活污水处理能力越强，污染问题越小，城市的生态环境越好。

$$城市生活污水集中处理率 = \frac{城市生活污水集中处理量}{城市生活污水排放量} \quad (4-12)$$

城市生活垃圾无害化处理率 s_5：表征城市的生活垃圾无害化处理能力，该指标值越大，城市的生活垃圾污染问题就越小，城市的生态环境越好。

$$城市生活垃圾无害化处理率 = \frac{城市生活垃圾无害化处理量}{城市生活垃圾清运量} \quad (4-13)$$

（2）要素 U_{22}：城市生活宜居度

要素意义：表征粮食主产区城市的生活宜居程度，反映居民的生活质量。

指标选择：居民生活质量可用居民的实际收入和消费情况及人均预期寿命来反映。本书选择了城镇居民人均可支配收入定基指数、城镇居民恩格尔系数、人均预期寿命三个指标。

指标含义：

城镇居民人均可支配收入定基指数 s_6：反映了城镇居民安排家庭日常生活的支出能力，采用定基的人均可支配收入指数，去除了价格影响。该指标值越大，表明居民的生活质量越高。

城镇居民恩格尔系数 s_7：反映居民生活水平的重要指标，等于居民食物消费支出占家庭消费支出总额的比重。恩格尔系数越小表明居民的消费需求越合理，居民的生活富裕程度越高。

人口平均预期寿命 s_8：综合反映城市的生活质量，人均预期寿命越长，城市的生活质量越高，社会发展水平越好。

（3）要素 U_{23}：城市设施宜居度

要素意义：表征粮食主产区城市的基础设施建设情况，反映城市居民的基本生活条件状况。

指标选择：从交通、住房、基本生活条件保障、信息化水平四个方面选择人均道路面积、人均住房面积、用水普及率、互联网覆盖率四个指标，反映城市发展在解决交通拥堵、住房困难、用水短缺问题方面的能力及智慧城市建设能力。

指标含义：

城市人均道路面积 s_9：城市道路总面积与城市总人口之比。不仅反映了城市道路交通的发展情况，还反映了城市居民的出行方便程度和交通负荷程度。该指标值越大，城市的交通状况越好，城市的宜居程度越高。

城市居民人均住房面积 s_{10}：由抽样调查得出，该指标值越大，表明城市的住房保障能力越强，城市宜居程度越高。

城市用水普及率 s_{11}：城市用水人口与城市总人口的比率，城市总人口包括暂住人口。计算方法如下：

$$城市用水普及率 = \frac{城市用水人口}{城市人口 + 城市暂住人口} \times 100\% \qquad (4\text{-}14)$$

反映了城市发展对居民基本生活条件保障能力的影响。

互联网用户覆盖率 s_{12}：城市互联网用户数与城市居民总户数之比。反映了城市的信息化建设程度，指标值越大，城市的信息化水平越高，城市的社会发展水平越高。

（4）要素 U_{24}：社会保障宜居度

要素意义：表征粮食主产区城市的社会保障能力发展，反映城市居民的社会福利状况。

指标选择：从就医、养老、就业三个方面反映城市的福利共享水平和社会公平程度，选择千人拥有病床数、养老保险覆盖率、城镇就业率三个指标。

指标含义：

千人拥有病床数 s_{13}：衡量城市的医疗服务供给能力，反映区域的医疗卫生发展水平，指标值越大，城市解决看病难问题的能力越强。

养老保险覆盖率 s_{14}：反映区域的养老普及能力，指标值越大，城市的社会保障能力越强，居民的幸福感越高，社会越公平，城市越和谐。

城镇就业率 s_{15}：反映城镇劳动力资源的利用程度，城镇就业率越高表明区域的社会发展水平越高，社会越稳定。

$$城镇就业率 = \frac{城镇从业人数}{城镇从业人数 + 城镇失业人数} \times 100\% \qquad (4\text{-}15)$$

3. 表征城市发展承载系统的指标设计

城市发展承载系统的功能是对城市的生产空间系统和生活空间系统发展提供承载支持。城市发展的承载力来源于资源、环境和科技创新三个方面，对发展承载系统的衡量应包含这三方面要素。对粮食主产区城市来说，各要素指标的选择应能反映保障粮食安全对发展承载系统的要求和作用。

（1）要素 U_{31}：资源保持状态

要素意义：反映粮食主产区城市发展进程中的资源保持状况，表征对城市生产与生活空间发展的支持能力，突出对粮食稳产增产和城市生态改善的支持，反映城市栖息地的发展导向。

指标选择：选择耕地资源、水资源保持状况反映对粮食生产的支持力，选择森林资源保持状况反映对区域生态改善的支持力。

指标含义：

人均耕地面积 b_1：常用耕地保有量与区域人口总数之比。耕地是粮食生产的最基本载体，该指标不仅反映了耕地资源存量，也反映了人口对耕地资源的压力。指标值越大，粮食产出的保障能力越强。

人均水资源占有量 b_2：区域水资源总量与区域人口总数之比。水资源是粮食生产、居民生活必需的保障条件，该指标反映了水资源对粮食主产区城市生产与生活空间发展的支持能力。

森林覆盖率 b_3：区域内森林覆盖面积占土地总面积之比，是衡量区域森林资源存量和森林生态质量的主要指标。森林是陆地自然生态系统的主体，有保持土壤、涵养水源、释放氧气、净化空气与水体、保护生物多样性、调节小气候、美化景观等功能。保持一定的森林覆盖率对城市发挥人类栖息地功能提供了重要支持。

（2）要素 U_{32}：环境污染与治理

要素意义：表征粮食主产区城市发展对环境的污染及治理情况，反映了环境所承受的压力和城市的环境保护能力。

指标选择：工业污染、农业面源污染是粮食主产区城市发展所面临的主要环境压力。工业污染主要来自"三废"排放，农业面源污染首要来自化肥、农药、地膜的使用。当前，为追求粮食高产，化肥、农药、地膜的使用量不断增加，致使农业污染有赶超工业污染的趋势。农业污染破坏了土壤生态系统平衡，造成土壤结构改变，导致土地肥力下降，最终影响农作物产量，还会造成水体污染，导致水环境恶化等后果。因此，本书选用化肥、农药、地膜的每公顷使用量、三废的综合排放指数来反映环境压力；选用环保投入占 GDP 的比重、耕地水土流失治理率、固体废物的综合利用率反映环境治理能力。

指标含义：

化肥每公顷使用折纯量 b_4：平均每单位面积耕地上施用化肥的折纯量，不仅体现了化肥的施用量，还反映了施用强度。计算方法为：

$$化肥每公顷使用折纯量 = \frac{年化肥使用折纯量(公斤)}{年常用耕地面积(公顷)} \qquad (4-16)$$

农药每公顷使用量 b_5：平均每单位面积耕地上施用的农药量，反映了农药施用强度。计算方法为：

$$农药每公顷使用量 = \frac{年农药使用量(公斤)}{年常用耕地面积(公顷)} \qquad (4-17)$$

地膜每公顷使用量 b_6：平均每单位面积耕地上使用的地膜量，反映了地膜使用强度。计算方法为：

$$地膜每公顷使用量 = \frac{年地膜使用量(公斤)}{年常用耕地面积(公顷)} \qquad (4-18)$$

三废综合排放指数 b_7：采用定基比指数，反映三废排放的相对强度和增加情况。先分别用研究期内各年的三废排放量比基年的排放量，计算各年的废水、废气、废固排放指数，再计算三者的平均值为综合排放指数。

环保投入占 GDP 比重 b_8：指一个国家或地区用于环境治理保护的经费占其 GDP 的比重，是国际上衡量环境保护问题的重要指标。既反映了一个国家或地区的环境治理能力和投入强度，也反映了其对环境保护问题的重视程度。

环保投入占 GDP 的比重 =（环保投入资金/当年国内生产总值）×100%

$$(4-19)$$

耕地水土流失治理率 b_9：年耕地水土流失治理面积占当年初原有水土流失面积之比。反映了城市发展对耕地和环境的保护能力。

固体废物综合利用率 b_{10}：反映了固体废物的资源化水平，利用率越高，表明固体废物对环境的威胁越小，城市的环境保护能力越强。

（3）要素 U_{33}：科技创新能力

要素意义：衡量粮食主产区城市发展进程中科技创新能力的发展状况，反映科技创新对城市发展的承载作用。

指标选择：从科技创新活力和科技发展潜力两个方面选择指标，突出农业科技成果的研发和推广，具体为科技研发资金投入、农业科技成果占比、全要素生产率、科技人力资源开发与储备等。

指标含义：

科技研发投入占 GDP 比重 b_{11}：年科技研发投入资金与当年国内生产总值之比，取百分数。反映了国家或地区的科技活动规模和科技投入强度，体现了国家或地区对科技研发的重视程度和科技创新活力。

农业科技成果占科技成果比 b_{12}：区域年农业科技成果数与科技成果总数之比。反映了农业科技研发成效，体现了农业科技创新活力。

全要素生产率 b_{13}：衡量科技进步对经济增长贡献的综合指标，有多种计算方法，本书采用 DEA-Malmquist 指数法进行测算。该指标用来判断科技创新对粮食主产区城市发展的贡献，反映了科技创新活力。

科研机构 R&D 人员全时当量 b_{14}：反映了国家或地区对研究和试验工作的人力资源投入情况，体现了科技研发潜力。采用统计公报数据。

粮食生产技术推广人员数 b_{15}：反映了区域的粮食生产技术推广能力和农业科技成果转化能力，表征区域的科技转化潜力。

万人具有高等学历人数 b_{16}：以地方常住人口计算，平均每万人口中具有大学专科以上学历的人数，反映了区域的人口素质和创新意识，表征区域的创新潜力。

第二节　栖息地导向的粮食主产区城市发展效益综合评价模型构建

上一节建立了评价指标体系，本节运用多目标评价法，采用综合集成赋权方案，建立评价模型对栖息地导向的粮食主产区城市发展效益进行科学评价。

一、综合评价概述

多指标综合评价是利用指数的思想和方法，将所选择的有代表性的若干指标综合成一个指数，从而对评价对象的状况作出综合评判。综合评价指数由若干个单项指标综合而成，其综合方式有简单综合和加权综合，加权综合更为科学，应用较多。构建综合评价指数时，必须要解决好以下关键问题：一是综合评价合成方法的选择；二是指标转换，即评价指标的标准化处理；三是指标权数的构造。

1. 综合评价合成方法

对栖息地导向的粮食主产区城市的发展效益进行系统的、全面的评价，需要采用一定的数据处理技术将评价体系中各个指标的评分"合成"一个综合评价值。用数学模型进行"合成"处理的方法有多种，关键是根据需要选择合理的、适用的方法。

（1）线性加权综合法

采用线性模型对各指标进行加权合成，模型如下：

$$y = \sum_{j=1}^{m} w_j x_j \quad (0 \leqslant w_j \leqslant 1; \ \sum_{j=1}^{m} w_j = 1; \ j = 1, \ 2, \ \cdots, \ m)$$

$$(4-20)$$

式（4-20）中，y 为系统的综合评价值，x_j 为评价指标值，w_j 是与评价指标对应的权重。该方法有如下特性：

1）适用于各评价指标相互独立的情形。对评价指标不完全独立的情况，将导致指标间信息的重复，使评价结果不能客观地反映实际；

2）权重系数对评价结果的影响明显，权重大的指标对综合评价值影响较大；

3）在权重系数给定的情况下，对于区分备选方案间的差异不太敏感；

4）对指标经标准化处理后的数据没有特殊要求；

5）计算简单，易操作。

（2）非线性加权综合法

也称作"乘法"合成法，模型如下：

$$y = \prod_{j=1}^{m} x_j^{w_j} \quad (x_j \geqslant 1) \quad (4-21)$$

其中，y 为系统的综合评价值，x_j 为评价指标值，w_j 为权重系数。该方法的特性如下：

1）适用于指标间有较强关联性的综合评价；

2）对数据要求较高，要求无量纲化后的评价指标值大于或等于1；

3）由于乘积运算性质，对较小数值的变动敏感，突出了评价指标值中较小者的作用，强调评价指标无量纲化后评价指标值的大小一致性；

4）与线性加权综合法相比，指标权重系数的作用较弱；

5）与线性加权综合法相比，对指标值的变动敏感；

6）计算较为复杂。

（3）增益型线性加权综合法

在线性加权综合法的基础上，引入增益函数，模型如下：

$$y = \sum_{j=1}^{m} w_j \frac{x_j + \mu(x_j)}{2} \qquad (4-22)$$

对取定的 s（$s>0$），若 μ 满足：

1）函数 $\mu(x)$ 连续，分段可导；

2）若 $X_1 \geqslant X_2$，有 $\mu(X_1) \geqslant \mu(X_2)$，$\mu'(X_1) \geqslant \mu'(X_2)$；

3）$\mu(0) = 0, \mu(1) \geqslant s, \mu(0.5) < 0.5$。

当 $s>1$ 时，称映射 $\mu : [0, 1] \rightarrow [0, s]$ 为一个增益函数；当 $0 < s < 1$ 时，映射 μ 为折损函数；当 $s = 1$ 时，映射 μ 既不增益也不折损。

增益型线性加权综合法通过对评价指标值的调节，有奖优罚劣作用，但操作复杂，适用于某些关键指标具有决定作用的评价体系。

2. 数据标准化处理

在数据分析之前，需要先将数据标准化，利用标准化后的数据进行分析，去除指标性质和量纲的影响。数据标准化处理包括数据同趋化处理和无量纲化处理两个方面。

（1）数据同趋化处理

根据指标属性，评价指标可分为正向指标、逆向指标、适度指标三类。指标值越大越好的为正向指标；反之，为逆向指标；取值适度为宜的为适度指标。不同性质的指标直接加总，不能正确反映不同作用力的综合结果，需要先对指标进行同趋化处理，使所有指标对评价对象的作用力一致化，在解决了数据性质不同问题之后再进行加总才能得出正确结果。

数据同趋化处理方法：

对于逆向指标 x，令 $x^* = M - x$ 或 $x^* = 1/x$（$x>0$），M 为指标 x 的一个允许上界。

对于适度指标 x，令

$$x^* = \begin{cases} \dfrac{2(x - m)}{M - m}, & (m \leqslant x \leqslant \dfrac{M + m}{2}) \\ \dfrac{2(M - x)}{M - m}, & (\dfrac{M + m}{2} \leqslant x \leqslant M) \end{cases} \qquad (4-23)$$

其中，M 为指标 x 的一个允许上界，m 为指标 x 的一个允许下界。

此外，数据同趋化处理也可以在无量纲化过程中，依据指标属性，采用不同的计算方法而与无量纲化合并进行。

（2）数据无量纲化处理

在评价体系中，由于选取的指标有不同的含义和计算方法，各指标的单位差异较大，有不同的量纲和数量级，不能直接进行合成计算和相互比较，因而需要对各项指标的实际数值进行无量纲化处理。数据无量纲化处理是按照一定的计算方法将各指标的原始数据转换为该指标的得分，使之具有可比性，在此基础上再进行综合评判。

常用的数据无量纲化处理方法有四种：

1）统计标准化（Z-Score 法）

$$z_{ij} = \frac{x_{ij} - \overline{X_j}}{s_j} \tag{4-24}$$

式（4-24）中，x_{ij} 为第 i 个样本第 j 个指标的初始值，z_{ij} 为其标准化值，$\overline{X_j}$ 为 j 指标的平均值，s_j 为 j 指标的标准差。

标准化后的变量值围绕 0 上下波动，大于 0 说明高于平均水平，小于 0 说明低于平均水平。对于逆向指标，将其前的正负号对调，进行同趋化处理。这种方法消除了变量分布不均的影响，最具有统计意义。但是，这种非线性标准化的方法，使标准化后的数据不能保留原始数据的相对差距。

2）相对标准化（接近度法）

$$z_{ij} = \frac{x_{ij}}{x_s} \tag{4-25}$$

其中，x_s 为进行标准化所确定的对比标准，即理想值，通常可以选择最优值或平均值作为参照标准。对不同属性的指标，可采用不同的计算方法，使数据同趋化和无量纲化同步完成。

正向指标 $$z_{ij} = \begin{cases} \dfrac{x_{ij}}{x_s} & (x_{ij} < x_s) \\ 1 & (x_{ij} \geq x_s) \end{cases} \tag{4-26}$$

$$逆向指标 \quad z_{ij} = \begin{cases} \dfrac{x_s}{x_{ij}} & (x_{ij} > x_s) \\ 1 & (x_{ij} \leq x_s) \end{cases} \quad (4\text{-}27)$$

$$适度指标 \quad z_{ij} = \begin{cases} \dfrac{x_s}{x_{ij}} & (x_{ij} > x_s) \\ 1 & (x_{ij} \leq x_s) \end{cases} \quad (4\text{-}28)$$

用这种方法可以体现出评价的目标性，并且在标准化后不改变原始数据的相对差距。但是，理想值的选择标准不同，导致标准化值的含义也不同，有时候理想值的确定存在争议。

3）极值标准化（功效系数法）

$$z_{ij} = \frac{x_{ij} - \min(x_j)}{\max(x_j) - \min(x_j)} \quad (4\text{-}29)$$

其中，$\max(x_j)$、$\min(x_j)$ 分别为指标 x_j 的最大值和最小值。

这是原始数据的线性变换，保持了原始数据的分布特征，并使标准化值落到 $[0, 1]$ 区间内，具有较强的可比性。缺陷是当有新数据加入时，可能导致 $\max(x_j)$ 和 $\min(x_j)$ 的变化，需要重新定义。对不同属性的指标，也可采用不同的计算方法，使数据同趋化与无量纲化同步完成。

$$正向指标 \quad z_{ij} = \frac{x_{ij} - \min(x_j)}{\max(x_j) - \min(x_j)} \quad (4\text{-}30)$$

$$逆向指标 \quad z_{ij} = \frac{\max(x_j) - x_{ij}}{\max(x_j) - \min(x_j)} \quad (4\text{-}31)$$

$$适度指标 \quad z_{ij} = \frac{1}{1 + |x_{ij} - M|} \quad (4\text{-}32)$$

（M 为适度值）

4）改进的功效系数法

$$z_{ij} = \frac{x_{ij} - \min(x_j)}{\max(x_j) - \min(x_j)} \times c + d \quad (4\text{-}33)$$

式（4-33）中，c、d 为已知常数。c 的作用是对转换后的指标值进行放大或缩小，d 的作用是对转换后的指标值进行平移。通常取 $c = 40$、$d = 60$，这样得到的标准化分数在 60 和 100 之间，可以减小极端值对计算结果的视觉影响。

3. 权数的构造

对指标权重的确定合理与否，对评价结论有直接的影响。权数的构造方法有很多种，学界常用的赋权方法整体上可以分作三类：

第一类是主观赋权法。主观赋权法是根据研究者的主观价值判断来指定各指标权重的方法，主要有专家评分法（Delphi 法）、层次分析法（AHP）等。这类方法可以集中专家智慧，反映专家经验，在一定程度上按指标的重要程度确定优先次序，提高工作效率。但是，由于其主观性大，对于同一指标会因专家不同而造成权重系数出现差距，所以单一使用这类方法难以找到客观的评价标准。目前，主观赋权最有代表性的是层次分析法。

第二类是客观赋权法。客观赋权法通过直接挖掘指标数据中所包含的原始信息，利用统计方法处理来获取权数，根据实际数据确定权数是其最明显的特征。这类方法依据数据，客观性强，但是没有考虑到决策者的主观意愿，难以反映评价的导向性，有时得到的指标权重可能与实际重要程度相悖。常用的客观赋权法有：主成分分析法、相关系数法、因子分析法、熵值法等。

第三类是综合集成赋权法。该类方法是将主观赋权和客观赋权有机结合，综合了以上两类方法的优点，使其优势互补，不仅能够体现各评价因素的相对重要性，还能根据指标的变异程度客观反映信息，从而使确定的权重系数更贴近实际情况，提高评价的效度。

二、基于综合集成赋权的发展效益评价模型

根据上一节建立的栖息地导向的粮食主产区城市发展效益综合评价体系的特点，本书采用综合集成赋权法来确定各指标权重。具体选用熵值法与层次分析法相结合的办法。

1. 熵值法确定指标权数

（1）熵值法赋权机理

熵（Entropy）的概念起源于 19 世纪的热力学，是一个用于表示物质系统中能量的衰竭程度、判别其自发过程的状态函数，平衡态熵理论是熵理论发展的最早阶段。在统计物理学中，熵是系统微观状态数目多少的量度。在一定条件下，系统的微观状态数越多，其无序程度就越高，熵值就

越大；反之，系统的微观状态数越少，系统表现得越有序，其熵值就越小。

1945 年，薛定谔把熵概念引入到生物学领域，熵泛化开始。1948 年，N. Wiener 和 C. E. Shannon 创立了信息论，把熵理论引入到了信息领域。1985 年，日本的槌田敦把熵引入到经济学。1991 年，我国学者顾昌耀定义了负熵，用于决策分析。近年，美国经济学家 K. E. Boolding 提出熵的分布应成为组织化程度的指数，把熵概念推广到了整个社会科学领域。

在信息论中，熵是一个对随机事件不确定性的度量概念。Shannon 把通信过程中信号源的不确定性称为信息熵，把消除了多少不确定性称为信息。信息熵就是对随机事件不确定性的量度，是一种独立于热力学熵的广义的熵概念。信息熵具有热力学熵单值性、可加性、极值性的基本属性，是熵理论在非热力学领域中的一种泛化应用。

熵值赋权是依据各指标传输给决策者信息量的多少来确定指标权重的方法，是一种客观的赋权方法。熵值赋权根据各指标的变异程度，利用信息熵计算各指标的效用值，再通过效用值计算指标权重，从而得出较为客观的结果。通过熵值法计算权重，尽量消除计算过程中的人为干扰，使评价结果更加符合实际。

（2）熵权算法原理

1）信息熵的计算。根据 Shannon 创立的信息论，信息（Information）是系统有序程度的度量，熵（Entropy）是系统无序程度的度量，二者的绝对值相等，正负号相反，信息量（I）相当于负熵（$-E$），即 $I = -E$。

根据 Shannon 的定义，若系统可能处于多种不同的状态，每种状态出现的概率为 p_i（$i = 1, 2, 3, \cdots, m$），则该系统的信息熵为：

$$E = -K \sum_{i=1}^{m} p_i \ln p_i \qquad (0 \le E \le 1) \tag{4-34}$$

其中，K 为某个固定常数；i 为系统可能出现的状态；p_i 为每个状态出现的概率，$0 \le p_i \le 1$，且 $\sum_{i=1}^{m} p_i = 1$。

当 $p_i = 1$ 时，系统的状态确定，熵值最小，此时 $E = 0$；当 $p_i = \dfrac{1}{m}$，即各状态出现的概率相同时，系统最无序，熵值最大，此时 $E = 1$。

即　　　$E = -K \sum_{i=1}^{m} p_i \ln p_i = -K \sum_{i=1}^{m} \dfrac{1}{m} \ln \dfrac{1}{m} = K \ln m = 1$

所以
$$K = \frac{1}{\ln m} \qquad (4-35)$$

由此，若有 m 个待评价项目，n 个评价指标，形成评价矩阵 $R = (r_{ij})_{m \times n}$，则对于某个指标 r_j，其信息熵为：

$$E_j = -K \sum_{i=1}^{m} p_{ij} \ln p_{ij} \qquad (4-36)$$

其中，$p_{ij} = r_{ij} / \sum_{i=1}^{m} r_{ij}$；$K$ 为与系统样本量 m 有关的常数，$K = 1/\ln m$，$K \geq 0$；$E_j \geq 0$。

从信息熵的计算公式（4-36）可以看出，熵值与信息的无序化程度正相关，如果某项指标的信息熵值大，则其信息的无序化程度高，说明其指标值的变异程度小，提供的信息量就少，在评价中起的作用就小，相应的权重也小。本书研究随着城市的发展，城市综合效益指数的变化情况。根据各指标样本值的变异程度，利用信息熵来计算各指标的信息效用值，进一步用信息效用值计算熵权系数，从而对指标进行加权，能够得出较为客观的评判结果。

2）信息效用值的计算。如式（4-36）所示，对于某个给定的指标 r_j，当 i 取不同值时：若 r_{ij} 的差异越小，则该指标的信息熵就越大，当所有 r_{ij} 都相同时，$E_j = 1$（最大），此时，该指标包含的信息最为均衡，其存在不影响评价结果，即该指标的效用价值为 0；反之，若 r_{ij} 的差异越大，则其信息熵越小，当 r_{ij} 完全不同时，$E_j = 0$（最小），此时，该指标包含的信息量最大，对评价结果的影响也最大。

由此，定义差异系数 μ_j 为某项指标 r_j 的信息效用价值。

$$\mu_j = 1 - E_j \qquad (0 \leq \mu_j \leq 1) \qquad (4-37)$$

3）权重的计算。熵值法计算权重实质是根据评价指标所包含的信息效用价值的大小来赋权。某指标的信息效用价值越大，其对评价的重要性越强；反之越弱。所以，第 j 项指标的权重为：

$$w_j = \frac{\mu_j}{\sum_{j=1}^{n} \mu_j} \qquad (4-38)$$

（3）熵权计算步骤。

1）计算第 j 个指标下第 i 个样本的指标值比重 p_{ij}；

$$p_{ij} = y_{ij} \bigg/ \sum_{i=1}^{m} y_{ij} \quad i = 1, 2, 3, \cdots, m \; ; \; y_{ij} \text{为样本的标准化值} \quad (4\text{-}39)$$

2）计算第 j 个指标的信息熵 E_j ；

$$E_j = -K \sum_{i=1}^{m} p_{ij} \ln p_{ij} \quad\quad\quad (4\text{-}40)$$

$$K = 1/\ln m \quad (m \text{为样本个数})$$

3）计算第 j 个指标的信息效用值 μ_j ；

$$\mu_j = 1 - E_j \quad (0 \leqslant \mu_j \leqslant 1) \quad\quad (4\text{-}41)$$

4）计算第 j 个指标的熵权 w_j 。

$$w_j = \frac{\mu_j}{\sum\limits_{j=1}^{n} \mu_j} \quad j = 1, 2, 3, \cdots, n \quad\quad (4\text{-}42)$$

5）根据熵的可加性，对下层指标的信息效用值求和即得上一级指标的信息效用值，再根据式（4-42）即可计算上一级指标的权重。由此可以计算出多层评价体系的各级指标权重。

2. 层次分析法确定指标权数

（1）层次分析法赋权原理

层次分析法（AHP）由美国运筹学家 T. L. Saaty（1980）提出，是一种将决策者对复杂问题的决策思维模型化、数量化的过程。该方法将人的以主观判断为主的定性分析定量化，帮助决策者保持判断过程的一致性，并将各种评价方案之间的差异数值化，从而为选择最优方案提供了易于接受的决策依据，是一种评价复杂系统的有效方法。

层次分析法把复杂问题分解成不同的组成因素，将因素按支配关系归并成不同层次，构建递阶层次结构，通过成对比较方式确定同一层次中各要素的重要性，形成判断矩阵。通过计算判断矩阵的最大特征值和对应的正交化特征向量，得出该要素对该准则的权重。逐层类推，可计算出各层次元素对于该准则的权重。

（2）层次分析法赋权步骤

1）建立递阶层次结构。将所要评价的目标按所包含因素的属性不同进行分层排列，同一层次因素对下一层次的因素起支配作用，同时又受到上一层次因素的支配，形成一个自上而下的递阶层次。最简单的递阶层次分为三层（如图4-2所示），顶层是系统的目标，称为目标层；底层为供选择的实现系统总目标的 n 个决策方案，称为方案层；中间层为评价方案实现总目标程度的 m 个准则，称为准则层。

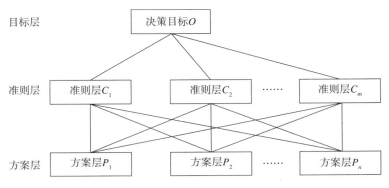

图 4-2　递阶层次结构示意

2）构造判断矩阵。按照建立的递阶层次结构，从上到下逐层建立判断矩阵。以相邻的上一层元素为准则，将每一层元素按 1~9 相对标度法（如表 4-2 所示）进行两两比较，用数量形式表示其相对重要性，建立判断矩阵。对于判断矩阵中的元素 b_{ij}，有如下性质：$b_{ij} > 0$，$b_{ii} = 1$，$b_{ij} = 1/b_{ji}$。

表 4-2　层次分析法 1-9 标度

A 指标与 B 指标比	相等	略重要	重要	很重要	极重要	略不重要	不重要	很不重要	极不重要
评价值	1	3	5	7	9	1/3	1/5	1/7	1/9

注：2，4，6，8，1/2，1/4/，1/6，1/8 为上述判断的中间过渡。

3）判断矩阵的一致性检验。由于在两两比较过程中可能会出现评判不一致的情况，为了判断层次排序的有效性，必须对判断矩阵的一致性进行检验。采用 T. L. Seaty 提出的随机一致性比值法，记作 CR，计算方法为：

$$CR = \frac{CI}{RI} \tag{4-43}$$

CI 为判断矩阵一致性的指标，计算方法为：

$$CI = \frac{\lambda_{\max} - n}{n - 1} \tag{4-44}$$

其中，$\lambda_{\max}$ 为判断矩阵的最大特征根，n 为判断矩阵的阶数。RI 为平均随机一致性指标，与判断矩阵阶数 n 有关。Seaty 对 RI 的值作了规定，如表 4-3 所示。

表 4-3　平均随机一致性标准

n	1	2	3	4	5	6	7	8	9	10	11	12	13	14	15	16
RI	0	0	0.58	0.9	1.12	1.24	1.32	1.41	1.45	1.49	1.52	1.54	1.56	1.58	1.59	1.5943

注：对于 1、2 阶判断矩阵，总认为是完全一致的，不必计算，故规定 $CR = 0$。

一般认为，当 $CR \leqslant 0.1$ 时，判断矩阵有满意的一致性，可以进行层次单排序；当 $CR \geqslant 0.1$ 时，判断矩阵的一致性偏差较大，需要进行修正，直到 $CR \leqslant 0.1$ 时为止。

4）计算各层指标权重。根据判断矩阵，计算各层级指标的权重，过程如下：

①计算判断矩阵每一行元素的乘积 M_i；

$$M_i = \prod_{i=1}^{n} A_i \quad i = 1, 2, 3, \cdots, n \tag{4-45}$$

②计算 M_i 的 n 次方根得新向量；

$$\overline{W_i} = (M_i)^{1/n} \tag{4-46}$$

③对向量 $\overline{W_i} = (\overline{W_1}, \overline{W_2}, \overline{W_3}, \cdots, \overline{W_n})^T$ 进行规范化处理，得权重。

$$w_i = \frac{\overline{W_i}}{\sum\limits_{i=1}^{n} \overline{W_i}} \tag{4-47}$$

3. 综合集成赋权法确定指标权数

若 w_{1j} 为客观赋权法计算得到的 x_j 指标权重系数，w_{2j} 为主观赋权法计算得到的 x_j 指标权重系数，则综合集成赋权法确定 x_j 指标的权重系数 w_j 为：

$$w_j = p w_{1j} + q w_{2j} \tag{4-48}$$

式（4-48）中，p、q 为调节系数，通常取 $p = q = 0.5$。

三、栖息地导向的粮食主产区城市发展效益综合评价指数

栖息地导向的粮食主产区城市发展，要求城市的生产空间系统、生活空间系统、发展承载系统发展均衡，达到经济推动力、社会发展力、资源环境与科技承载力的协调。栖息地导向的粮食主产区城市发展效益评价，包括评价每个子系统的发展效益和城市系统整体的发展效益两部分。通过对其一个阶段发展效益的综合评价，判断城市系统发展的协调性，预测未来发展趋势，为调整城市发展策略提供依据。

根据已建立的栖息地导向的粮食主产区城市发展效益综合评价指标体系（见表4-1）的特点，本书采用多目标线性加权综合法进行发展效益综合评价。首先依据评价体系收集数据，选用功效系数法对原始数据进行标准化处理，其次采用综合集成赋权法确定各指标的权重系数，最后通过线性加权综合得到评价指数。通过此方法计算出的综合评价指数取值范围为$[0, 1]$，评价指数越接近1，表明系统的发展收益越高，评价指数越接近0，表明系统的发展收益越低。

评价指数的计算过程如下：

1）建立初始数据评价矩阵。如果对m个年度的发展状况进行综合评价，评价体系中共含有n个指标，即有m个待评项目、n个评价指标，则评价系统由m个样本、n个元素组成，构成原始数据矩阵$X = (x_{ij})_{m \times n}$：

$$X = \begin{bmatrix} x_{11} & x_{12} & x_{13} & \cdots & x_{1n} \\ x_{21} & x_{22} & x_{23} & \cdots & x_{2n} \\ \vdots & \vdots & \vdots & \vdots & \vdots \\ x_{m1} & x_{m2} & x_{m3} & \cdots & x_{mn} \end{bmatrix} i = 1, 2, 3, \cdots, m; j = 1, 2, 3, \cdots, n$$

其中，x_{ij}表示第i个样本第j个指标的初始值。

2）初始数据标准化处理。

正向指标 $$z_{ij} = \frac{x_{ij} - \min(x_j)}{\max(x_j) - \min(x_j)} \qquad (4-49)$$

逆向指标 $$z_{ij} = \frac{\max(x_j) - x_{ij}}{\max(x_j) - \min(x_j)} \qquad (4-50)$$

本书建立的栖息地导向的粮食主产区城市发展效益综合评价体系中不

含有适度指标。

3）建立标准数据评价矩阵。根据不同的指标类型，分别对单项指标初始值进行标准化处理，将初始数值矩阵 X 转换为标准数据评价矩阵 $Y = (y_{ij})_{m \times n}$：

$$Y = \begin{bmatrix} y_{11} & y_{12} & y_{13} & \cdots & y_{1n} \\ y_{21} & y_{22} & y_{23} & \cdots & y_{2n} \\ \vdots & \vdots & \vdots & \vdots & \vdots \\ y_{m1} & y_{m2} & y_{m3} & \cdots & y_{mn} \end{bmatrix} \quad i = 1, 2, 3, \cdots, m ; j = 1, 2, 3, \cdots, n$$

其中，y_{ij} 表示第 i 个样本第 j 个指标的标准评价值。

4）采用综合集成赋权法确定指标权重。权重系数获取过程如本章第二节所述。

5）计算综合评价指数。

①单项指标评价指数。用第 j 个指标的权重 w_j 与标准数据矩阵中第 i 个样本下第 j 个指标的标准化值 y_{ij} 的乘积作为初始值 x_{ij} 的评价指数 f_{ij}。

即
$$f_{ij} = w_j \times y_{ij} \tag{4-51}$$

②多层指标评价指数。如果评价体系为多层，则每一层指标的评价指数加权相加即得上一层指标的评价指数，由此可计算出每个子系统的发展效益指数。

③城市发展效益综合指数。

$$U = \sum_{J=1}^{M} \omega_J u_J \ (J=1, 2, 3) \tag{4-52}$$

其中，U 为栖息地导向的粮食主产区城市发展效益综合指数，u_J 分别为城市生产空间系统、生活空间系统、发展承载系统的发展效益指数，ω_J 为对应权重。

第三节　本章小结

本章以栖息地理论和生态文明理论为指导，在第三章建立的栖息地导向的粮食主产区城市适度发展概念模型的基础上，构建了栖息地导向的粮食主产区城市发展效益综合评价体系和评价模型，提供了栖息地导向的测度工具。评价体系将粮食主产区城市系统解构为生产空间系统、生活空间系统和发展承载系统三个子系统，结合粮食主产区城市的特征又进一步分解为 11 个评价要素，以生产空间集约高效、生活空间宜居适度、发展承载持续有力为评价目标，通过指标初选和优化确定了 46 个单项指标，具有全面性和合理性。评价模型采用多目标线性加权综合法进行发展效益综合评价，阐述了熵值法和层次分析法赋权原理，采用熵值法和层次分析法综合集成赋权，主客观赋权相结合，提高了评价结果的效度和信度。

第五章　栖息地导向的粮食主产区城市适度发展规模测度

城市发展是为了满足人类的生产、生活需求，提高人类的生存质量，实现其作为人类主要栖息地的功能。栖息地导向的城市发展，要求达到城市各系统发展的协调和城市综合发展效益优化，实现城市的结构与功能、发展的动力、质量和公平多方面的有机统一。然而，城市发展的资源有限，随着城市规模的扩大，城市资源的有限性导致其分配的不均衡，进而对城市系统发展的协调性带来影响，最终影响城市的综合发展效益。也就是说，城市的规模与城市系统发展的协调性及城市的综合发展效益之间存在某种必然的联系，可据此进行栖息地导向的城市规模适度性测度。

城市在发展过程中，由于资源配置失衡，首先引起各子系统发展的不协调，带来城市系统整体的协调发展度降低，进而导致城市的综合发展效益下降。本章利用第四章确定的发展效益指数计算城市协调发展度，基于城市协调发展度优化和综合发展效益最大两个标准，分别测度低值和高值，界定出栖息地导向的粮食主产区城市适度发展规模，做到动态适度人口论与静态适度人口论的统一。

第一节　基于粮食主产区城市系统协调发展的规模适度性测度

栖息地导向的城市发展规模适度性，是指城市在支持力系统的承载范围内，通过规模发展达到推力系统、拉力系统力量的均衡，实现生产空间职能和生活空间职能的协同提升。也就是说，城市发展要达到生产空间系统、生活空间系统、发展承载系统三者的高度协调。基于此，本节从城市系统协调发展的角度测度粮食主产区城市发展规模的适度性。

一、基于城市系统协调发展的规模适度性测度概述

1. 城市协调发展的含义与特点

协调是两个或两个以上系统或系统要素之间配合得当、相互促进、形成良性循环的相互关联关系。城市系统协调，包括城市子系统与子系统之间及系统整体的相互促进、相互协同，单一的某个子系统最优并不意味城市系统的整体最优、不说明城市系统协调。城市协调发展是指系统或系统内构成要素在和谐一致、配合得当、良性循环的基础上，由低级到高级、由简单到复杂、由无序到有序的强化过程。

城市协调发展有如下几个特点：①整体性，子系统之间的关系必须符合城市系统的总体目标，共同实现协调发展；②动态性，随着时间推移而动态变化，具有层次性和阶段性；③地域性，应结合不同空间地域的特点进行研究；④可调控性，通过调节子系统的变化，达到系统的总体协调；⑤长期性，协调发展强调的是长期效果，是更稳定的持续发展。

2. 城市系统协调发展程度与城市规模适度性的关系

根据栖息地理论和生态文明理论，城市发展应实现城市系统的结构协调与功能耦合。栖息地导向的粮食主产区城市发展应达到城市的生产空间系统、生活空间系统、发展承载系统三者协调，实现发展的动力、质量、公平的统一。随着生产空间的发展，城市规模扩大，要求城市相应地增加社会发展投入，同时也加重了对自然环境等的压力。但是，由于资源有限的约束，城市终将因规模过大而出现人均资源短缺，最终因为资源配置失衡而导致城市各子系统发展的不协调。所以，根据城市系统发展的协调程度可以判断城市发展规模的适度性。

3. 城市系统协调发展程度评价方法选择

系统（或要素）之间的协调程度可以用协调度来评价。根据衡量标准的不同，协调度评价主要可分为三类：变化型协调度评价、综合型协调度评价和距离型协调度评价，具体如下：

（1）变化型协调度评价

变化型协调度是通过测量系统间的相对变化程度，以各子系统的动态

变化一致性程度作为衡量标准来测算系统的协调度，是一种动态评价模型。常用的是发展速度一致性协调度评价模型，认为各子系统的发展变化速度与系统整体的发展变化速度越同步，系统越协调。

（2）综合型协调度评价

综合型协调度不单独研究系统内各组成要素和系统间的协调机制，而是将复合系统的各组成部分或子系统视为一个整体，考察复杂系统整体的发展状态，从而确定其协调度。综合型协调度评价认为各子系统的综合发展水平的重要程度相等，对任何子系统的忽视都将造成系统的严重不协调，运用几何平均原理进行计算，具体式为：

$$M = \sqrt{E_1 \times E_2} \tag{5-1}$$

其中，E_1、E_2 分别为系统 S_1、S_2 的综合发展水平，M 为整体协调度。

（3）距离型协调度评价

距离型协调度是运用系统间的特定距离作为衡量标准来测算协调度，系统的实际发展状态与系统理想协调状态之间的绝对距离越小，系统越协调。距离型协调度评价常采用离差系数最小化模型，认为在一定的系统综合发展状态下，当各子系统的实际发展状态一致且接近系统综合发展水平时，系统处于理想协调状态。

根据钱利英（2013）和陈黎明（2012）等的研究，距离型协调度评价相对于其他两类评价方法具有更好的稳定性和精确度。本书选择以距离型协调度为基础，并进一步引入发展度概念，采用离差系数最小化的距离型协调发展度来评价粮食主产区城市系统的协调发展状态，以反映栖息地导向的城市发展特征。

二、栖息地导向的粮食主产区城市协调发展度测评

基于离差系数最小化的距离型协调发展度模型，运用离差系数最小化距离表征城市系统的实际状态到理想协调状态之间的差距，在综合考虑系统之间的功能匹配度和发展程度的基础上，基于离差原理、线性加权平均、协同论和几何平均进行构建。模型建立过程如下：

对于给定的两个系统 S_1、S_2，若其综合发展水平分别为 E_1、E_2（设 $E_1 \geq 0$，$E_2 \geq 0$），则采用离差系数表示两系统间的距离为：

$$d = \frac{S}{\frac{1}{2}(E_1 + E_2)} = 2 \left[1 - \frac{E_1 \times E_2}{\left(\frac{E_1 + E_2}{2}\right)^2} \right]^{\frac{1}{2}} \qquad (5-2)$$

其中，d 为离差系数，S 为标准差，d 越小，表示两个系统的协调程度越高。由此得出两系统的协调度系数计算式为：

$$C = \left[\frac{E_1 \times E_2}{\left(\frac{E_1 + E_2}{2}\right)^2} \right]^k \qquad (5-3)$$

其中，k 为调节系数（$k \geqslant 2$），一般取 $k = 2$。E_1 与 E_2 的值越接近，则 C 值越大，两系统的协调性越强。

在此基础上引入系统的发展度 T，

$$T = \alpha E_1 + \beta E_2 \qquad (5-4)$$

其中，α、β 为系统 S_1、S_2 对应的权重。一般认为两个系统同等重要，常取 $\alpha = \beta = 0.5$。

基于系统整体思想，运用几何平均法得到两系统的协调发展度公式：

$$D = (C \cdot T)^{\frac{1}{2}} = \left\{ \left[\frac{E_1 \times E_2}{\left(\frac{E_1 + E_2}{2}\right)^2} \right]^k \times (\alpha E_1 + \beta E_2) \right\}^{\frac{1}{2}} \qquad (5-5)$$

根据上述原理，建立三系统的协调发展度模型如下：

$$C' = \left[\frac{E_1 \times E_2 \times E_3}{\left(\frac{E_1 + E_2 + E_3}{3}\right)^3} \right]^k \qquad (5-6)$$

$$T' = \alpha E_1 + \beta E_2 + \gamma E_3 \qquad (5-7)$$

$$D' = (C' \cdot T')^{\frac{1}{2}} \qquad (5-8)$$

其中，D' 为三系统的协调发展度，C' 为三系统的协调度系数，T' 为三系统的发展度。E_1、E_2、E_3 分别为系统 S_1、S_2、S_3 的综合发展水平（$E_1 \geqslant 0$、$E_2 \geqslant 0$、$E_3 \geqslant 0$）。α、β、γ 分别为 E_1、E_2、E_3 对应的权重，$\alpha + \beta + \gamma = 1$。$k$ 为调节系数（在三系统模型中 $k \geqslant 6$）。

本书采用均匀分布函数法，根据基本等量、就近取整原则，将协调发展度划分为 10 个等级，如表 5-1 所示。

表 5-1　协调发展等级及发展类型评价标准

协调发展度	[0，0.10)	[0.10，0.20)	[0.20，0.30)	[0.30，0.40)	[0.40，0.50)
协调发展等级	1	2	3	4	5
发展类型	极度失调衰退型	严重失调衰退型	中度失调衰退性	轻度失调衰退型	濒临失调衰退型
协调发展度	[0.50，0.60)	[0.60，0.70)	[0.70，0.80)	[0.80，0.90)	[0.90，1.00]
协调发展等级	6	7	8	9	10
发展类型	勉强协调发展型	初级协调发展型	中级协调发展性	良好协调发展型	优质协调发展型

协调发展度在 [0，0.40) 统称为失调衰退型，为不可接受区间；协调发展度在 [0.40，0.60) 统称为过渡发展型，属于过渡区间；协调发展度在 [0.60，1.00] 统称为协调发展型，为可接受区间。此外，根据系统 S_1、S_2、S_3 的综合发展水平及 E_1、E_2、E_3 的大小对比关系，可以判断系统是同步发展或是某个系统滞后。

三、基于协调发展度的粮食主产区城市发展规模适度性测度

依据第四章建立的栖息地导向的粮食主产区城市发展效益评价模型，计算出粮食主产区城市各个子系统的综合发展水平评价指数，进而计算城市子系统的两两协调发展度和城市系统的整体协调发展度。根据城市系统的协调发展等级（见表5-1）可以初步判断城市的发展规模是否适度，如果城市的协调发展度处在可接受区间或过渡区间内，则认为城市的发展规模是适度的。实际上，随着城市规模的扩大，城市系统的协调发展度可能出现上下波动或变化不明显的情况，导致难以直接根据协调发展等级来判断城市的规模适度性，本书通过建立回归分析模型来辅助解决。

1. 回归模型的理论解析

（1）城市化发展的一般规律

美国学者 Ray M. Northam（1973）对美国4个州160年的城镇化过程进行研究，发现在长时间尺度上城镇化的时间曲线是一条被拉平的 S 形曲线。我国学者周一星（1980）等以英国、美国、苏联为例，从国家尺度上对城镇化过程进行研究，也得出了类似结论。

从发达国家的城市化进程看，总体经历了如诺瑟姆 S 形曲线的发展历

程。即经过实证研究，可以把一个国家和地区的城镇人口占总人口比重的变化过程概括为一条稍被拉平的S形曲线，呈现出"逻辑斯蒂"曲线形态（如图5-1所示）。整个城市化过程，大体可分为起始发生阶段、加速发展阶段、停滞成熟阶段三个阶段，其对应的城市化率分别为20%～30%、30%～60%、60%～80%。

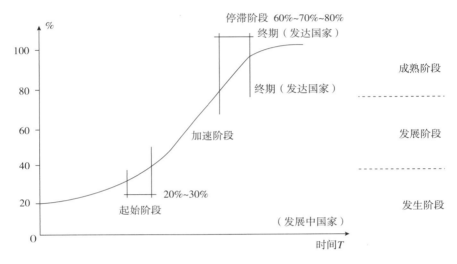

图5-1 城市化过程曲线

我国粮食主产区城市的发展进程也应符合S形曲线的一般规律。不同的是，城市发展规模受到的影响和制约因素更多，区域由于其城市职能、资源禀赋、区位特征等方面的特殊性，其达到成熟阶段的城镇化水平有所不同。

（2）生态群落增长规律

生态系统中，在食物和空间条件充裕、气候适宜、没有敌害等理想状态下，种群数量呈指数型增长，增长曲线表现为J形，即马尔萨斯模型。在资源、空间有限的实际状态下，存在一个由环境条件所能允许的环境容纳量C，当种群数量增长达到C时将达到极限。同时，环境条件对种群的增长有阻滞作用，阻力f随着种群密度的增加也逐渐增加。这种增长曲线呈S形，即逻辑斯蒂增长模型（Logistic Growth Model）。两种增长曲线如图5-2所示。

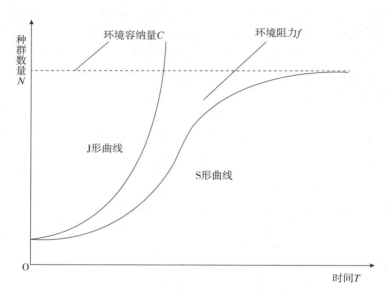

图 5-2　两种增长曲线比较

从生态学规律看，由于受资源环境阻力和环境容量的限制，自然界中的种群不能无限制地增长。栖息地导向的城市发展应遵循生态学规律。资源、环境的数量、质量、结构、空间分布等因素综合形成的承载力对人口的数量和分布也将产生重要影响。人作为城市栖息地中的核心种群，其数量增加也要受到生态环境负载能力的制约，逻辑斯蒂增长曲线表达了这种制约关系，即城市人口的增长曲线为 S 形。

（3）经济地理学规律

美国经济学家 Krugman、O'Sullivan 等分别从经济空间形成、企业规模收益、居民生活成本等方面提出了城市发展规模理论上存在最优值。Henderson 和 Krugman 等证明了在聚集发生过程中，居民效用、实际工资、社会福利水平等与城市人口规模之间呈倒 U 形的曲线关系。

蒋涛（2007）基于 Alonso 和 Krugman 的研究，建立了一个简化的单中心圆形城市模型，求证了城市人均实际收入的函数表达式，证实了城市人均实际收入与城市半径之间呈倒 U 形的函数关系：在城市规模达到最优规模之前人均实际收入增加，在城市规模超过最优规模之后人均实际收入下降，并推导出了城市最优规模的表达式：

$$r^* = 3\varepsilon/2\tau(1 + 3\varepsilon) \tag{5-9}$$

其中，ε 为城市规模收益递增程度，τ 为运输成本。

（4）回归模型的理论解释

城镇化发展的一般规律和生态种群增长规律告诉我们，从长期来看，城市人口数量随时间的变化曲线呈 S 形，且存在一个极限。如 Logistic 方程所示：

$$\frac{dN}{dt} = rN(1 - \frac{N}{C}) \tag{5-10}$$

其中，N 为城市人口数量，t 为时间，r 为城市人口增长潜力指数，C 为资源环境最大容纳量。当 $N = C$ 时，城市人口不再增长，即 $\max N = C$。但是，作为城市发展主体的人是能动的，当城市发展遇到瓶颈时，人可以通过调整城市系统的内部结构或改造环境以提高资源环境的最大容纳量 C，从而克服资源环境限制，改善城市发展条件，使城市从较低的发展水平跃迁到较高的发展水平，进入下一轮的发展。表现为随着 C 的增大，城市人口按新的 S 形曲线继续发展，最终达到极限。即分阶段来看，城市发展是一条组合的 Logistic 曲线，在长期尺度上看似平稳的发展，在短期尺度上则存在波动（如图 5-3 所示），这符合人类社会波浪式前进的一般发展规律；同时在每一个分叉点时期，人类的行为效果决定了城市下一阶段的发展形式（如图 5-4 所示）。

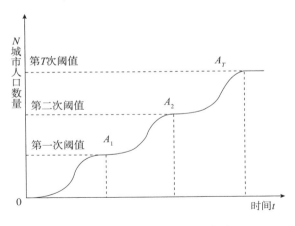

图 5-3　城市人口增长历程曲线

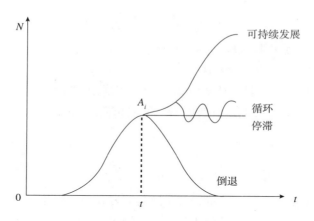

图 5-4　城市人口增长演化形式

经典的经济地理学研究告诉我们，从长期来看，城市发展收益与城市人口规模之间的关系呈现先增后降的倒 U 形，城市的发展规模有理论最优值。同样，从短期来看，随着城市化发展的阶段性推进，城市发展收益与城市人口规模之间的关系理论上应是多个倒 U 形曲线的叠加，不同阶段有不同的适度规模。即城市规模与城市发展收益之间存在动态层级演化关系。本书认为其演化曲线可细分为三种情况：①当城市发展遇到瓶颈时，如果采取措施得力，突破约束及时，那么城市发展收益下降不明显，其演化曲线呈倒 U 形叠加（如图 5-5（a）所示）；②当城市发展遇到瓶颈时，如果采取措施不得力，未能及时突破约束，那么城市发展收益下降明显，其演化曲线将呈倒 N 形叠加（如图 5-5（b）所示）；③如果城市没能突破瓶颈约束，那么城市发展收益将停止不前或沿着倒 N 形（倒 U 形）曲线下降。从数学角度看，倒 U 形叠加是倒 N 形叠加的一个特例，可以统一处理。

综合起来看，栖息地导向的粮食主产区城市发展，一定存在适度的规模区间。我国的粮食主产区城市正处于城镇化加速发展的初期阶段，随着时间推移，城市人口逐渐增多，在快速推进城镇化的过程中，对资源环境的胁迫作用加强，同时存在着资源分配不均的现象，城市系统的平衡存在波动。对粮食主产区城市系统的协调发展程度与城市人口之间的关系可作如下解释：起初城市各子系统处于一个较低水平的协调发展状态，随着城市人口规模的扩大，各子系统发展不均，平衡被打破，协调发展程度下

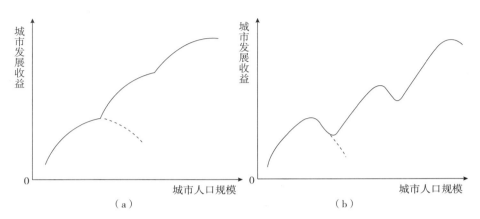

（a）　　　　　　　　　　　　　（b）

图 5-5　城市发展收益与城市人口规模演化形式

降。城市通过改善发展方式，协调发展程度开始上升，此时出现第一个极值点。随着城市规模的继续扩大，城市逐步达到较高水平的协调发展状态。随着城市规模的进一步扩大，平衡再次被打破，到达第二个极值点后，协调发展程度再度下降，在当前条件和发展方式下，城市规模达到最优。用函数曲线描述是，函数先单调递减，在过第一个转折点后变为单调递增，在过第二个转折点后又单调递减。在两个转折点处，函数的一阶导数为 0，分别为两个极值点。在两个转折点之间，有一个拐点，此处函数的二阶倒数为 0。在拐点的左边，函数的二阶倒数大于 0，曲线下凸；在拐点的右边，函数的二阶倒数小于 0，曲线上凸。因此，在某一阶段，城市系统的协调发展度与城市人口规模之间呈现出倒 N 形的曲线关系。在达到阶段阈值时，城市如果能再及时调整发展方式，其将进入一个新的发展周期，实现更高水平的协调发展，如此循环，最终达到城市资源环境承载力的极限。从长期来看，城市发展是一个波浪式的上升过程，其发展历程曲线是多个倒 N 形曲线的包络线，总体呈现出倒 U 形曲线的特征。

2. 回归模型的建立

我国的粮食主产区城市处于转型发展初期，城市化进程较短。粮食主产区城市的协调发展度与城市人口规模之间的非线性关系，理论上呈现为倒 N 形曲线，在实际研究中，由于选取研究时期的随机性，可能出现正 N 形（研究的起点处于协调发展度上升阶段）、倒 U 形或正 U 形（研究期内只出现一个转折点）曲线的情况。但无论是倒 N 形曲线（包括正 N 形曲线）还是倒 U 形曲线（包括正 U 形曲线），根据以往学者的研究，都可用下列简约方程来表示：

$$D_i = mP_i^3 + nP_i^2 + wP_i + \delta + \varepsilon \tag{5-11}$$

其中，D_i 代表粮食主产区城市系统的协调发展度，P_i 代表城市人口，m、n、w、δ 分别为待定参数，ε 为随机误差项（满足同方差、零均值的假设）。$i = 1, 2, 3, \cdots, T$，T 为样本个数。

可以根据式（5-11）的系数判断模型曲线的形状，并求解。

1）当 $m < 0$，$n > 0$ 且 $w > \dfrac{n^2}{3m}$ 时，曲线为倒 N 形；当 $m > 0$，$n < 0$ 且 $w < \dfrac{n^2}{3m}$ 时，曲线为正 N 形。

2）当 $m = 0$，$n < 0$ 时曲线为倒 U 形；当 $m = 0$，$n > 0$ 时曲线为正 U 形。

3）当 $m = n = 0$，$w \neq 0$ 时，曲线转化为直线。

对于第三种情况，不符合城市发展的实际，本书不做研究。

对于第二种情况，曲线为 U 形，根据 Alonso 分析法，通过求导可得转折点的城市规模 P^*，即

$$\frac{dD_i}{dP_i} = w + 2nP_i \tag{5-12}$$

$$令 \frac{dD_i}{dP_i} = 0，得 w + 2nP_i = 0 \tag{5-13}$$

由此得到
$$P^* = -\frac{w}{2n} \tag{5-14}$$

当曲线为倒 U 形时，此转折点对应的即为最优人口规模。

对于第三种情况，曲线为 N 形，通过求其一阶导数并令其为 0，得到一个一元二次方程，通过解这个方程，可计算出两个转折点所对应的城市规模。

$$P_{1, 2}^* = \frac{-2n \pm \sqrt{4n^2 - 12mw}}{6m} \qquad （当 4n^2 - 12mw \geqslant 0 时） \tag{5-15}$$

结合粮食主产区城市发展的实际情况，可确定其中一个为最优城市规模。

3. 基于协调发展度的城市适度发展规模确定

栖息地导向的粮食主产区城市系统分为生产空间系统、生活空间系统、发展承载系统三个子系统，对应产生了三个子系统两两的协调发展度和三系统综合协调发展度。根据三个子系统两两的协调发展度可分别计算出其所对应的最优城市规模，由这些最优城市规模所确定的规模范围，即基于城市系统协调发展的粮食主产区城市适度发展规模。由三系统的综合协调发展度所确定的最优城市规模，属于该适度发展规模范围。

第二节　基于粮食主产区城市综合发展效益
优化的规模适度性测度

城市应通过协调发展达到综合发展效益优化，以实现更好地为人类服务的目标。上一节以栖息地为导向，从城市系统协调发展角度，建立了基于城市系统协调发展的粮食主产区城市规模适度性测度模型。本节建立了基于综合发展效益优化的粮食主产区城市规模适度性测度模型，从综合发展效益优化角度，确定粮食主产区城市的适度发展规模，与基于城市系统协调发展优化的适度规模进行比较和验证。

一、粮食主产区城市综合发展效益与城市规模之间的关系

根据上一节对城市人口增长演化的分析，粮食主产区城市的综合发展效益与城市人口之间的关系可作如下理论解释：起初城市各子系统处于一个较低水平的协调发展状态，随着城市规模的扩大，城市各子系统及其诸多要素的发展不均衡，城市发展出现不协调，引起城市的综合发展效益下降。城市通过改善发展方式，提高城市系统的协调发展程度，综合发展效益开始上升，此时出现第一个极值点。随着城市规模的继续扩大，城市逐步实现较高的综合发展效益。随着城市规模的进一步扩大，城市系统的发展再次出现不均衡，到达第二个极值点后，综合发展效益再度下降，在当前条件和发展方式下，城市规模达到最优。因此，在某一阶段，城市的综合发展效益与城市人口规模之间也呈现出倒 N 形曲线关系。在达到阶段阈

117

值时，城市如果能再及时调整发展方式，其将进入到一个新的发展周期，可以实现更高水平的发展，如此循环，最终达到资源环境承载力的极限。从长期来看，城市发展效益是一个波浪式的上升过程，其发展历程曲线是多个倒 N 形曲线的包络线，整体呈现出倒 U 形曲线的特征。

二、基于综合发展效益优化的粮食主产区城市发展规模适度性测度

栖息地导向的粮食主产区城市发展效益与人口规模之间的关系，可用下列简约方程来表示：

$$U_i = \alpha P_i^3 + \beta P_i^2 + \gamma P_i + \theta + \varepsilon \qquad (5-16)$$

其中，U_i 为粮食主产区城市的综合发展效益，P_i 代表城市人口，α、β、γ、θ 为待定参数，ε 为随机误差项（满足同方差、零均值的假设）。$i = 1$，2，3，$\cdots$，T，T 为样本个数。

同样可以根据式（5-16）的系数判断模型曲线的形状，并求解。

1）当 $\alpha < 0$，$\beta > 0$ 且 $\gamma > \dfrac{\beta^2}{3\alpha}$ 时，曲线为倒 N 形；当 $\alpha > 0$，$\beta < 0$ 且 $\gamma < \dfrac{\beta^2}{3\alpha}$ 时，曲线为正 N 形。

2）当 $\alpha = 0$，$\beta < 0$ 时曲线为倒 U 形；当 $\alpha = 0$，$\beta > 0$ 时曲线为正 U 形。

3）当 $\alpha = \beta = 0$，$\gamma \neq 0$ 时，曲线转化为直线。

对于直线的情况，不符合城市发展的实际，不予讨论。

对于 U 形曲线，转折点的城市规模为：

$$P_i^* = -\frac{\gamma}{2\beta} \qquad (5-17)$$

当曲线为倒 U 形时，此转折点所对应的即为最优人口规模。

对于 N 形曲线，转折点的城市规模

$$P_{1,2}^* = \frac{-2\beta \pm \sqrt{4\beta^2 - 12\alpha\gamma}}{6\alpha} \qquad （当 4\beta^2 - 12\alpha\gamma \geqslant 0 时）\ (5-18)$$

结合粮食主产区城市发展的实际情况，可确定其中一个为最优城市规模。

根据栖息地导向的粮食主产区城市生产空间系统、生活空间系统、发展承载系统三个子系统的发展效益评价指数，可分别计算出其所对应的最优城市规模，由这些最优城市规模所确定的规模范围即为基于综合发展效益优化的粮食主产区城市适度发展规模。根据整个城市系统的综合发展效益指数所确定的最优城市规模，属于该适度发展规模范围。

第三节　栖息地导向的粮食主产区城市
发展规模适度性确定

一、两种城市发展规模适度性测度模型比较

前两节基于城市系统的协调发展度最优化和城市综合发展效益最大化分别建立了粮食主产区城市的发展规模适度性测度模型。理论上，两种模型都具有对粮食主产区城市的适度发展规模进行测度的可行性，下面将两种模型作以比较分析。

相似之处：

第一，两种模型建立的理论基础相似。均将城市发展历程解释为波浪式的上升过程：城市发展收益随城市人口规模的变化曲线，短期内呈倒 N 形，长期来看呈现出倒 U 形的曲线特征，实际是多个倒 N 形曲线的包络线。

第二，两种模型体现的表达形式相似。均以粮食主产区城市的人口规模为解释变量，分别以粮食主产区城市的协调发展度和综合发展效益指数为被解释变量，表现为一元三次函数模型。

差异之处：

第一，两种模型测度的时效性存在差异。协调发展度是对粮食主产区城市发展过程的测度，综合发展效益是对粮食主产区城市发展结果的测度。由于城市的协调发展状态先行发生变化，进而才对综合发展效益产生影响，所以，基于综合发展效益优化的测度滞后于基于协调发展度优化的测度。因此，采用协调发展度模型进行测度更有利于决策者提前发现问

题，及时调整发展方式。

第二，两种模型测得的适度发展规模略有差异。①基于综合发展效益优化模型测得的适度发展规模稍大于基于协调发展度优化模型测得的结果。原因在于：粮食主产区城市处于城镇化加速发展的初期阶段，随着时间推移，城市人口在逐步增加，加之基于综合发展效益优化模型的测度滞后于基于协调发展度优化模型，以致其测得的结果较大。②基于协调发展度优化模型测得的规模区间较小。由于系统的协调发展度对发展状态的反应较之综合发展效益更为敏感，使其变化迅速，所以用协调发展度模型测得的规模区间小、精度高。

二、栖息地导向的粮食主产区城市适度发展规模确定

城市在发展过程中，由于资源配置失衡，首先引起各子系统发展的不协调，带来各子系统之间及城市系统整体的协调发展度降低，进而导致城市的综合发展效益下降。在城市系统的协调发展度刚开始下降时，城市的综合发展效益仍在上升；当城市系统的协调发展度降低到一定程度时，城市的综合发展效益开始明显下降。因此，实践中可采用两种模型测度相结合的办法，通过权衡二者的变化速率和发展的实际情况，来确定城市的适度发展规模，以充分发挥城市发展为人类服务的功能，做到动态适度人口论与静态适度人口论的统一。

本书认为栖息地导向的粮食主产区城市适度发展规模为规模范围，其低值为基于城市整体协调发展度最优所测度的最优城市规模，其高值为基于城市综合发展效益最大所测度的最优城市规模（如式5-19所示）。

$$P_D^* \leqslant P \leqslant P_U^* \tag{5-19}$$

在适度人口规模范围内，粮食主产区城市的整体协调发展度开始下降，但综合发展效益仍在上升，二条曲线的交点为理论上城市规模的最优值（如图5-6所示）。

这样，既保持了城市系统较高的协调发展度，又能利用协调发展度模型测度时效性强的优势，利于城市及时调整发展方式保证持续发展，还实现了城市综合发展效益的最大化，能够充分发挥城市为人类服务的功能，达到栖息地导向的城市发展目标。

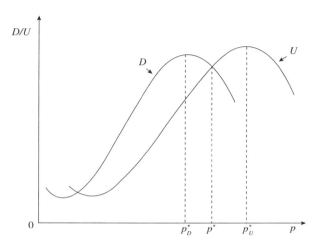

图 5-6　粮食主产区城市适度发展规模示意

第四节　本章小结

　　本章通过对协调度评价、距离型协调发展度评价的论述，选择以离差系数最小化的距离型协调发展度为测度城市系统协调发展的工具。通过城市化发展的一般规律、生态群落增长规律、经济地理学规律的分析，在城市发展的动态层级演化规律基础上，提出粮食主产区城市发展存在阶段性的倒 N 形曲线的理论假设。利用回归分析方法，基于城市系统的协调发展度最优和城市综合发展效益最大两个原则，分别建立粮食主产区城市的发展规模适度性测度模型。通过对城市发展过程的分析，提出栖息地导向的粮食主产区城市适度发展规模为一规模范围，高值为基于城市综合发展效益最大测度的城市规模，低值为基于城市整体协调发展度最优测度的城市规模，以此达到城市系统的发展协调和综合发展效益优化的融合，实现动态适度人口论与静态适度人口论的统一。

第六章　栖息地导向的粮食主产区城市适度发展影响因素分析与趋势预测

本章在第五章规模测度的基础上，建立栖息地导向的粮食主产区城市适度发展影响因素量化分析模型和发展趋势预测模型，进一步探寻突破城市发展瓶颈路径的方法和依据。建立发展影响因素量化分析模型，将影响城市系统发展的诸多因素按照其与城市规模发展的紧密程度排序，区分各因素实际发展的优劣，为粮食主产区城市选择发展路径提供理论指导。建立发展趋势预测模型，对粮食主产区城市未来的发展状况进行预测，进一步验证适度发展规模测度结果、影响因素分析结果，提高决策的可靠性。

第一节　栖息地导向的粮食主产区城市发展主要影响因素分析模型构建

一、影响因素分析方法的选择

测度现象之间联系的紧密程度，本质上是测量现象之间的距离，一般来讲距离越近，联系越密切。测量两个现象间距离的方法有多种，一条思路是从现象发展的历史状态间的密切程度来判断两个现象间联系的密切程度，相关分析是其中一种常用的方法；另一条思路是从现象发展的现状出发，通过多维度综合评价来反映现象间联系的密切程度，灰色关联分析是其中的一个典型。灰色关联分析对于系统的发展变化态势提供了量化度量，非常适合动态历程分析，本书选择其为工具建立分析模型。

灰色关联分析是一种对系统发展变化态势进行定量描述和比较的方法，其基本思想是通过确定参考数据列与若干个比较数据列几何形状的相似程度来判断因素之间的关联程度。即把现象当前的特征做成一系列序列曲线，通过序列曲线间的相似程度来判断现象间的密切程度。此方法通过动态过程发展态势的量化分析，完成对系统内时间序列有关统计数据的几何关系比较，求出参考数列与各比较数列之间的灰色关联度。与参考数列关联度越大的比较数列，其发展方向和速率与参考数列越接近，与参考数列的关系越紧密。

二、栖息地导向的粮食主产区城市发展规模影响因素分析模型建立

1. 确定参考数列和比较数列

反映系统行为特征的数据系列被称作参考数列，影响系统行为的因素所组成的数据序列被称作比较数列。本书以研究期内粮食主产区城市各年的城市人口数量为参考数列 Y，以栖息地导向的粮食主产区城市系统诸多影响因素各年的单项指标值为比较数列 X_i（i 为单项指标）。

2. 对参考数列和比较数列进行无量纲化处理

与第四章粮食主产区城市发展效益综合评价中的数据处理方法保持一致，仍采用极值标准化，根据式（4-49）和式（4-50），对各数据列进行无量纲化处理，依据标准化后的数据进行灰色关联度计算。

3. 计算灰色关联度

对于两个长度相同的时间序列，$X_i = (x_{i1}, x_{i2}, \cdots, x_{in})$，$Y = (y_1, y_2, \cdots, y_n)$。称 $X_i^0 = (x_{i1}^0, x_{i2}^0, \cdots, x_{in}^0) = (x_{i1} - x_{i1}, x_{i2} - x_{i1}, \cdots, x_{in} - x_{i1})$，$Y^0 = (y_1^0, y_2^0, \cdots, y_n^0) = (y_1 - y_1, y_2 - y_1, \cdots, y_n - y_1)$，分别为 X_i、Y 的始点零化象。

记：
$$\left| s_0^0 \right| = \left| \sum_{k=2}^{n-1} x_{ik}^0 + 0.5 x_{in}^0 \right| \tag{6-1}$$

$$\left| s_1^0 \right| = \left| \sum_{k=2}^{n-1} y_k^0 + 0.5 y_n^0 \right| \tag{6-2}$$

$$\left| s_1^0 - s_0^0 \right| = \left| \sum_{k=2}^{n-1} (y_k^0 - x_{ik}^0) + 0.5(y_n^0 - x_{in}^0) \right| \tag{6-3}$$

则称

$$\eta = \frac{1 + |s_0^0| + |s_1^0|}{1 + |s_0^0| + |s_1^0| + |s_1^0 - s_0^0|}$$ (6-4)

为 X_i 与 Y 的灰色绝对关联度。

三、栖息地导向的粮食主产区城市发展规模影响因素分类确定

将 m 个比较序列对同一参考序列的灰色关联度按由大到小顺序排列，组成关联序，记为 $\{x\}$，它反映了对于参考序列来说各比较序列的"优劣"关系。根据帕累托分析法（也称主次因素分析法或 ABC 分析法），将栖息地导向的粮食主产区城市系统诸多影响因素按照其与所研究城市人口规模发展的灰色关联度大小，分作三类：排序在前 65% 的为 A 类、排序在 65%~85% 为 B 类、排序在后 15% 的为 C 类。A 类因素是对此粮食主产区城市人口规模发展的重要影响因素，B 类因素是次要影响因素，C 类因素是一般影响因素。相对而言，A 类因素对研究对象的栖息地导向的城市发展贡献更大，是拓展城市发展规模的重要途径。

第二节 栖息地导向的粮食主产区城市发展趋势预测模型构建

一、基于灰色系统理论的发展预测概述

在控制论中，常用颜色的深浅表示信息的明确程度，用"黑"表示信息未知，用"白"表示信息完全明确，用"灰"表示信息部分明确、部分不明确。相应地，把信息完全明确的系统称为白色系统，把信息未知的系统称为黑色系统，把信息部分明确、部分不明确的系统称为灰色系统。

预测是根据已知信息，运用科学的理论和方法，分析事物的发展趋势，掌握发展规律，对未来做出的估计和探索，以降低决策风险。可是，由于系统内外扰动的存在和人们认知水平的局限，所获取的信息往往带有

一定的不确定性，给预测带来困扰。1982 年，中国学者邓聚龙教授创立了灰色系统理论，以"部分信息已知、部分信息未知"的"小样本、贫信息、不确定性"系统为研究对象，通过对部分已知信息的生成、开发，提取有价值的信息，实现对系统运行行为、演化规律的正确描述和有效监控。基于灰色系统理论的动态预测被称为灰色预测，此理论自创立以来，经过三十多年的实践、检验和发展，已得到国内外专家的普遍认可，在多学科领域有广泛应用，其特点是少数据建模、着重研究"外延明确、内涵不明确"的对象，优点是不需要大样本，样本不需要规律性分布，可用于近期、短期、中长期预测且预测精度高。

灰色预测是通过对已知系统行为特征数据的处理，找出因素本身及各因素之间的数学关系，拟合成数学模型，进而对系统未来状况做出定量判断。其建模原理如下：

1）将随机变量看作是在一定范围内变化的灰色量，将随机过程当作是在一定范围内变化的、与时间有关的灰色过程；

2）将散乱的原始数据经过累加，使其转变成较为规律的生成数列再建模，实际上是生成数列模型；

3）可以通过灰数生成、数据取舍、残差级别调整等方式对模型进行修正，提高预测精度；

4）预测数据须经过逆生成还原推算验证后使用。

二、灰色预测模型的选用

灰色系统建模所用的模型，一般是微分方程描述的动态模型、时间函数形式的响应模型、拉普拉斯变换关系的线性常系数动态模型。灰色系统模型的基本形式为 $GM(n, h)$，n 表示阶数，h 表示变量个数。常用的灰色模型有 $GM(n, 1)$、$GM(1, h)$ 和 $GM(0, h)$ 三种。$GM(0, h)$ 不考虑主因素变量的导数，描述主因素与参考因子之间的静态关系是静态模型。$GM(1, h)$ 有多个变量，多用于通过对参考因子数据列的观测实现对主因素行为特征的预测是状态模型。$GM(n, 1)$ 是有 1 个变量的 n 阶导数的灰色系统模型是预测模型。

实践中建立的 $GM(n, 1)$ 模型，一般选择 n 小于 3。n 越大，计算越复杂，对精度有影响。常取 $n = 1$，建立 $GM(1, 1)$ 模型，不足之处是不能反映灰色系统的动态过程，只能描述单调的变化过程，适用于具有较强指数规律的序列，有一定的局限性。本书根据研究对象的特征，选择灰色 DGM(2，1) 模型和灰色 Verhulst 模型进行预测。

三、灰色预测模型的建立

1. 灰色 DGM(2，1) 预测模型建立

对于非单调的摆动发展序列或有饱和的 S 形序列，可用 DGM(2，1) 二阶动态模型来研究，以提高预测精度，适用于本书对城市生产空间系统和城市人口规模的发展预测。模型建立过程如下：

对 DGM(2，1) 灰微分方程：

$$a^{(1)}x^{(0)}(k) + ax^{(0)}(k) = b \quad k = 1, 2, 3, \cdots, n \qquad (6-5)$$

设有一组非负的原始时间序列 $X^{(0)}$：

$$X^{(0)} = (x^{(0)}(1), x^{(0)}(2), \cdots, x^{(0)}(n))$$

对原始数据序列做一次累加生成 (1-AGO)，弱化其随机性和波动性，可得到一组生成序列 $X^{(1)}$：

$$X^{(1)} = (x^{(1)}(1), x^{(1)}(2), \cdots, x^{(1)}(n))$$

其中 $x^{(1)}(k) = \sum_{i=1}^{k} x^{(0)}(i) \quad k = 1, 2, 3, \cdots, n$

1-AGO 序列：

$$a^{(1)}X^{(0)} = (a^{(1)}x^{(0)}(2), a^{(1)}x^{(0)}(3), \cdots, a^{(1)}x^{(0)}(n))$$

其中 $a^{(1)}x^{(0)}(k) = x^{(0)}(k) - x^{(0)}(k-1) \quad k = 1, 2, 3, \cdots, n$

称

$$\frac{d^2 x^{(1)}}{dt^2} + a\frac{dx^{(1)}}{dt} = b \qquad (6-6)$$

为 DGM(2，1) 模型的白化方程。参数 a、b 分别为发展灰数、内生控制灰数，a 的有效区间为 $(-2, 2)$。参数可用最小二乘法求解，满足：

$$A = [a, b]^T = (B^T B)^{-1} \cdot B^T \cdot Y \qquad (6-7)$$

其中 $B = \begin{bmatrix} -x^{(0)}(2) & 1 \\ -x^{(0)}(3) & 1 \\ \vdots & \vdots \\ -x^{(0)}(n) & 1 \end{bmatrix}$, $Y = \begin{bmatrix} a^{(1)}x^{(0)}(2) \\ a^{(1)}x^{(0)}(3) \\ \vdots \\ a^{(1)}x^{(0)}(n) \end{bmatrix} = \begin{bmatrix} x^{(0)}(2) - x^{(0)}(1) \\ x^{(0)}(3) - x^{(0)}(2) \\ \vdots \\ x^{(0)}(n) - x^{(0)}(n-1) \end{bmatrix}$

$$(6-8)$$

解得：
$$a = \cfrac{\dfrac{1}{n-1}\sum\limits_{k=2}^{n} a^{(1)}x^{(0)}(k) \sum\limits_{k=2}^{n} x^{(0)}(k) - \sum\limits_{k=2}^{n} a^{(1)}x^{(0)}(k)x^{(0)}(k)}{\sum\limits_{k=2}^{n}\left[x^{(0)}(k)\right]^2(k) - \dfrac{1}{n-1}\left[\sum\limits_{k=2}^{n} x^{(0)}(k)\right]^2}$$

$$(6-9)$$

$$b = \frac{1}{n-1}\left[\sum_{k=2}^{n} a^{(1)}x^{(0)}(k) + a\sum_{k=2}^{n} x^{(0)}(k)\right] \qquad (6-10)$$

解微分方程，得 DGM（2，1）模型的时间响应序列为：

$$\hat{x}^{(1)}(k+1) = \left(\frac{b}{a^2} - \frac{x^{(0)}(1)}{a}\right)\cdot e^{-ak} + \frac{b}{a}(k+1) + \left(x^{(0)}(1) - \frac{b}{a}\right)\frac{1+a}{a}$$

$$(6-11)$$

对式（6-11）计算得到的累积序列作一阶累减还原，得原始序列趋势的预测模型为：

$$\hat{x}^{(0)}(k+1) = a^{(1)}\hat{x}^{(1)}(k+1) = \hat{x}^{(1)}(k+1) - \hat{x}^{(1)}(k) \qquad (6-12)$$

2. 灰色 Verhulst 预测模型建立

灰色 Verhulst 预测模型是比利时数学生物学家 P. F. Verhulst1938 年在研究生物繁殖规律时提出的 Verhulst 方程基础上建立的，为单序列一阶非线性动态模型，主要用来描述具有饱和状态的过程，即 S 形过程，适用于本书对城市生活空间系统和城市发展承载系统的发展预测。模型建立过程如下：

对于一组非负的原始时间序列 $X^{(0)}$：

$$X^{(0)} = (x^{(0)}(1)，x^{(0)}(2)，\cdots，x^{(0)}(n))$$

$X^{(0)}$ 的一次累加生成序列为：

$$X^{(1)} = (x^{(1)}(1)，x^{(1)}(2)，\cdots，x^{(1)}(n))$$

其中 $x^{(1)}(k) = \sum\limits_{i=1}^{k} x^{(0)}\quad(i)\, k = 1，2，3，\cdots，n$

设 $Z^{(1)}$ 为 $X^{(1)}$ 的紧邻均值生成序列

$$Z^{(1)} = (z^{(1)}(2)，z^{(1)}(3)，\cdots，z^{(1)}(n))$$

$z^{(1)}(k) = \lambda x^{(1)}(k) + (1-\lambda)x^{(1)}(k-1)$，通常取 $\lambda = 0.5; k = 2，3，\cdots，n$。

定义
$$x^{(0)}(k) + az^{(1)}(k) = b(z^{(1)}(k))^2 \qquad (6-13)$$

为灰色 Verhulst 模型。

称
$$\frac{dx^{(1)}}{dt} + ax^{(1)} = b(x^{(1)})^2 \qquad (6-14)$$

为灰色 Verhulst 模型的白化方程。该微分方程的解是：

$$\hat{x}^{(1)}(t) = \frac{ax^{(0)}(1)}{bx^{(0)}(1) + (a - bx^{(0)}(1))e^{at}} \quad (6-15)$$

参数 a、b 的值可用最小二乘法估计，

$$A = [a, b]^T = (B^TB)^{-1} \cdot B^T \cdot Y \quad (6-16)$$

其中 $\quad B = \begin{bmatrix} -z^{(1)}(2) & (z^{(1)}(2))^2 \\ -z^{(1)}(3) & (z^{(1)}(3))^2 \\ \vdots & \vdots \\ -z^{(1)}(n) & (z^{(1)}(n))^2 \end{bmatrix}, Y = \begin{bmatrix} x^{(0)}(2) \\ x^{(0)}(3) \\ \vdots \\ x^{(0)}(n) \end{bmatrix} \quad (6-17)$

利用参数 a、b 的值，以 $x^{(1)}(t)\big|_{t=1} = x^{(0)}(1)$ 为初始条件，可得灰色 Verhulst 模型的时间响应函数为：

$$\hat{x}^{(1)}(k+1) = \frac{ax^{(1)}(1)}{bx^{(1)}(1) + (a - bx^{(1)}(1))e^{ak}} \quad (6-18)$$

进行一次累减还原，可得原始数据序列的预测模型为：

$$\hat{x}^{(0)}(k+1) = \hat{x}^{(1)}(k+1) - \hat{x}^{(1)}(k) \quad (6-19)$$

3. 灰色预测模型检验

为保证预测结果的可信度和准确性，需要对所建立的灰色预测模型进行精度检验。常见的检验方法有残差检验、关联检验、均方差检验、小误差概率检验四种，本书选用最常用的残差检验。残差检验也称作相对误差检验，检验过程如下：

定义原始序列为：

$$X^{(0)} = (x^{(0)}(1), x^{(0)}(2), \cdots, x^{(0)}(n)) \quad (6-20)$$

相应的模型拟合序列为：

$$\hat{X}^{(0)} = (\hat{x}^{(0)}(1), \hat{x}^{(0)}(2), \cdots, \hat{x}^{(0)}(n)) \quad (6-21)$$

则残差序列为：

$$\begin{aligned} \xi(t) &= X^{(0)}(t) - \hat{X}^{(0)}(t) \\ &= (x^{(0)}(1) - \hat{x}^{(0)}(1), x^{(0)}(2) - \hat{x}^{(0)}(2), \cdots, x^{(0)}(n) - \hat{x}^{(0)}(n)), \\ & t = 1, 2, \cdots, T \end{aligned} \quad (6-22)$$

相对误差序列：

$$\Delta = \left\{ \left| \frac{\xi(1)}{x^{(0)}(1)} \right|, \left| \frac{\xi(2)}{x^{(0)}(2)} \right|, \cdots, \left| \frac{\xi(n)}{x^{(0)}(n)} \right| \right\} = \{\Delta_k\}_1^n \quad （6-23）$$

对于 $k < n$，

$$\text{称} \qquad\qquad \Delta_k = \left| \frac{\xi(k)}{x^{(0)}(k)} \right| \qquad\qquad （6-24）$$

为 k 时点的模拟相对误差，

$$\text{称} \qquad\qquad \Delta_n = \left| \frac{\xi(n)}{x^{(0)}(n)} \right| \qquad\qquad （6-25）$$

为滤波相对误差，

$$\text{称} \qquad\qquad \overline{\Delta} = \frac{1}{n} \sum_{k=1}^n \Delta_k \qquad\qquad （6-26）$$

为平均模拟相对误差。

相应地，称 $1 - \overline{\Delta}$ 为平均相对精度、$1 - \Delta_n$ 为滤波精度。给定参照值 r，当 $\overline{\Delta} < r$ 且 $\Delta_n < r$ 成立时，称预测模型通过残差检验。

根据常用的分类标准，建立预测精度等级分类表（如表6-1所示），根据分类表可判断模型质量和预测精度。

表6-1 灰色预测精度等级分类

精度等级	检验指标		模型质量
	平均模拟相对误差	滤波相对误差	
1级	$\overline{\Delta} < 0.01$	$\Delta_n < 0.2$	优+
2级	$0.01 \leqslant \overline{\Delta} < 0.05$	$\Delta_n < 0.2$	优
3级	$0.05 \leqslant \overline{\Delta} < 0.10$	$\Delta_n < 0.2$	良
4级	$0.10 \leqslant \overline{\Delta} < 0.15$	$\Delta_n < 0.2$	合格
5级	$0.15 \leqslant \overline{\Delta} < 0.2$	$\Delta_n < 0.2$	基本合格
6级	$\overline{\Delta} \geqslant 0.2$ 或 $\Delta_n \geqslant 0.2$		不合格

第三节　本章小结

　　本章根据灰色系统理论建立了灰色关联分析模型和灰色预测模型。建立灰色关联分析模型，将影响栖息地导向的粮食主产区城市发展的因素，按其实际发展状况的优劣进行排序和分类，为粮食主产区城市选择拓展适度发展规模的路径提供理论指导。建立灰色预测模型，对栖息地导向的粮食主产区城市未来发展做出动态预测，以进一步验证其适度发展规模测度和影响因素分析结论。

第七章 栖息地导向的粮食主产区城市发展规模适度性实证研究

目前，基于栖息地导向对粮食主产区城市发展规模适度性进行实证研究的文献和成果很少，更缺乏有针对性的实证分析，本章研究可起到有益的补充作用。在当前我国城镇化发展的大潮中，粮食主产区城市如何保持适度发展，既能跟上社会发展的步伐，提升城市发展的水平，满足居民生活质量提高的合理需求，又能保证粮食生产，完成保障国家粮食安全的重任，科学的研究其发展规模适度性有十分重要的意义。本章依据第五章所建立的栖息地导向的粮食主产区城市发展规模适度性测度模型，以河南省南阳市为实证研究对象，对其栖息地导向的适度发展规模进行测度和分析。进一步根据第六章建立的灰色关联分析模型和灰色预测模型，分析影响南阳市栖息地导向的城市适度发展规模的因素，并对其未来发展做出动态预测。

第一节 研究对象的选取

河南省南阳市作为实证研究对象，具有粮食主产区城市典型的代表性。

第一，粮食生产任务重。河南既是国家确定的粮食主产区，也是全国主要的产粮大省。近年来，河南省的粮食产量约占全国粮食总产量的 1/10 左右，其中 2014 年居全国第一位。南阳作为河南省的产量大市，不但是河南的粮食主产区，同时也在国家确定的长江流域主要产粮区内，被誉为"中州粮仓"。自 1985 年以来，南阳市的粮食产量在河南省的比重基本都在 10% 以上，人均粮食占有量远超过 300 千克，农民家庭平均每人出售的粮食量在不断增加（如表 7-1 所示）。如果把河南比作全国的粮仓，那么南阳就是河南的粮仓。

表7-1 南阳市粮食生产情况统计

项目＼年份	1985	1990	1995	2000	2005	2010	2012	2013	2014
粮食播种面积（千公顷）	1155.95	1176.86	1067.47	991.48	1029.91	1124.78	1162.28	1177.92	1187.73
粮食总产量（万吨）	344.39	397.52	359.64	378.05	465.88	584.02	611.82	617.21	626.20
粮食产量占河南全省产量的比重（%）	10.13	10.24	10.37	9.22	10.17	10.74	10.85	10.80	10.85
人均粮食占有量（千克/人）	376.46	403.57	350.66	360.39	421.93	504.16	524.85	527.10	532.12
按乡村人口平均的粮食产量（千克/人）	412.68	450.80	390.25	421.65	511.40	622.09	644.84	645.59	640.82
农民家庭平均每人出售的粮食量（千克/人）	130.66	142.71	81.97	150.02	289.94	614.93	683.32	732.43	726.32

资料来源：《南阳统计年鉴》（1985~2015）。

第二，辖区人口总量大。2014年末，河南省常住人口达9436万人，仅次于广东、山东，居全国第三位。同期，南阳市户籍人口为1176.81万人，常住人口998.91万人，占全省的10.6%，在河南省的18个省辖市中居第一位。南阳是人口大省中的人口大市。

第三，生态保护责任多。南阳有国家级自然保护区3个，世界地质公园1个，国家地质公园1个，既是千里淮河的源头，又是"南水北调"中线工程水源地和渠首所在地，为保证"一渠清水永续北上"，责任重大。

第四，区位优势不明显。南阳地处河南省西南部，偏离主要交通干线，在河南省的18个省辖市中是距省会郑州直线距离最大的城市。国家及河南省均没有将南阳纳入"中原城市群"主要城镇化发展战略区，所以对其发展的政策扶持少。

第五，经济发展水平低。2010~2014年，南阳市的生产总值平均为河南省的7.7%，人均生产总值平均为河南省人均生产总值的72%，明显落后于全省平均水平。

可以说，南阳是一个人口总量多、经济基础弱、产粮任务重、生态责任大、优势不明显的粮食主产区城市，其城市发展的特殊性和代表性相当突出。

第二节　研究区域现状

一、南阳市概况

南阳古称宛，地处东经111°58′~113°49′，北纬32°17′~33°48′，位于河南省西南部，豫鄂陕三省交界处，为三面环山、南部开口的盆地。全市现辖2个行政区、4个开发区、11个县，行政管辖区国土面积26600平方千米，其中平原8911平方千米、丘陵7980平方千米、山区9709平方千米。南阳市在河南省18个省辖市中面积最大、人口最多[①]。

南阳属于典型的季风大陆半湿润气候，四季分明，阳光充足，雨量充沛。区域河流众多，分属长江、淮河、黄河三大水系。全市主要有丹江、唐河、白河、淮河、湍河、刁河、灌河7条河流，水储量、亩均水量及人均水量均居河南省第一位。南阳是"南水北调"中线工程水源地和渠首所在地，也是淮河的源头。

南阳素有"中州粮仓"之称，是河南省面积最大、人口最多的农业大市，是全国粮、棉、油、烟集中产地，其中有6个县（市）区是国家商品粮、棉基地，3个县（市）区为国家优质棉基地。2014年全市粮食作物种植面积达1187.73千公顷，产粮626.20万吨[②]，获得"全国粮食生产先进单位"称号，粮食总产量实现十一连增。

2014年末，南阳全市总人口1176.81万人，市镇人口465.55万人，城镇化率达到39.56%，城区规划面积640.77平方千米，中心城市建成区

---

① ② 资料来源：《南阳市国民经济和社会发展统计公报》（2015）。

面积 148.42 平方千米，中心城区常住人口 122.56 万人，暂住人口 32.94 万人①，处于城镇化加速发展的初期阶段。南阳新型城镇化、生态宜居城市建设初见成效，先后获得"中国优秀旅游城市""国家园林城市"等称号，中心城区的白河游览区拥有万亩水面，经原国家建设部批准为"国家城市湿地公园"。

二、南阳市城市发展的内在机制现状

1. 推力系统

2014 年南阳全社会固定资产投资 2315.70 亿元，增长 17.8%；全市完成生产总值 2347.09 亿元，比上年增长 8.6%；规模以上工业增加值 833.98 亿元，增长 11.2%。全市 13 个产业集聚区建成区面积达到 18264 万平方米，增长 2.9%；规模以上工业主营业务收入 2025.1 亿元，对全市工业经济的贡献率超过 60%；规模以上工业从业人员达 29.79 万人，增长 11.3%；超百亿元产业集聚区达到 8 个，15 家企业进入河南省 100 强，总数位居省辖市第一②。工业增加值增长速度超过生产总值整体增长速度，产业集聚效应明显增强。

2014 年末投入农业机械总动力 1182.70 万千瓦，比上年增长 6.3%；农用拖拉机 77.4 万台，增长 0.3%；农用运输车 6.94 万辆，增长 1.0%。农业机械化程度进一步提高，农业劳动力继续释放。城镇居民人均可支配收入 23711 元，增长 9.5%；农民人均纯收入 9741 元，增长 11.6%。城乡收入比 2.43（以农民人均纯收入为 1）③，城乡收入仍有一定差距。

产业聚集增强、农业劳动力剩余、城乡发展不均等持续产生经济推动力，推力系统能量蓄积丰厚。

2. 拉力系统

南阳市确立了中心城市—县城—小城镇"三头并举"的中心城市突破战略，带动县城和小城镇共同发展。中心城市以建设区域性中心城市和生态宜居城市为目标，坚持拉大框架与完善功能、新区建设与老城改造并重，完成了一大批路、桥、坝新建和改扩建及背街小巷整治工程。城中村改造扎实推进，城市环卫和城管体制改革顺利完成。用地规模达 165 平方

---

①②③　数据来源：《南阳市国民经济和社会发展统计公报》（2015）。

千米的鸭河工区、官庄工区、城乡一体化示范区成立运行，发展空间拓展投资100多亿元。社会发展的拉力强劲。

3. 支持力系统

南阳市拥有硕士学位点1个，普通高等学校6所，2014年招生3.54万人，在校生9.68万人，毕业生2.67万人。科学研究开发机构140个，从事研究与试验发展（R&D）人员1.7万人，R&D人员经费支出23.38亿元。2014年全市获得省级科技进步奖14项；申请专利3080件，授权专利1838件；签订技术合同86份，成交金额3810.89万元[1]。科技创新支撑力逐步增强。

南阳市7条主要河流中，淇河、丹江、老鹳河符合Ⅱ类标准，水质优；唐河、湍河符合Ⅲ类水质标准，水质良好；中心城区的白河符合Ⅳ类水质标准，属于轻度污染。全市9个地表水监测断面中，水质符合Ⅰ～Ⅲ类标准的断面占88.9%，符合Ⅳ类标准的断面占11.1%，Ⅲ类以上水环境质量比2013年有所下降。城市建成区空气质量达到国家二级标准（按《环境空气质量标准》（GB 3095—1996）评价）的天数为233天，占总天数的63.8%，比2013年下降10.7%，空气质量级别属轻度污染。耕地保有量、森林覆盖率长期以来基本保持稳定，固体污染物的治理能力提升明显[2]。

总体来说，科技创新能力逐渐增强，资源总量保持稳定，环境质量缓慢下降，支持力系统趋向稳定。

4. 效力系统

南阳的发展以建设富强、美好、和谐新南阳为目标，以推行新型城镇化为核心，着力构建绿色生态城镇体系。城市功能不断完善、人居环境明显改善、农村基础设施全面升级、生产生活条件稳步提高。保护"母亲河"行动推动有力，白河及鸭河口水库水生态得到有效恢复，设立了国家首个"重点流域面源污染综合治理试验区"，跻身国家首批"生态文明先行示范区"，入选第二批全国"水生态文明城市"建设试点。城市发展效益明显提升，效力系统整体良好（具体见本章第三节发展效益综合评价）。

三、南阳市城市发展的外部条件分析

1. 区域自然地理

南阳处于伏牛山腹地，盆地地貌，平原、丘陵分别占国土面积的

---

①②根据《南阳市国民经济和社会发展统计公报》（2015）、《南阳统计年鉴》（2015）整理。

33.5%、30%，降水量适中、地质灾害少，属于气候适宜的中低纬度地区，适于耕作和居住。

2. 交通运输区位

南阳位于河南省西南部，宁西铁路与焦枝铁路于此交汇，远离京广铁路与陇海铁路。有两条国家干线高速公路（沪陕、二广）绕城而过，距京港澳高速公路164千米，通过省支线高速与京港澳高速公路连接。从省域范围比较看，区位优势相对缺乏。

3. 城市层级演化

河南省把与南阳临近的洛阳市定位为河南"全省副中心城市"，湖北省把与南阳接壤的襄阳市定位为湖北"省域副中心城市"，这样的发展战略导致南阳在区域中的位序靠后，对城市未来的发展有很大影响。

4. 国家宏观政策

根据《全国主体功能区规划（2010）》《国家新型城镇化规划》及河南省的相关规划，河南的城镇化发展重心沿京广铁路经济带和陇海铁路经济带分布，南阳不在该重点区域。同时，国家及河南省把南阳定位为全国重要的粮食主产区和"南水北调"水源地生态保护区，以粮食生产和生态保护为首要任务。这样的职能定位决定了南阳城市发展的特殊性。

第三节　栖息地导向的南阳市城市发展效益综合评价

本节根据第四章建立的栖息地导向的粮食主产区城市发展效益综合评价指标体系和评价模型，对南阳市的发展水平进行综合评价。

一、原始数据收集

1994年国务院批注南阳撤销县级市建立地级市，南阳开始进入快速发展时期，2014年原南阳辖区邓州被列为河南省直管县级市，2015年之后的统计数据不再包含邓州。本章的研究范围为南阳市行政辖区（含邓州），选择1994~2014年的统计数据作为南阳市发展效益综合评价的原始数据，从时间发展角度对南阳市的综合发展水平做出评价。

按照第四章确定的栖息地导向的粮食主产区城市发展效益综合评价指标体系，依据《南阳市国民经济和社会发展统计公报》（1994～2014）、《南阳统计年鉴》（1995～2015）、《南阳市环境保护工作总结》（1994～2014）等收集数据。通过对各单项指标数据的收集整理，得到原始数据如表7-2所示（本章涉及的数据，有些是从资料中直接摘录，有些则是根据资料数据计算获取，书中不再特别注释来源）。

二、数据标准化处理

对收集到的原始数据，采用功效系数法（式4-49和式4-50）进行数据标准化处理，得到南阳市发展效益综合评价的标准化数据，如表7-3所示。

三、评价指标权重的确定

1. 熵值法确定权重

根据 $p_{ij} = y_{ij} / \sum_{i=1}^{m} y_{ij}$　　$i = 1, 2, 3, \cdots, m$　　　　　　（4-39）

计算各指标样本值比重，结果如表7-4所示。

根据 $E_j = -K \sum_{i=1}^{m} p_{ij} \ln p_{ij}$　　　　　　　　　　　　　　　　（4-40）

计算各指标的信息熵，其中 $K = 1/\ln m$、$m = 21$，结果如表7-5所示。

根据 $\mu_j = 1 - E_j$　　（$0 \leqslant \mu_j \leqslant 1$）　　　　　　　　　（4-41）

$$w_j = \frac{\mu_j}{\sum_{j=1}^{n} \mu_j}　　　j = 1, 2, 3, \cdots, n　　　　（4-42）$$

计算各个指标的熵权值，结果如表7-6所示。

表7-2 南阳市发展效益综合评价指标原始数据值

指标	1994	1995	1996	1997	1998	1999	2000	2001	2002	2003	2004	2005	2006	2007	2008	2009	2010	2011	2012	2013	2014
e_1	0.855	0.771	0.849	0.912	0.899	0.745	0.818	0.901	0.920	0.901	0.965	0.963	1.059	1.097	1.077	1.091	1.069	1.039	1.038	1.025	1.032
e_2	373.08	350.66	415.77	434.24	441.84	362.38	360.39	384.33	392.45	358.91	414.82	421.93	472.40	487.93	499.57	503.41	504.16	510.04	524.85	527.10	532.12
e_3	1.80	1.79	1.83	1.86	1.88	1.86	1.94	1.95	1.85	1.90	1.94	2.02	2.07	2.01	2.10	1.95	1.97	1.98	1.98	1.98	1.88
e_4	1.021	1.141	1.244	1.533	1.575	1.853	2.092	2.085	2.297	2.439	2.906	3.204	3.561	4.187	5.271	5.855	6.032	6.258	6.724	7.011	7.881
e_5	39.34	39.95	41.90	42.67	45.63	48.21	49.35	48.47	45.55	46.46	47.04	47.12	47.76	47.89	48.43	49.30	49.77	49.86	50.10	50.26	51.21
e_6	17.61	17.74	13.64	13.01	8.80	7.73	6.60	9.37	9.09	10.64	15.12	12.58	12.81	12.60	10.47	9.03	10.30	11.21	10.80	8.90	9.30
e_7	0.5	0.7	0.9	1.1	1.1	0.9	1.1	1.4	1.5	1.9	2.4	3.4	4.6	6.2	7.9	10.0	12.0	12.7	15.6	18.7	21.9
e_8	0.11	0.14	0.13	0.15	0.16	0.18	0.19	0.20	0.18	0.21	0.25	0.28	0.37	0.46	0.52	0.63	0.91	1.33	1.56	1.75	1.99
e_9	0.9965	0.9819	0.9732	0.9675	0.9557	0.9558	0.9558	0.9527	0.9496	0.9625	0.9564	0.9634	0.9688	0.9871	0.9973	1.0107	1.0270	1.0438	1.0560	1.0669	1.0789
e_{10}	15.96	15.03	15.76	16.13	15.97	15.20	14.77	14.88	14.61	12.80	13.04	12.24	11.83	11.01	10.45	9.90	9.36	8.70	8.19	7.81	7.40
e_{11}	1.8	2.1	2.35	2.7	3.1	3.46	3.82	4.2	5.1	5.8	6.6	7.32	8.5	9.1	8.7	8.8	10.5	9.5	8.7	9.2	7.65
e_{12}	4295	5379	6884	7799	7743	7980	8504	9690	10686	11916	14458	16801	19009	21589	25212	25956	29239	32229	33855	36985	37724
e_{13}	463.02	408.37	403.15	379.43	414.40	494.77	441.81	399.30	382.23	344.36	324.84	273.28	227.41	193.96	178.24	148.68	140.59	149.17	128.67	113.47	102.72
e_{14}	4.16	4.01	3.86	3.71	3.57	3.43	3.29	3.18	3.03	3.29	4.02	4.18	3.64	3.82	4.27	4.75	5.30	5.23	3.70	3.99	4.01
e_{15}	1.1340	1.1212	1.1084	1.0956	1.0828	1.0699	1.0570	1.0440	1.0382	1.0130	0.9171	0.7359	0.7251	0.6950	0.6703	0.6357	0.5888	0.5673	0.5315	0.5062	0.4845

生产空间系统 U_1

续表

指标\年份	1994	1995	1996	1997	1998	1999	2000	2001	2002	2003	2004	2005	2006	2007	2008	2009	2010	2011	2012	2013	2014
s_1	20.4	21.6	24.15	26.69	29.22	31.75	34.27	39.63	23.70	31.79	32.29	36.80	31.61	33.95	31.79	32.00	29.10	27.56	25.14	25.19	25.36
s_2	94.6	94.0	93.4	92.8	92.1	91.6	90.9	90.3	85.6	81.3	74.9	70.1	65.8	64.1	55.4	64.3	71.1	75.2	80.3	80.5	69.4
s_3	98.7	98.06	97.42	96.78	96.14	95.5	94.86	94.2	93.5	93.1	92.4	91.8	91.1	94.25	93.99	92.6	90.1	86.3	81.4	74.5	66.7
s_4	29.34	31.45	33.56	35.67	37.78	39.89	42.00	44.09	44.16	41.04	35.97	43.09	43.52	50.74	60.01	62.45	66.45	69.38	45.38	42.70	39.35
s_5	100	100	100	100	100	100	100	96.67	92.21	90.91	90.37	89.35	88.32	87.30	86.27	85.25	84.22	83.20	82.17	68.26	76.21
s_6	127.7	128.5	121.8	110.0	103.9	107.4	106.9	107.3	119.1	108.0	113.3	113.2	113.8	120.2	115.7	108.9	111.7	114.7	113.0	110.8	109.5
s_7	50.1	49.0	47.5	44.9	43.3	42.8	39.5	33.3	33.2	34.3	34.2	34.3	30.6	33.8	34.3	33.0	33.1	33.2	33.1	33.1	33.1
s_8	68.89	69.56	70.23	70.9	71.56	72.23	72.9	73.01	73.12	73.23	73.34	73.45	73.56	73.67	73.78	73.89	73.95	74.15	74.35	74.55	74.75
s_9	3.5	3.99	4.48	4.97	5.35	5.73	6.12	6.5	6.81	6.78	6.98	7.49	8.4	8.09	8.48	8.52	8.78	10.5	12.45	12.41	12.98
s_{10}	12.49	13.3	14.63	15.96	17.29	18.62	19.95	26.38	26.6	28.03	28.4	28.7	28.35	28.01	27.28	29.77	30.04	32.23	32.57	32.64	32.66
s_{11}	83.05	84.51	85.97	87.43	88.94	90.4	91.86	93.32	92.82	91.07	91.29	91.49	91.77	71.17	68.31	65.75	68.36	89.79	70.96	68.55	74.72
s_{12}	0.06	0.07	0.09	0.11	0.13	0.16	0.18	0.2	0.22	0.68	2.4	3.04	4.02	4.43	6.69	9.69	16.57	17.13	21.59	25.52	26.98
s_{13}	1.46	1.48	1.47	1.35	1.51	1.57	1.53	1.55	1.61	1.64	1.74	1.53	1.75	1.79	1.98	2.5	2.53	2.76	3.22	3.52	3.27
s_{14}	1.45	1.56	1.68	1.79	1.90	2.02	2.10	2.13	2.29	2.70	3.11	3.48	3.84	3.75	3.66	3.58	3.30	3.23	3.10	2.99	2.87
s_{15}	99.6	99.1	98.8	98.6	97.9	97.2	96.7	96.6	96.7	96.6	96.5	96.6	96.6	96.6	96.4	96.2	96.5	96.0	96.2	95.5	94.5

生活空间系统 U_2

续表

发展承载系统 U_3

指标\年份	1994	1995	1996	1997	1998	1999	2000	2001	2002	2003	2004	2005	2006	2007	2008	2009	2010	2011	2012	2013	2014
b_1	0.8564	0.8493	0.8474	0.8403	0.8391	0.8366	0.8335	0.8409	0.8883	0.8698	0.8601	0.8506	0.8434	0.8344	0.8259	0.8181	0.8126	0.8086	0.8072	0.8034	0.7914
b_2	701.47	697.63	694.36	689.39	686.69	684.62	682.07	666.76	663.47	660.52	657.80	654.67	633.60	630.41	627.04	624.24	607.53	572.25	571.33	568.76	564.94
b_3	22.10	23.75	24.00	24.00	28.82	28.82	28.82	28.82	28.82	28.84	28.84	34.51	34.51	35.71	34.50	37.00	37.00	34.00	34.00	35.30	35.30
b_4	427	453	478	521	532	569	606	625	635	675	713	751	782	807	800	814	849	896	926	926	929
b_5	11.22	11.60	15.69	15.25	16.81	15.44	16.13	17.27	17.55	17.22	17.98	17.99	18.80	19.66	19.75	20.39	20.82	20.30	20.94	20.94	20.62
b_6	7.90	8.15	9.05	10.78	11.32	12.92	13.95	15.25	16.61	17.65	20.54	20.55	23.58	25.82	27.50	28.25	27.94	28.69	29.33	31.68	32.43
b_7	1.00	1.20	1.26	1.62	1.26	1.93	2.93	2.78	2.79	3.22	3.70	4.18	3.86	3.95	4.74	5.52	6.06	7.37	6.59	6.03	6.05
b_8	0.240	0.291	0.079	0.131	0.062	0.106	0.177	0.056	0.025	0.054	0.090	0.055	0.064	0.210	0.151	0.097	0.038	0.076	0.037	0.166	0.158
b_9	51.7	52.8	53.94	55.08	56.22	57.36	58.5	59.5	60.48	62.1	63.1	67.8	65.1	66	70.6	70.6	75.51	69.52	73.2	48.93	49.9
b_{10}	46.83	45.28	43.10	35.28	40.73	65.41	65.96	52.45	58.72	59.76	66	71	80.95	91.99	86.72	84.9	84.27	75.99	69.92	73.74	73.5
b_{11}	0.263	0.551	0.323	0.640	0.260	0.296	0.408	0.405	0.442	0.441	0.805	0.626	0.732	0.940	1.008	0.842	0.662	0.688	0.788	0.827	0.997
b_{12}	13.6	13.6	10.8	13.2	15.1	13.9	13.6	8.7	5.1	4.8	8.0	5.9	3.4	8.8	9.0	9.3	9.7	11.1	11.2	27.3	10.9
b_{13}	0.896	0.814	0.840	0.868	0.905	1.000	0.979	0.985	1.000	0.978	1.000	1.000	0.986	0.984	1.000	0.923	0.930	1.000	0.990	1.000	0.899
b_{14}	3518	3480	3724	3552	3925	3592	3491	3701	3606	3667	4184	4598	4691	5208	5629	6483	7466	7246	8206	9237	11090
b_{15}	2221	2332	2375	2490	2694	2940	3011	3286	3322	3941	4166	4006	3317	3206	3364	2823	2972	3052	3133	3167	3189
b_{16}	114.24	129.80	145.36	160.92	176.48	192.04	207.60	233.30	259.00	284.70	310.40	336.10	361.80	387.50	413.20	438.90	464.60	489.45	514.30	539.15	546.25

表7-3　南阳市发展效益综合评价指标标准化数据值

指标／年份	1994	1995	1996	1997	1998	1999	2000	2001	2002	2003	2004	2005	2006	2007	2008	2009	2010	2011	2012	2013	2014
e_1	0.312	0.073	0.296	0.474	0.436	0.000	0.207	0.442	0.496	0.444	0.626	0.617	0.890	1.000	0.944	0.983	0.919	0.835	0.831	0.796	0.814
e_2	0.124	0.000	0.359	0.461	0.503	0.065	0.054	0.186	0.230	0.045	0.354	0.393	0.671	0.756	0.821	0.842	0.846	0.878	0.960	0.972	1.000
e_3	0.032	0.000	0.120	0.234	0.296	0.214	0.465	0.515	0.202	0.352	0.470	0.735	0.884	0.699	1.000	0.512	0.583	0.602	0.605	0.615	0.272
e_4	0.000	0.018	0.033	0.075	0.081	0.121	0.156	0.155	0.186	0.207	0.275	0.318	0.370	0.462	0.620	0.705	0.730	0.763	0.831	0.873	1.000
e_5	0.000	0.051	0.215	0.280	0.530	0.747	0.843	0.769	0.523	0.599	0.648	0.655	0.709	0.720	0.765	0.839	0.879	0.886	0.906	0.919	1.000
e_6	0.988	1.000	0.632	0.575	0.197	0.101	0.000	0.248	0.223	0.362	0.765	0.537	0.558	0.538	0.347	0.217	0.332	0.414	0.377	0.206	0.242
e_7	0.000	0.012	0.020	0.030	0.028	0.022	0.030	0.041	0.049	0.068	0.092	0.138	0.193	0.268	0.345	0.446	0.538	0.570	0.707	0.851	1.000
e_8	0.000	0.012	0.009	0.021	0.023	0.033	0.039	0.046	0.034	0.050	0.073	0.089	0.136	0.186	0.217	0.276	0.424	0.649	0.772	0.871	1.000
e_9	0.363	0.250	0.183	0.138	0.047	0.048	0.053	0.024	0.000	0.100	0.053	0.107	0.149	0.291	0.369	0.473	0.599	0.728	0.823	0.907	1.000
e_{10}	0.980	0.873	0.957	1.000	0.982	0.893	0.844	0.857	0.826	0.618	0.646	0.555	0.507	0.413	0.350	0.286	0.224	0.149	0.091	0.047	0.000
e_{11}	0.000	0.034	0.063	0.103	0.149	0.191	0.232	0.276	0.379	0.460	0.552	0.634	0.770	0.839	0.793	0.805	1.000	0.885	0.793	0.851	0.672
e_{12}	0.000	0.032	0.077	0.105	0.103	0.110	0.126	0.161	0.191	0.228	0.304	0.374	0.440	0.517	0.626	0.648	0.746	0.836	0.884	0.978	1.000
e_{13}	0.919	0.780	0.766	0.706	0.795	1.000	0.865	0.756	0.713	0.616	0.567	0.435	0.318	0.233	0.193	0.117	0.097	0.118	0.066	0.027	0.000
e_{14}	0.498	0.432	0.366	0.300	0.238	0.176	0.115	0.066	0.000	0.115	0.436	0.507	0.269	0.348	0.546	0.758	1.000	0.969	0.295	0.423	0.432
e_{15}	0.000	0.020	0.039	0.059	0.079	0.099	0.119	0.139	0.147	0.186	0.334	0.613	0.630	0.676	0.714	0.767	0.839	0.873	0.928	0.967	1.000

生产空间回系统 U_1

续表

指标	1994	1995	1996	1997	1998	1999	2000	2001	2002	2003	2004	2005	2006	2007	2008	2009	2010	2011	2012	2013	2014
s_1	0.000	0.062	0.195	0.327	0.459	0.590	0.721	1.000	0.172	0.592	0.618	0.853	0.583	0.705	0.592	0.603	0.452	0.372	0.246	0.249	0.258
s_2	1.000	0.984	0.969	0.953	0.936	0.922	0.907	0.890	0.770	0.661	0.497	0.375	0.265	0.222	0.000	0.227	0.401	0.505	0.635	0.640	0.357
s_3	1.000	0.980	0.960	0.940	0.920	0.900	0.880	0.859	0.838	0.825	0.803	0.784	0.763	0.861	0.853	0.809	0.731	0.613	0.459	0.244	0.000
s_4	0.000	0.053	0.105	0.158	0.211	0.263	0.316	0.368	0.370	0.292	0.166	0.343	0.354	0.534	0.766	0.827	0.927	1.000	0.401	0.334	0.250
s_5	1.000	1.000	1.000	1.000	1.000	1.000	1.000	0.895	0.755	0.714	0.697	0.664	0.632	0.600	0.567	0.535	0.503	0.471	0.438	0.000	0.250
s_6	0.967	1.000	0.728	0.248	0.000	0.142	0.122	0.138	0.618	0.167	0.382	0.378	0.402	0.663	0.480	0.203	0.317	0.439	0.370	0.280	0.228
s_7	0.000	0.056	0.133	0.267	0.349	0.374	0.544	0.862	0.867	0.810	0.815	0.810	1.000	0.836	0.810	0.877	0.872	0.867	0.872	0.872	0.872
s_8	0.000	0.114	0.229	0.343	0.456	0.570	0.684	0.703	0.722	0.741	0.759	0.778	0.797	0.816	0.834	0.853	0.863	0.898	0.932	0.966	1.000
s_9	0.000	0.052	0.103	0.155	0.195	0.235	0.276	0.316	0.349	0.346	0.367	0.421	0.517	0.484	0.525	0.530	0.557	0.738	0.944	0.940	1.000
s_{10}	0.000	0.040	0.106	0.172	0.238	0.304	0.370	0.689	0.700	0.770	0.789	0.804	0.786	0.769	0.733	0.857	0.870	0.979	0.996	0.999	1.000
s_{11}	0.627	0.680	0.733	0.786	0.841	0.894	0.947	1.000	0.982	0.934	0.197	0.093	0.147	0.162	0.246	0.000	0.095	0.872	0.189	0.102	0.325
s_{12}	0.000	0.000	0.001	0.002	0.003	0.004	0.004	0.005	0.006	0.023	0.087	0.111	0.147	0.162	0.246	0.358	0.613	0.634	0.800	0.946	1.000
s_{13}	0.051	0.060	0.055	0.000	0.074	0.101	0.083	0.092	0.120	0.134	0.180	0.083	0.184	0.203	0.290	0.530	0.544	0.650	0.862	1.000	0.885
s_{14}	0.000	0.046	0.096	0.142	0.188	0.238	0.272	0.285	0.351	0.523	0.695	0.849	1.000	0.962	0.925	0.891	0.774	0.745	0.690	0.644	0.594
s_{15}	1.000	0.902	0.843	0.804	0.667	0.529	0.431	0.412	0.431	0.412	0.392	0.412	0.412	0.412	0.373	0.333	0.392	0.294	0.333	0.196	0.000

生活空间系统 U_2

142

续表

指标	1994	1995	1996	1997	1998	1999	2000	2001	2002	2003	2004	2005	2006	2007	2008	2009	2010	2011	2012	2013	2014
b_1	0.670	0.597	0.578	0.504	0.492	0.466	0.435	0.510	1.000	0.809	0.709	0.611	0.536	0.443	0.356	0.276	0.219	0.178	0.164	0.124	0.000
b_2	1.000	0.972	0.948	0.911	0.892	0.877	0.858	0.746	0.722	0.700	0.680	0.657	0.503	0.480	0.455	0.434	0.312	0.054	0.047	0.028	0.000
b_3	0.000	0.111	0.128	0.128	0.451	0.451	0.451	0.451	0.451	0.452	0.452	0.833	0.833	0.913	0.832	1.000	1.000	0.799	0.799	0.886	0.886
b_4	1.000	0.949	0.898	0.812	0.791	0.718	0.644	0.606	0.586	0.506	0.429	0.355	0.292	0.242	0.256	0.228	0.159	0.065	0.004	0.005	0.000
b_5	1.000	0.961	0.540	0.585	0.425	0.566	0.495	0.378	0.349	0.383	0.304	0.303	0.220	0.132	0.123	0.057	0.012	0.066	0.001	0.000	0.033
b_6	1.000	0.990	0.953	0.883	0.860	0.795	0.753	0.700	0.645	0.603	0.485	0.484	0.361	0.269	0.201	0.170	0.183	0.152	0.126	0.031	0.000
b_7	1.000	0.968	0.959	0.902	0.959	0.853	0.698	0.721	0.719	0.651	0.577	0.501	0.550	0.536	0.412	0.290	0.205	0.000	0.122	0.211	0.207
b_8	0.811	1.000	0.206	0.400	0.138	0.307	0.574	0.117	0.000	0.108	0.246	0.112	0.148	0.696	0.476	0.271	0.048	0.193	0.047	0.532	0.501
b_9	0.104	0.146	0.188	0.231	0.274	0.317	0.360	0.398	0.435	0.495	0.533	0.710	0.608	0.642	0.815	0.815	1.000	0.775	0.913	0.000	0.036
b_{10}	0.204	0.176	0.138	0.000	0.096	0.531	0.541	0.303	0.413	0.432	0.542	0.630	0.805	1.000	0.907	0.875	0.864	0.718	0.611	0.678	0.674
b_{11}	0.005	0.388	0.084	0.507	0.000	0.049	0.197	0.193	0.243	0.241	0.728	0.488	0.631	0.908	1.000	0.777	0.537	0.572	0.705	0.757	0.985
b_{12}	0.430	0.430	0.312	0.410	0.490	0.442	0.430	0.223	0.072	0.059	0.194	0.106	0.000	0.229	0.238	0.249	0.267	0.322	0.327	1.000	0.315
b_{13}	0.441	0.000	0.140	0.290	0.489	1.000	0.887	0.919	1.000	0.882	1.000	1.000	0.925	0.914	1.000	0.586	0.624	1.000	0.946	1.000	0.457
b_{14}	0.005	0.000	0.032	0.009	0.058	0.015	0.001	0.029	0.017	0.025	0.093	0.147	0.159	0.227	0.282	0.395	0.524	0.495	0.621	0.756	1.000
b_{15}	0.000	0.057	0.079	0.138	0.243	0.370	0.406	0.548	0.566	0.884	1.000	0.918	0.563	0.506	0.588	0.310	0.386	0.427	0.469	0.486	0.498
b_{16}	0.000	0.036	0.072	0.108	0.144	0.180	0.216	0.276	0.335	0.395	0.454	0.514	0.573	0.633	0.692	0.752	0.811	0.869	0.926	0.984	1.000

发展承载系统 U_3

表7-4 南阳市发展效益综合评价指标样本值比重

指标	年份	1994	1995	1996	1997	1998	1999	2000	2001	2002	2003	2004	2005	2006	2007	2008	2009	2010	2011	2012	2013	2014	合计
生产空间系统 U_1	e_1	0.0251	0.0059	0.0238	0.0381	0.0351	0.0000	0.0167	0.0355	0.0399	0.0357	0.0503	0.0497	0.0716	0.0804	0.0759	0.0791	0.0739	0.0672	0.0668	0.0640	0.0654	1.0000
	e_2	0.0117	0.0000	0.0341	0.0438	0.0478	0.0061	0.0051	0.0176	0.0219	0.0043	0.0336	0.0373	0.0638	0.0719	0.0780	0.0800	0.0804	0.0835	0.0913	0.0924	0.0951	1.0000
	e_3	0.0035	0.0000	0.0128	0.0249	0.0315	0.0227	0.0494	0.0547	0.0215	0.0374	0.0500	0.0781	0.0939	0.0744	0.1063	0.0544	0.0620	0.0640	0.0643	0.0654	0.0290	1.0000
	e_4	0.0000	0.0022	0.0041	0.0094	0.0101	0.0152	0.0196	0.0194	0.0233	0.0259	0.0344	0.0399	0.0464	0.0578	0.0776	0.0883	0.0916	0.0957	0.1042	0.1094	0.1253	1.0000
	e_5	0.0000	0.0038	0.0160	0.0208	0.0393	0.0554	0.0625	0.0570	0.0388	0.0444	0.0481	0.0486	0.0526	0.0554	0.0567	0.0622	0.0652	0.0657	0.0672	0.0682	0.0742	1.0000
	e_6	0.1116	0.1129	0.0713	0.0649	0.0222	0.0114	0.0000	0.0280	0.0252	0.0409	0.0864	0.0606	0.0630	0.0608	0.0391	0.0245	0.0375	0.0467	0.0425	0.0233	0.0273	1.0000
	e_7	0.0000	0.0022	0.0036	0.0055	0.0052	0.0040	0.0056	0.0076	0.0089	0.0124	0.0169	0.0252	0.0355	0.0491	0.0633	0.0818	0.0988	0.1047	0.1297	0.1563	0.1836	1.0000
	e_8	0.0000	0.0024	0.0017	0.0042	0.0047	0.0066	0.0078	0.0094	0.0068	0.0100	0.0146	0.0180	0.0274	0.0375	0.0439	0.0557	0.0855	0.1309	0.1557	0.1756	0.2017	1.0000
	e_9	0.0541	0.0373	0.0273	0.0206	0.0071	0.0072	0.0079	0.0036	0.0000	0.0149	0.0079	0.0159	0.0221	0.0433	0.0550	0.0705	0.0893	0.1086	0.1227	0.1353	0.1491	1.0000
	e_{10}	0.0810	0.0722	0.0791	0.0826	0.0812	0.0738	0.0698	0.0708	0.0683	0.0511	0.0534	0.0458	0.0419	0.0342	0.0289	0.0236	0.0185	0.0123	0.0075	0.0039	0.0000	1.0000
	e_{11}	0.0000	0.0033	0.0060	0.0099	0.0143	0.0182	0.0221	0.0263	0.0362	0.0439	0.0526	0.0605	0.0735	0.0800	0.0757	0.0768	0.0954	0.0844	0.0757	0.0811	0.0641	1.0000
	e_{12}	0.0000	0.0038	0.0091	0.0123	0.0122	0.0130	0.0148	0.0190	0.0225	0.0269	0.0358	0.0441	0.0519	0.0610	0.0737	0.0763	0.0879	0.0984	0.1042	0.1152	0.1178	1.0000
	e_{13}	0.0911	0.0773	0.0760	0.0700	0.0788	0.0991	0.0857	0.0750	0.0707	0.0611	0.0562	0.0431	0.0315	0.0231	0.0191	0.0116	0.0096	0.0117	0.0066	0.0027	0.0000	1.0000
	e_{14}	0.0601	0.0521	0.0441	0.0362	0.0287	0.0213	0.0138	0.0080	0.0000	0.0138	0.0526	0.0611	0.0324	0.0420	0.0659	0.0914	0.1207	0.1170	0.0356	0.0510	0.0521	1.0000
	e_{15}	0.0000	0.0021	0.0043	0.0064	0.0085	0.0107	0.0128	0.0150	0.0160	0.0202	0.0362	0.0664	0.0682	0.0733	0.0774	0.0832	0.0910	0.0946	0.1005	0.1048	0.1084	1.0000

续表

指标 \ 年份	1994	1995	1996	1997	1998	1999	2000	2001	2002	2003	2004	2005	2006	2007	2008	2009	2010	2011	2012	2013	2014	合计
s_1	0.0000	0.0065	0.0202	0.0339	0.0475	0.0612	0.0747	0.1036	0.0178	0.0614	0.0641	0.0884	0.0604	0.0730	0.0614	0.0625	0.0469	0.0386	0.0255	0.0258	0.0267	1.0000
s_2	0.0762	0.0750	0.0739	0.0727	0.0714	0.0703	0.0691	0.0679	0.0587	0.0504	0.0379	0.0286	0.0202	0.0169	0.0000	0.0173	0.0305	0.0385	0.0484	0.0488	0.0272	1.0000
s_3	0.0624	0.0612	0.0599	0.0587	0.0574	0.0562	0.0549	0.0536	0.0523	0.0515	0.0501	0.0490	0.0476	0.0537	0.0532	0.0505	0.0456	0.0382	0.0287	0.0152	0.0000	1.0000
s_4	0.0000	0.0066	0.0131	0.0197	0.0262	0.0328	0.0393	0.0458	0.0460	0.0363	0.0206	0.0427	0.0441	0.0665	0.0953	0.1029	0.1153	0.1244	0.0498	0.0415	0.0311	1.0000
s_5	0.0679	0.0679	0.0679	0.0679	0.0679	0.0679	0.0679	0.0608	0.0513	0.0485	0.0473	0.0451	0.0429	0.0407	0.0385	0.0364	0.0342	0.0320	0.0298	0.0000	0.0170	1.0000
s_6	0.1170	0.1209	0.0880	0.0300	0.0000	0.0172	0.0147	0.0167	0.0747	0.0201	0.0462	0.0457	0.0486	0.0801	0.0580	0.0246	0.0383	0.0531	0.0447	0.0339	0.0275	1.0000
s_7	0.0000	0.0041	0.0097	0.0194	0.0253	0.0272	0.0395	0.0626	0.0630	0.0589	0.0592	0.0589	0.0727	0.0607	0.0589	0.0637	0.0633	0.0630	0.0633	0.0633	0.0633	1.0000
s_8	0.0000	0.0081	0.0163	0.0244	0.0324	0.0405	0.0487	0.0500	0.0513	0.0527	0.0540	0.0554	0.0567	0.0580	0.0594	0.0607	0.0614	0.0639	0.0663	0.0687	0.0711	1.0000
s_9	0.0000	0.0057	0.0114	0.0171	0.0216	0.0260	0.0305	0.0350	0.0386	0.0382	0.0406	0.0465	0.0571	0.0535	0.0580	0.0585	0.0615	0.0816	0.1043	0.1038	0.1105	1.0000
s_{10}	0.0000	0.0031	0.0082	0.0133	0.0183	0.0234	0.0285	0.0531	0.0539	0.0594	0.0608	0.0620	0.0606	0.0593	0.0565	0.0661	0.0671	0.0755	0.0768	0.0770	0.0771	1.0000
s_{11}	0.0480	0.0520	0.0560	0.0601	0.0643	0.0683	0.0724	0.0764	0.0750	0.0713	0.0150	0.0071	0.0721	0.0708	0.0702	0.0000	0.0072	0.0666	0.0144	0.0078	0.0249	1.0000
s_{12}	0.0000	0.0001	0.0002	0.0004	0.0005	0.0007	0.0009	0.0010	0.0012	0.0045	0.0169	0.0215	0.0286	0.0315	0.0478	0.0694	0.1190	0.1231	0.1552	0.1836	0.1941	1.0000
s_{13}	0.0082	0.0097	0.0089	0.0000	0.0119	0.0164	0.0134	0.0149	0.0194	0.0216	0.0291	0.0134	0.0298	0.0328	0.0470	0.0858	0.0880	0.1051	0.1394	0.1618	0.1432	1.0000
s_{14}	0.0000	0.0042	0.0088	0.0130	0.0173	0.0219	0.0249	0.0261	0.0322	0.0479	0.0637	0.0778	0.0916	0.0882	0.0847	0.0817	0.0709	0.0683	0.0633	0.0590	0.0544	1.0000
s_{15}	0.1002	0.0904	0.0845	0.0806	0.0668	0.0530	0.0432	0.0413	0.0432	0.0413	0.0393	0.0413	0.0413	0.0413	0.0373	0.0334	0.0393	0.0295	0.0334	0.0196	0.0000	1.0000

生活空间系统 U_2

续表

系统	指标	1994	1995	1996	1997	1998	1999	2000	2001	2002	2003	2004	2005	2006	2007	2008	2009	2010	2011	2012	2013	2014	合计
发展承载系统 U_3	b_1	0.0693	0.0617	0.0597	0.0521	0.0509	0.0482	0.0449	0.0527	0.1033	0.0836	0.0733	0.0631	0.0554	0.0458	0.0368	0.0285	0.0226	0.0184	0.0169	0.0128	0.0000	1.0000
	b_2	0.0815	0.0792	0.0772	0.0743	0.0727	0.0714	0.0699	0.0608	0.0588	0.0570	0.0554	0.0535	0.0410	0.0391	0.0371	0.0354	0.0254	0.0044	0.0038	0.0023	0.0000	1.0000
	b_3	0.0000	0.0090	0.0104	0.0104	0.0366	0.0366	0.0366	0.0366	0.0366	0.0368	0.0368	0.0677	0.0677	0.0742	0.0676	0.0813	0.0813	0.0649	0.0649	0.0720	0.0720	1.0000
	b_4	0.1047	0.0994	0.0941	0.0851	0.0829	0.0752	0.0675	0.0635	0.0614	0.0530	0.0449	0.0372	0.0306	0.0254	0.0268	0.0239	0.0167	0.0069	0.0004	0.0005	0.0000	1.0000
	b_5	0.1442	0.1386	0.0779	0.0844	0.0612	0.0816	0.0714	0.0545	0.0503	0.0552	0.0439	0.0437	0.0317	0.0191	0.0177	0.0082	0.0018	0.0096	0.0001	0.0000	0.0048	1.0000
	b_6	0.0939	0.0930	0.0895	0.0829	0.0808	0.0747	0.0708	0.0658	0.0606	0.0566	0.0455	0.0455	0.0339	0.0253	0.0189	0.0160	0.0172	0.0143	0.0119	0.0029	0.0000	1.0000
	b_7	0.0831	0.0804	0.0796	0.0749	0.0796	0.0709	0.0579	0.0599	0.0597	0.0540	0.0479	0.0416	0.0457	0.0445	0.0342	0.0241	0.0170	0.0000	0.0101	0.0175	0.0172	1.0000
	b_8	0.1170	0.1442	0.0297	0.0577	0.0200	0.0442	0.0828	0.0169	0.0000	0.0156	0.0355	0.0162	0.0214	0.1003	0.0686	0.0390	0.0070	0.0278	0.0068	0.0768	0.0723	1.0000
	b_9	0.0106	0.0149	0.0192	0.0236	0.0280	0.0324	0.0367	0.0406	0.0444	0.0506	0.0544	0.0725	0.0621	0.0656	0.0832	0.0832	0.1021	0.0791	0.0932	0.0000	0.0037	1.0000
	b_{10}	0.0183	0.0158	0.0124	0.0000	0.0086	0.0477	0.0486	0.0272	0.0371	0.0388	0.0486	0.0566	0.0723	0.0898	0.0814	0.0786	0.0776	0.0645	0.0548	0.0609	0.0605	1.0000
	b_{11}	0.0005	0.0388	0.0084	0.0508	0.0000	0.0049	0.0197	0.0193	0.0244	0.0242	0.0728	0.0489	0.0631	0.0908	0.1000	0.0777	0.0537	0.0573	0.0705	0.0757	0.0985	1.0000
	b_{12}	0.0657	0.0657	0.0476	0.0626	0.0749	0.0676	0.0657	0.0340	0.0110	0.0090	0.0297	0.0161	0.0000	0.0351	0.0364	0.0380	0.0408	0.0492	0.0499	0.1528	0.0481	1.0000
	b_{13}	0.0284	0.0000	0.0090	0.0187	0.0316	0.0645	0.0572	0.0593	0.0645	0.0569	0.0645	0.0645	0.0597	0.0590	0.0645	0.0378	0.0402	0.0645	0.0610	0.0645	0.0295	1.0000
	b_{14}	0.0010	0.0000	0.0066	0.0019	0.0120	0.0030	0.0003	0.0059	0.0034	0.0050	0.0189	0.0300	0.0325	0.0464	0.0577	0.0807	0.1071	0.1012	0.1270	0.1547	0.2045	1.0000
	b_{15}	0.0000	0.0060	0.0084	0.0146	0.0258	0.0391	0.0430	0.0580	0.0599	0.0937	0.1059	0.0972	0.0597	0.0536	0.0622	0.0328	0.0409	0.0452	0.0497	0.0515	0.0527	1.0000
	b_{16}	0.0000	0.0036	0.0072	0.0108	0.0145	0.0181	0.0217	0.0276	0.0336	0.0396	0.0456	0.0515	0.0575	0.0635	0.0694	0.0754	0.0814	0.0871	0.0929	0.0987	0.1003	1.0000

表7-5　南阳市发展效益综合评价指标信息熵

指标\年份	1994	1995	1996	1997	1998	1999	2000	2001	2002	2003	2004	2005	2006	2007	2008	2009	2010	2011	2012	2013	2014	信息熵(E)
e_1	0.0304	0.0099	0.0292	0.0409	0.0386	0.0000	0.0224	0.0389	0.0422	0.0391	0.0494	0.0490	0.0620	0.0666	0.0643	0.0659	0.0632	0.0596	0.0594	0.0578	0.0586	0.9474
e_2	0.0171	0.0000	0.0379	0.0450	0.0477	0.0103	0.0088	0.0234	0.0275	0.0077	0.0375	0.0403	0.0577	0.0622	0.0654	0.0664	0.0666	0.0681	0.0718	0.0723	0.0735	0.9071
e_3	0.0064	0.0000	0.0183	0.0302	0.0357	0.0282	0.0488	0.0522	0.0271	0.0404	0.0492	0.0654	0.0730	0.0635	0.0783	0.0520	0.0566	0.0578	0.0579	0.0586	0.0337	0.9334
e_4	0.0000	0.0044	0.0074	0.0144	0.0153	0.0209	0.0253	0.0252	0.0288	0.0311	0.0381	0.0422	0.0468	0.0541	0.0652	0.0704	0.0719	0.0738	0.0774	0.0795	0.0855	0.8776
e_5	0.0000	0.0069	0.0217	0.0264	0.0418	0.0527	0.0569	0.0536	0.0414	0.0455	0.0479	0.0483	0.0509	0.0514	0.0535	0.0568	0.0585	0.0588	0.0596	0.0601	0.0634	0.9559
e_6	0.0804	0.0809	0.0618	0.0583	0.0278	0.0167	0.0000	0.0329	0.0305	0.0429	0.0695	0.0558	0.0572	0.0559	0.0417	0.0299	0.0404	0.0470	0.0441	0.0287	0.0323	0.9347
e_7	0.0000	0.0045	0.0067	0.0094	0.0090	0.0072	0.0095	0.0121	0.0139	0.0179	0.0227	0.0305	0.0389	0.0486	0.0574	0.0673	0.0751	0.0776	0.0870	0.0953	0.1022	0.7927
e_8	0.0000	0.0048	0.0036	0.0076	0.0083	0.0109	0.0125	0.0144	0.0112	0.0151	0.0203	0.0237	0.0324	0.0404	0.0450	0.0528	0.0690	0.0874	0.0951	0.1003	0.1061	0.7609
e_9	0.0518	0.0403	0.0323	0.0263	0.0115	0.0117	0.0125	0.0067	0.0000	0.0206	0.0126	0.0217	0.0277	0.0447	0.0524	0.0614	0.0709	0.0792	0.0846	0.0889	0.0932	0.8509
e_{10}	0.0669	0.0623	0.0659	0.0677	0.0670	0.0632	0.0610	0.0616	0.0602	0.0499	0.0514	0.0464	0.0437	0.0379	0.0337	0.0291	0.0243	0.0178	0.0120	0.0070	0.0000	0.9289
e_{11}	0.0000	0.0062	0.0101	0.0150	0.0199	0.0240	0.0277	0.0314	0.0394	0.0450	0.0509	0.0558	0.0630	0.0664	0.0642	0.0647	0.0736	0.0685	0.0642	0.0669	0.0579	0.9148
e_{12}	0.0000	0.0070	0.0141	0.0178	0.0176	0.0185	0.0205	0.0247	0.0281	0.0319	0.0392	0.0452	0.0504	0.0560	0.0631	0.0645	0.0702	0.0750	0.0774	0.0818	0.0828	0.8858
e_{13}	0.0717	0.0650	0.0643	0.0611	0.0658	0.0753	0.0692	0.0638	0.0615	0.0561	0.0531	0.0445	0.0358	0.0286	0.0248	0.0170	0.0146	0.0171	0.0108	0.0053	0.0000	0.9055
e_{14}	0.0555	0.0506	0.0452	0.0394	0.0335	0.0269	0.0194	0.0127	0.0000	0.0194	0.0509	0.0561	0.0365	0.0437	0.0589	0.0718	0.0838	0.0824	0.0390	0.0499	0.0506	0.9263
e_{15}	0.0000	0.0043	0.0077	0.0106	0.0134	0.0159	0.0184	0.0207	0.0217	0.0259	0.0395	0.0592	0.0602	0.0629	0.0650	0.0679	0.0716	0.0733	0.0759	0.0776	0.0791	0.8707

生产空间系统 U_1

续表

年份\指标	1994	1995	1996	1997	1998	1999	2000	2001	2002	2003	2004	2005	2006	2007	2008	2009	2010	2011	2012	2013	2014	信息熵(E)
s_1	0.0000	0.0107	0.0259	0.0377	0.0476	0.0561	0.0637	0.0772	0.0235	0.0563	0.0578	0.0704	0.0557	0.0628	0.0563	0.0569	0.0471	0.0412	0.0308	0.0310	0.0318	0.9404
s_2	0.0644	0.0638	0.0632	0.0626	0.0619	0.0613	0.0607	0.0600	0.0547	0.0494	0.0408	0.0334	0.0259	0.0227	0.0000	0.0231	0.0350	0.0412	0.0482	0.0484	0.0322	0.9528
s_3	0.0569	0.0561	0.0554	0.0546	0.0539	0.0531	0.0523	0.0515	0.0507	0.0502	0.0493	0.0485	0.0476	0.0516	0.0513	0.0495	0.0463	0.0410	0.0334	0.0209	0.0000	0.9742
s_4	0.0000	0.0108	0.0187	0.0254	0.0314	0.0368	0.0418	0.0464	0.0466	0.0396	0.0263	0.0442	0.0452	0.0592	0.0736	0.0768	0.0818	0.0852	0.0491	0.0434	0.0355	0.9175
s_5	0.0600	0.0600	0.0600	0.0600	0.0600	0.0600	0.0600	0.0559	0.0500	0.0482	0.0474	0.0459	0.0444	0.0428	0.0412	0.0396	0.0379	0.0362	0.0344	0.0000	0.0228	0.9667
s_6	0.0824	0.0839	0.0702	0.0345	0.0000	0.0230	0.0204	0.0225	0.0636	0.0258	0.0467	0.0463	0.0483	0.0664	0.0542	0.0299	0.0411	0.0512	0.0456	0.0377	0.0325	0.9263
s_7	0.0000	0.0074	0.0148	0.0251	0.0306	0.0322	0.0419	0.0570	0.0572	0.0548	0.0550	0.0548	0.0626	0.0559	0.0548	0.0576	0.0574	0.0572	0.0574	0.0574	0.0574	0.9483
s_8	0.0000	0.0129	0.0220	0.0298	0.0365	0.0427	0.0483	0.0492	0.0501	0.0509	0.0518	0.0526	0.0534	0.0543	0.0551	0.0559	0.0563	0.0577	0.0591	0.0604	0.0618	0.9606
s_9	0.0000	0.0097	0.0168	0.0229	0.0272	0.0312	0.0350	0.0385	0.0412	0.0410	0.0427	0.0469	0.0537	0.0514	0.0543	0.0545	0.0564	0.0672	0.0774	0.0772	0.0799	0.9250
s_{10}	0.0000	0.0059	0.0129	0.0188	0.0241	0.0289	0.0333	0.0512	0.0517	0.0551	0.0559	0.0566	0.0558	0.0550	0.0533	0.0590	0.0595	0.0640	0.0647	0.0649	0.0649	0.9357
s_{11}	0.0478	0.0505	0.0530	0.0555	0.0579	0.0602	0.0624	0.0645	0.0638	0.0619	0.0207	0.0115	0.0623	0.0616	0.0612	0.0000	0.0117	0.0593	0.0201	0.0124	0.0302	0.9287
s_{12}	0.0000	0.0002	0.0006	0.0009	0.0013	0.0017	0.0020	0.0023	0.0026	0.0079	0.0226	0.0271	0.0333	0.0358	0.0477	0.0608	0.0832	0.0847	0.0950	0.1022	0.1045	0.7166
s_{13}	0.0129	0.0148	0.0139	0.0186	0.0174	0.0221	0.0190	0.0206	0.0251	0.0272	0.0338	0.0190	0.0344	0.0368	0.0472	0.0692	0.0702	0.0778	0.0902	0.0968	0.0914	0.8399
s_{14}	0.0000	0.0076	0.0137	0.0186	0.0230	0.0274	0.0302	0.0312	0.0363	0.0478	0.0576	0.0653	0.0719	0.0703	0.0687	0.0672	0.0616	0.0602	0.0574	0.0549	0.0521	0.9231
s_{15}	0.0757	0.0714	0.0686	0.0666	0.0594	0.0512	0.0446	0.0432	0.0446	0.0432	0.0418	0.0432	0.0432	0.0432	0.0403	0.0373	0.0418	0.0341	0.0373	0.0254	0.0000	0.9559

生活空间系统 U_2

续表

系统	指标	1994	1995	1996	1997	1998	1999	2000	2001	2002	2003	2004	2005	2006	2007	2008	2009	2010	2011	2012	2013	2014	信息熵 (E)
发展承载系统 U₃	b_1	0.0607	0.0564	0.0553	0.0506	0.0498	0.0480	0.0458	0.0510	0.0770	0.0681	0.0629	0.0573	0.0527	0.0464	0.0399	0.0333	0.0281	0.0241	0.0227	0.0183	0.0000	0.9484
	b_2	0.0671	0.0660	0.0650	0.0634	0.0626	0.0619	0.0611	0.0559	0.0547	0.0537	0.0527	0.0515	0.0430	0.0416	0.0401	0.0388	0.0307	0.0078	0.0070	0.0046	0.0000	0.9289
	b_3	0.0000	0.0139	0.0156	0.0156	0.0398	0.0398	0.0398	0.0398	0.0398	0.0399	0.0399	0.0599	0.0599	0.0634	0.0598	0.0670	0.0670	0.0583	0.0583	0.0622	0.0622	0.9418
	b_4	0.0776	0.0754	0.0730	0.0689	0.0678	0.0639	0.0598	0.0575	0.0563	0.0511	0.0458	0.0402	0.0350	0.0306	0.0319	0.0293	0.0225	0.0112	0.0011	0.0013	0.0000	0.9002
	b_5	0.0917	0.0900	0.0653	0.0685	0.0562	0.0672	0.0619	0.0521	0.0494	0.0525	0.0451	0.0449	0.0359	0.0248	0.0234	0.0129	0.0037	0.0146	0.0003	0.0000	0.0085	0.8690
	b_6	0.0730	0.0725	0.0710	0.0678	0.0668	0.0637	0.0616	0.0588	0.0558	0.0534	0.0462	0.0462	0.0377	0.0306	0.0246	0.0217	0.0229	0.0200	0.0173	0.0055	0.0000	0.9170
	b_7	0.0679	0.0666	0.0662	0.0638	0.0662	0.0616	0.0542	0.0554	0.0553	0.0518	0.0478	0.0435	0.0463	0.0455	0.0379	0.0295	0.0228	0.0000	0.0153	0.0233	0.0229	0.9436
	b_8	0.0825	0.0917	0.0343	0.0541	0.0257	0.0453	0.0678	0.0226	0.0000	0.0213	0.0390	0.0219	0.0270	0.0758	0.0604	0.0416	0.0113	0.0327	0.0112	0.0647	0.0624	0.8933
	b_9	0.0159	0.0205	0.0250	0.0291	0.0329	0.0365	0.0399	0.0427	0.0454	0.0496	0.0520	0.0625	0.0567	0.0587	0.0680	0.0680	0.0765	0.0659	0.0726	0.0000	0.0068	0.9250
	b_{10}	0.0240	0.0216	0.0179	0.0000	0.0135	0.0477	0.0483	0.0322	0.0401	0.0414	0.0483	0.0534	0.0624	0.0711	0.0671	0.0656	0.0651	0.0580	0.0523	0.0560	0.0557	0.9416
	b_{11}	0.0012	0.0414	0.0132	0.0497	0.0000	0.0085	0.0255	0.0250	0.0297	0.0295	0.0626	0.0484	0.0572	0.0716	0.0756	0.0652	0.0516	0.0538	0.0614	0.0642	0.0750	0.9105
	b_{12}	0.0587	0.0587	0.0476	0.0570	0.0638	0.0598	0.0587	0.0378	0.0163	0.0139	0.0343	0.0219	0.0000	0.0386	0.0396	0.0408	0.0429	0.0487	0.0492	0.0943	0.0479	0.9306
	b_{13}	0.0333	0.0000	0.0139	0.0245	0.0358	0.0581	0.0538	0.0550	0.0581	0.0536	0.0581	0.0581	0.0552	0.0548	0.0581	0.0407	0.0425	0.0581	0.0561	0.0581	0.0341	0.9598
	b_{14}	0.0023	0.0000	0.0108	0.0040	0.0174	0.0057	0.0008	0.0100	0.0063	0.0087	0.0247	0.0346	0.0366	0.0468	0.0541	0.0667	0.0786	0.0761	0.0861	0.0948	0.1066	0.7718
	b_{15}	0.0000	0.0101	0.0132	0.0203	0.0310	0.0417	0.0445	0.0542	0.0554	0.0728	0.0781	0.0744	0.0553	0.0515	0.0568	0.0368	0.0429	0.0460	0.0490	0.0502	0.0509	0.9351
	b_{16}	0.0000	0.0067	0.0117	0.0161	0.0201	0.0238	0.0273	0.0326	0.0375	0.0420	0.0462	0.0502	0.0539	0.0575	0.0608	0.0640	0.0670	0.0698	0.0725	0.0751	0.0758	0.9106

149

表 7-6 南阳市发展效益综合评价体系各层次指标权重值（客观赋权法）

目标层	系统层	指标层	信息熵（E）	信息效用值	熵权值（权重）
栖息地导向的粮食主产区城市发展效益 U	城市生产空间系统（U_1）0.3856	粮食贡献度 e_1	0.9474	0.0526	0.0126
		人均粮食产量 e_2	0.9071	0.0929	0.0223
		耕地复种指数 e_3	0.9334	0.0666	0.0160
		粮食生产机械化程度 e_4	0.8776	0.1224	0.0294
		农田有效灌溉率 e_5	0.9559	0.0441	0.0106
		人均 GDP 增长率 e_6	0.9347	0.0653	0.0157
		人均社会固定资产投资额 e_7	0.7927	0.2073	0.0497
		人均财政收入 e_8	0.7609	0.2391	0.0574
		产业结构系数 e_9	0.8509	0.1491	0.0358
		粮食产值占 GDP 比重 e_{10}	0.9289	0.0711	0.0171
		高新技术产值比重 e_{11}	0.9148	0.0852	0.0204
		全社会劳动生产率 e_{12}	0.8858	0.1142	0.0274
		百元社会固定资产投资实现 GDP e_{13}	0.9055	0.0945	0.0227
		建成区 GDP 密度 e_{14}	0.9263	0.0737	0.0177
		单位 GDP 能耗 e_{15}	0.8707	0.1293	0.0310

续表

目标层	系统层	指标层	信息熵（E）	信息效用值	熵权值（权重）
栖息地导向的粮食主产区城市发展效益 U	城市生活空间系统（U_2）0.2851	建成区绿化覆盖率 s_1	0.9404	0.0596	0.0143
		水域功能区水质达标率 s_2	0.9528	0.0472	0.0113
		空气质量指数 s_3	0.9742	0.0258	0.0062
		城市生活污水集中处理率 s_4	0.9175	0.0825	0.0198
		城市生活垃圾无害化处理率 s_5	0.9667	0.0333	0.0080
		城镇居民人均可支配收入定基指数 s_6	0.9263	0.0737	0.0177
		城镇居民恩格尔系数 s_7	0.9483	0.0517	0.0124
		人口平均预期寿命 s_8	0.9606	0.0394	0.0094
		城市人均道路面积 s_9	0.9250	0.0750	0.0180
		城市居民人均住房面积 s_{10}	0.9357	0.0643	0.0154
		城市用水普及率 s_{11}	0.9287	0.0713	0.0171
		互联网用户覆盖率 s_{12}	0.7166	0.2834	0.0680
		千人拥有病床数 s_{13}	0.8399	0.1601	0.0384
		养老保险覆盖率 s_{14}	0.9231	0.0769	0.0184
		城镇就业率 s_{15}	0.9559	0.0441	0.0106

续表

目标层	系统层	指标层	信息熵（E）	信息效用值	熵权值（权重）
稠息地导向的粮食主产区城市发展效益 U	城市发展承载系统（U_3）0.3293	人均耕地面积 b_1	0.9484	0.0516	0.0124
		人均水资源占有量 b_2	0.9289	0.0711	0.0170
		森林覆盖率 b_3	0.9418	0.0582	0.0140
		化肥每公顷使用折纯量 b_4	0.9002	0.0998	0.0239
		农药每公顷使用量 b_5	0.8690	0.1310	0.0314
		地膜每公顷使用量 b_6	0.9170	0.0830	0.0199
		三废综合排放指数 b_7	0.9436	0.0564	0.0135
		环保投入占 GDP 比重 b_8	0.8933	0.1067	0.0256
		耕地水土流失治理率 b_9	0.9250	0.0750	0.0180
		固体废物综合利用率 b_{10}	0.9416	0.0584	0.0140
		科技研发投入占 GDP 比重 b_{11}	0.9105	0.0895	0.0215
		农业科技成果占科技成果比 b_{12}	0.9306	0.0694	0.0167
		全要素生产率 b_{13}	0.9598	0.0402	0.0096
		科研机构 R&D 人员全时当量 b_{14}	0.7718	0.2282	0.0547
		粮食生产技术推广人员数 b_{15}	0.9351	0.0649	0.0156
		万人具有高等学历人数 b_{16}	0.9106	0.0894	0.0214
合　计			4. 16839205		1.000

2. 层次分析法确定权重

（1）层次单排序与一致性检验

根据第四章建立的栖息地导向的粮食主产区城市发展效益综合评价体系（见表4-1），建立南阳市发展效益评价的递阶层次结构。选择由河南省社会科学院、南阳发展战略研究院的研究员，南阳市发展和改革委员会、南阳市环境保护局的专业工作人员及有关高校研究城市发展的教授、博士共15人组成专家委员会，采用匿名函询、轮回反馈沟通的方式，进行评价指标的重要性比对。根据两两配对比较的结果，生成判断矩阵 $U - U_i$，根据第四章介绍的方法，分别计算 $U_i(i = 1, 2, 3)$ 对于 U 的相对重要性系数，即权重，记为 W_i。同样，根据判断矩阵 $U_i - U_{ij}$ 可计算 U_{ij} 对 U_i 的权重，记为 W_{ij}。最后推算出层次单排序及一致性检验结果。详见表7-7~表7-10所示。

表7-7　判断矩阵 $U - U_i$

U 综合发展效益	U_1 城市生产空间系统	U_2 城市生活空间系统	U_3 城市发展承载系统	权重 W_i
U_1 城市生产空间系统	1.0000	1.0000	0.8187	0.3104
U_2 城市生活空间系统	1.0000	1.0000	0.8187	0.3104
U_3 城市发展承载系统	1.2214	1.2214	1.0000	0.3792

由判断矩阵 $U - U_i$ 计算出 $\lambda_{max} = 3.0004$，故

$$CR = \frac{CI}{RI} = \frac{0.0002}{0.58} = 0.0003 < 0.1$$

表明判断矩阵 $U - U_i$ 通过一致性检验。

由判断矩阵 $U_1 - e_j$ 计算出 $\lambda_{max} = 15.9688$，故

$$CR = \frac{CI}{RI} = \frac{0.0692}{1.59} = 0.0435 < 0.1$$

表明判断矩阵 $U_1 - e_j$ 通过一致性检验。

由判断矩阵 $U_2 - s_j$ 计算出 $\lambda_{max} = 15.8988$，故

$$CR = \frac{CI}{RI} = \frac{0.0642}{1.59} = 0.0404 < 0.1$$

表7-8 判断矩阵 $U_1 - e_j$

城市生产空间系统	粮食贡献度	人均粮食产量	耕地复种指数	粮食生产机械化程度	有效灌溉率	人均GDP增长率	人均社会固定资产投资率	人均财政收入	产业结构系数	粮食产值占GDP比重	高新技术产值比重	全社会劳动生产率	百元社会固定资产投资实现GDP	建成区GDP密度	单位GDP能耗	W_j
粮食贡献度	1.0000	1.2214	1.2214	1.4918	1.4918	1.8221	1.8221	2.2255	2.2255	1.4918	1.8221	2.2255	2.7183	2.7183	2.7183	0.1107
人均粮食产量	0.8187	1.0000	1.2214	1.4918	1.4918	1.8221	1.8221	2.2255	2.2255	2.7183	2.7183	2.2255	2.7183	2.7183	2.7183	0.1152
耕地复种指数	0.8187	0.8187	1.0000	1.2214	1.4918	1.8221	2.2255	2.2255	2.7183	2.2255	2.2255	2.2255	2.7183	2.7183	2.7183	0.1107
粮食生产机械化程度	0.6703	0.6703	0.8187	1.0000	1.2214	1.4918	1.8221	2.2255	2.2255	1.8221	2.2255	1.4918	1.8221	1.8221	1.4918	0.0871
有效灌溉率	0.6703	0.6703	0.6703	0.8187	1.0000	0.6703	0.6703	0.8187	0.5488	0.5488	0.4493	0.3679	0.3679	0.4493	0.4493	0.0361
人均GDP增长率	0.5488	0.5488	0.5488	0.6703	1.4918	1.0000	1.4918	1.8221	1.2214	1.4918	1.8221	2.2255	2.7183	2.7183	2.7183	0.0815
人均社会固定资产投资额	0.5488	0.5488	0.4493	0.5488	1.4918	0.6703	1.0000	1.0000	1.2214	0.8187	1.4918	0.5488	0.8187	1.8221	1.8221	0.0546
人均财政收入	0.4493	0.4493	0.4493	0.4493	1.2214	0.5488	1.0000	1.0000	2.2255	1.8221	1.4918	2.2255	2.7183	2.7183	3.3201	0.0713
产业结构系数	0.4493	0.4493	0.3679	0.4493	1.2214	0.8187	0.8187	0.4493	1.0000	1.4918	1.8221	0.5488	1.4918	0.6703	0.5488	0.0465
粮食产值占GDP比重	0.6703	0.3679	0.4493	0.5488	1.8221	0.6703	1.2214	0.5488	0.6703	1.0000	1.4918	1.2214	1.4918	1.8221	1.8221	0.0568

154

续表

城市生产空间系统	粮食贡献度	人均粮食产量	耕地复种指数	粮食生产机械化程度	有效灌溉率	人均GDP增长率	人均社会固定资产投资额	人均财政收入	产业结构系数	粮食产值占GDP比重	高新技术产值比重	全社会劳动生产率	百元社会固定资产投资实现GDP	建成区GDP密度	单位GDP能耗	W_{ij}
高新技术产值比重	0.5488	0.3679	0.4493	0.4493	2.2255	0.5488	0.6703	0.6703	0.5488	0.6703	1.0000	0.6703	0.5488	0.4493	0.5488	0.0381
全社会劳动生产率	0.4493	0.4493	0.4493	0.6703	2.7183	0.4493	1.8221	0.4493	1.8221	0.8187	1.4918	1.0000	1.8221	2.2255	2.7183	0.0632
百元社会固定资产投资实现GDP	0.3679	0.3679	0.3679	0.5488	2.7183	0.3679	1.2214	0.3679	0.6703	0.6703	1.8221	0.5488	1.0000	1.4918	1.8221	0.0465
建成区GDP密度	0.3679	0.3679	0.3679	0.5488	2.2255	0.3679	0.5488	0.3679	1.4918	0.5488	2.2255	0.4493	0.6703	1.0000	1.0000	0.0413
单位GDP能耗	0.3679	0.3679	0.3679	0.6703	2.2255	0.3679	0.5488	0.3012	1.8221	0.5488	1.8221	0.3679	0.5488	1.0000	1.0000	0.0402

表 7-9 判断矩阵 $U_2 - s_j$

城市生活空间系统	建成区绿化覆盖率	水域功能区水质达标率	空气质量指数	城市生活污水集中处理率	城市生活垃圾无害化处理率	城镇居民人均可支配收入定基指数	城镇居民恩格尔系数	人口平均预期寿命	城市人均道路面积	城市居民人均住房面积	城市用水普及率	互联网用户覆盖率	千人拥有病床数	城镇就业率	养老保险覆盖率	W_{ij}
建成区绿化覆盖率	1.0000	0.8187	0.8187	0.6703	0.6703	1.2214	1.4918	0.8187	2.2255	1.8221	0.5488	2.2255	0.4493	0.3679	0.3679	0.0545
水域功能区水质达标率	1.2214	1.0000	1.0000	1.2214	1.2214	1.4918	1.8221	1.4918	2.2255	1.8221	1.2214	3.3201	0.8187	0.5488	0.6703	0.0791
空气质量指数	1.2214	1.0000	1.0000	1.8221	2.2255	1.8221	2.2255	1.8221	2.7183	2.2255	1.8221	4.0552	0.8187	0.5488	0.6703	0.0941
城市生活污水集中处理率	1.4918	0.8187	0.5488	1.0000	1.2214	1.2214	1.8221	1.4918	2.2255	1.8221	1.8221	3.3201	0.5488	0.3679	0.4493	0.0711
城市生活垃圾无害化处理率	1.4918	0.8187	0.4493	0.8187	1.0000	1.2214	1.4918	1.4918	1.8221	1.4918	1.2214	2.7183	0.4493	0.3679	0.5488	0.0622
城镇居民人均可支配收入定基指数	0.8187	0.6703	0.5488	0.6703	0.8187	1.0000	1.4918	1.2214	1.8221	1.4918	1.4918	3.3201	0.5488	0.6703	0.8187	0.0631
城镇居民恩格尔系数	0.6703	0.5488	0.4493	0.6703	0.6703	0.6703	1.0000	1.2214	1.8221	1.4918	1.8221	2.7183	0.4493	0.5488	0.6703	0.0538

续表

城市生活空间系统	建成区绿化覆盖率	水域功能区水质达标率	空气质量指数	城市生活污水集中处理率	城市生活垃圾无害化处理率	城镇居民人均可支配收入定基指数	城镇居民恩格尔系数	人口平均预期寿命	城市人均道路面积	城市居民人均住房面积	城市用水普及率	互联网用户覆盖率	千人拥有病床数	城镇就业率	养老保险覆盖率	W_{ij}
人口平均预期寿命	1.2214	0.6703	0.5488	0.6703	0.6703	0.8187	0.8187	1.0000	1.4918	1.2214	1.8221	4.0552	1.8221	1.4918	1.8221	0.0721
城市人均道路面积	0.4493	0.4493	0.3679	0.4493	0.5488	0.5488	0.5488	0.6703	1.0000	0.8187	0.6703	1.8221	0.4493	0.3679	0.3679	0.0356
城市居民人均住房面积	0.5488	0.5488	0.4493	0.5488	0.6703	0.6703	0.6703	0.8187	1.2214	1.0000	0.8187	3.3201	0.5488	0.4493	0.4493	0.0446
城市用水普及率	1.8221	0.8187	0.5488	0.5488	0.8187	0.6703	0.5488	0.5488	1.4918	1.2214	1.0000	3.3201	0.5488	0.4493	1.4918	0.0665
互联网用户覆盖率	0.4493	0.3012	0.2466	0.3012	0.3679	0.3012	0.3679	0.2466	0.5488	0.3012	0.3012	1.0000	0.3679	0.2466	0.3012	0.0217
千人拥有病床数	2.2255	1.2214	1.2214	1.8221	2.2255	1.8221	2.2255	0.5488	2.2255	1.8221	0.4493	2.7183	1.0000	0.5488	0.6703	0.0813
城镇就业率	2.7183	1.8221	1.8221	2.7183	2.7183	1.4918	1.8221	0.6703	2.7183	2.2255	0.5488	4.0552	1.8221	1.0000	1.2214	0.1075
养老保险覆盖率	2.7183	1.4918	1.4918	2.2255	1.8221	1.2214	1.4918	0.5488	2.7183	2.2255	0.6703	3.3201	1.4918	0.8187	1.0000	0.0929

表 7-10　判断矩阵 $U_3 - b_j$

城市发展承载系统	人均耕地面积	人均水资源占有量	森林覆盖率	化肥每公顷使用折纯量	农药每公顷使用量	地膜每公顷使用量	三废综合排放率	环保投入占GDP比重	耕地水土流失治理率	固体废物综合利用率	科技研发投入占GDP比重	农业科技成果占科技成果比	全要素生产率	科研机构R&D人员全时当量	粮食生产技术推广人员人数	万人具有高等学历人数	W_{ij}
人均耕地面积	1.0000	1.2214	1.4918	1.8221	1.8221	2.2255	1.8221	2.7183	1.8221	2.2255	2.7183	2.2255	1.8221	2.2255	2.2255	3.3201	0.1133
人均水资源占有量	0.8187	1.0000	1.2214	1.4918	1.4918	1.8221	1.4918	2.2255	1.4918	1.8221	2.2255	1.8221	1.4918	1.8221	1.8221	2.7183	0.0928
森林覆盖率	0.6703	0.8187	1.0000	1.2214	1.2214	1.4918	1.2214	1.8221	1.2214	1.4918	1.8221	1.4918	1.2214	1.4918	1.4918	2.2255	0.0760
化肥每公顷使用折纯量	0.5488	0.6703	0.8187	1.0000	1.0000	1.2214	0.6703	0.5488	0.4493	0.5488	0.4493	0.3679	0.3012	0.3679	0.4493	0.8187	0.0341
农药每公顷使用量	0.5488	0.6703	0.8187	1.0000	1.0000	1.2214	0.6703	0.5488	0.4493	0.5488	0.4493	0.3679	0.3012	0.3679	0.4493	0.8187	0.0341
地膜每公顷使用量	0.4493	0.5488	0.6703	0.8187	0.8187	1.0000	0.5488	0.4493	0.3679	0.4493	0.3679	0.3012	0.2466	0.2466	0.3679	0.6703	0.0276
三废综合排放率	0.5488	0.6703	0.8187	1.4918	1.4918	1.8221	1.0000	1.2214	0.8187	1.4918	0.6703	0.8187	0.4493	0.5488	0.5488	0.6703	0.0497
环保投入占GDP比重	0.3679	0.4493	0.5488	1.8221	1.8221	2.2255	1.0000	1.0000	0.6703	1.0000	1.0000	0.8187	0.5488	0.6703	0.5488	0.8187	0.0478
耕地水土流失治理率	0.5488	0.6703	0.8187	2.2255	2.2255	2.7183	1.2214	1.4918	1.0000	1.4918	0.5488	0.6703	0.4493	0.3679	0.4493	0.6703	0.0522

续表

城市发展承载系统	人均耕地面积	人均水资源占有量	森林覆盖率	化肥每公顷使用折纯量	农药每公顷使用量	地膜每公顷使用量	三废综合排放率	环保投入占GDP比重	耕地水土流失治理率	固体废物综合利用率	科技研发投入占GDP比重	农业科技成果占科技成果比	全要素生产率	科研机构R&D人员全时当量	粮食生产技术推广人员数	万人具有高等学历人数	W_{ij}
固体废物综合利用率	0.4493	0.5488	0.6703	1.8221	1.8221	2.2255	0.6703	1.0000	0.6703	1.0000	0.4493	0.5488	0.3679	0.4493	0.4493	0.5488	0.0417
科技研发投入占GDP比重	0.3679	0.4493	0.5488	2.2255	2.2255	2.7183	1.4918	1.0000	1.8221	2.2255	1.0000	1.4918	0.5488	1.0000	1.4918	1.8221	0.0687
农业科技成果占科技成果比	0.4493	0.5488	0.6703	2.7183	2.7183	3.3201	1.2214	1.2214	1.4918	1.8221	0.6703	1.0000	0.4493	0.5488	0.6703	0.8187	0.0592
全要素生产率	0.5488	0.6703	0.8187	3.3201	3.3201	4.0552	2.2255	1.8221	2.2255	2.7183	1.8221	2.2255	1.0000	0.6703	1.8221	2.7183	0.1026
科研机构R&D人员全时当量	0.4493	0.5488	0.6703	2.7183	2.7183	4.0552	1.8221	1.4918	2.7183	2.2255	1.0000	1.8221	0.6703	1.0000	2.2255	2.2255	0.0829
粮食生产技术推广人员数	0.4493	0.5488	0.6703	2.2255	2.2255	2.7183	1.8221	1.8221	2.2255	2.2255	0.6703	1.4918	0.5488	0.6703	1.0000	1.8221	0.0705
万人具有高等学历人数	0.3012	0.3679	0.4493	1.2214	1.2214	1.4918	1.4918	1.2214	1.4918	1.8221	0.5488	1.2214	0.3679	0.4493	0.5488	1.0000	0.0467

表明判断矩阵 $U_2 - s_j$ 通过一致性检验。

由判断矩阵 $U_3 - b_j$ 计算出 $\lambda_{max} = 16.753$，故

$$CR = \frac{CI}{RI} = \frac{0.0502}{1.5943} = 0.0315 < 0.1$$

表明判断矩阵 $U_3 - b_j$ 通过一致性检验。

（2）层次总排序

根据系统层（U_1、U_2、U_3）和指标层（e_j、s_j、b_j）的计算结果，可以确定指标层（e_j、s_j、b_j）中各因素的重要性排序，即层次总排序，也就是各单项指标对目标 U 的权重，按下式计算：

$$w_{ij} = W_i \cdot W_{ij}$$

结果如表 7-11 所示。

表 7-11　南阳市发展效益综合评价体系各层次权重值（主观赋权法）

目标层	系统层	指标层	权重
栖息地导向的粮食主产区城市发展效益 U	城市生产空间系统（U_1）0.3104	粮食贡献度 e_1	0.0344
		人均粮食产量 e_2	0.0358
		耕地复种指数 e_3	0.0344
		粮食生产机械化程度 e_4	0.0270
		农田有效灌溉率 e_5	0.0112
		人均 GDP 增长率 e_6	0.0253
		人均社会固定资产投资额 e_7	0.0170
		人均财政收入 e_8	0.0221
		产业结构系数 e_9	0.0145
		粮食产值占 GDP 比重 e_{10}	0.0176
		高新技术产值比重 e_{11}	0.0118
		全社会劳动生产率 e_{12}	0.0196
		百元社会固定资产投资实现 GDP e_{13}	0.0144
		建成区 GDP 密度 e_{14}	0.0128
		单位 GDP 能耗 e_{15}	0.0125

续表

目标层	系统层	指标层	权重
栖息地导向的粮食主产区城市发展效益 U	城市生活空间系统（U_2） 0.3104	建成区绿化覆盖率 s_1	0.0169
		水域功能区水质达标率 s_2	0.0246
		空气质量指数 s_3	0.0292
		城市生活污水集中处理率 s_4	0.0221
		城市生活垃圾无害化处理率 s_5	0.0193
		城镇居民人均可支配收入定基指数 s_6	0.0196
		城镇居民恩格尔系数 s_7	0.0167
		人口平均预期寿命 s_8	0.0224
		城市人均道路面积 s_9	0.0110
		城市居民人均住房面积 s_{10}	0.0138
		城市用水普及率 s_{11}	0.0207
		互联网用户覆盖率 s_{12}	0.0067
		千人拥有病床数 s_{13}	0.0252
		养老保险覆盖率 s_{14}	0.0288
		城镇就业率 s_{15}	0.0334
	城市发展承载系统（U_3） 0.3792	人均耕地面积 b_1	0.0430
		人均水资源占有量 b_2	0.0352
		森林覆盖率 b_3	0.0288
		化肥每公顷使用折纯量 b_4	0.0129
		农药每公顷使用量 b_5	0.0129
		地膜每公顷使用量 b_6	0.0107
		三废综合排放指数 b_7	0.0188
		环保投入占 GDP 比重 b_8	0.0181
		耕地水土流失治理率 b_9	0.0198
		固体废物综合利用率 b_{10}	0.0158
		科技研发投入占 GDP 比重 b_{11}	0.0261

续表

目标层	系统层	指标层	权重
栖息地导向的粮食主产区城市发展效益 U	城市发展承载系统（U_3）0.3792	农业科技成果占科技成果比 b_{12}	0.0224
		全要素生产率 b_{13}	0.0389
		科研机构 R&D 人员全时当量 b_{14}	0.0314
		粮食生产技术推广人员数 b_{15}	0.0267
		万人具有高等学历人数 b_{16}	0.0177
合　计			1.000

3. 综合集成赋权法确定权重

根据第四章建立的综合集成确定权重系数的方法（见式 4-48），可得栖息地导向的南阳市发展效益综合评价体系各指标权重（如表 7-12 所示）。

表 7-12　栖息地导向的南阳市发展效益综合评价体系各指标权重（综合集成赋权法）

目标层	系统层	指标层	权重
栖息地导向的粮食主产区城市发展效益 U	城市生产空间系统（U_1）0.3480	粮食贡献度 e_1	0.0235
		人均粮食产量 e_2	0.0290
		耕地复种指数 e_3	0.0252
		粮食生产机械化程度 e_4	0.0282
		农田有效灌溉率 e_5	0.0109
		人均 GDP 增长率 e_6	0.0205
		人均社会固定资产投资额 e_7	0.0334
		人均财政收入 e_8	0.0397
		产业结构系数 e_9	0.0251
		粮食产值占 GDP 比重 e_{10}	0.0173
		高新技术产值比重 e_{11}	0.0161
		全社会劳动生产率 e_{12}	0.0235
		百元社会固定资产投资实现 GDP e_{13}	0.0185
		建成区 GDP 密度 e_{14}	0.0152
		单位 GDP 能耗 e_{15}	0.0218

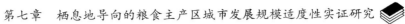

续表

目标层	系统层	指标层	权重
栖息地导向的粮食主产区城市发展效益 U	城市生活空间系统（U_2）0.2977	建成区绿化覆盖率 s_1	0.0156
		水域功能区水质达标率 s_2	0.0180
		空气质量指数 s_3	0.0177
		城市生活污水集中处理率 s_4	0.0209
		城市生活垃圾无害化处理率 s_5	0.0136
		城镇居民人均可支配收入定基指数 s_6	0.0186
		城镇居民恩格尔系数 s_7	0.0146
		人口平均预期寿命 s_8	0.0159
		城市人均道路面积 s_9	0.0145
		城市居民人均住房面积 s_{10}	0.0146
		城市用水普及率 s_{11}	0.0189
		互联网用户覆盖率 s_{12}	0.0373
		千人拥有病床数 s_{13}	0.0318
		养老保险覆盖率 s_{14}	0.0236
		城镇就业率 s_{15}	0.0220
	城市发展承载系统（U_3）0.3543	人均耕地面积 b_1	0.0277
		人均水资源占有量 b_2	0.0261
		森林覆盖率 b_3	0.0214
		化肥每公顷使用折纯量 b_4	0.0184
		农药每公顷使用量 b_5	0.0222
		地膜每公顷使用量 b_6	0.0153
		三废综合排放指数 b_7	0.0162
		环保投入占 GDP 比重 b_8	0.0219
		耕地水土流失治理率 b_9	0.0189
		固体废物综合利用率 b_{10}	0.0149
		科技研发投入占 GDP 比重 b_{11}	0.0238

续表

目标层	系统层	指标层	权重
栖息地导向的粮食主产区城市发展效益 U	城市发展承载系统（U_3） 0.3543	农业科技成果占科技成果比 b_{12}	0.0195
		全要素生产率 b_{13}	0.0243
		科研机构 R&D 人员全时当量 b_{14}	0.0431
		粮食生产技术推广人员数 b_{15}	0.0211
		万人具有高等学历人数 b_{16}	0.0196
合　计			1.000

四、栖息地导向的南阳市城市发展效益评价结果

根据第四章确定的综合评价指数计算方法（见式 4-51 和式 4-52）和各项指标 1994~2014 年的标准化数据（见表 7-3），通过计算得到栖息地导向的南阳市 1994~2014 年的发展效益综合评价指数，如表 7-13 所示。

表 7-13　栖息地导向的南阳市城市发展效益综合评价指数

年份	城市生产空间系统发展效益指数 U_1	城市生活空间系统发展效益指数 U_2	城市发展承载系统发展效益指数 U_3	城市综合发展效益指数 U
1994	0.238	0.345	0.448	0.344
1995	0.196	0.366	0.453	0.338
1996	0.236	0.376	0.362	0.322
1997	0.267	0.371	0.401	0.346
1998	0.257	0.384	0.397	0.345
1999	0.197	0.415	0.462	0.356
2000	0.222	0.438	0.465	0.372
2001	0.263	0.489	0.421	0.386
2002	0.239	0.473	0.455	0.385
2003	0.252	0.466	0.457	0.388
2004	0.363	0.441	0.512	0.439

续表

年份	城市生产空间系统发展效益指数 U_1	城市生活空间系统发展效益指数 U_2	城市发展承载系统发展效益指数 U_3	城市综合发展效益指数 U
2005	0.403	0.460	0.507	0.457
2006	0.469	0.534	0.465	0.487
2007	0.505	0.562	0.530	0.531
2008	0.559	0.559	0.527	0.548
2009	0.561	0.542	0.461	0.520
2010	0.634	0.589	0.444	0.553
2011	0.677	0.665	0.422	0.583
2012	0.689	0.621	0.438	0.580
2013	0.726	0.594	0.487	0.602
2014	0.747	0.560	0.447	0.585

由表 7-13 可以看出，南阳市 2014 年的综合发展效益低于 2013 年，原因是三个子系统的发展不平衡，且城市生活空间系统、发展承载系统的发展效益指数均出现了不同程度的下降。

第四节　栖息地导向的南阳市城市发展规模适度性测度

一、基于城市系统协调发展的南阳市城市适度发展规模测度

1. 南阳市城市协调发展度计算与分析

根据栖息地导向的南阳市城市发展效益综合评价结果（见表 7-13）和城市系统协调发展度计算方法（见式 5-3 ~式 5-8），计算出南阳市 1994～2014 年的城市协调发展度指数。本书认为栖息地导向的城市发展，城市的生产空间系统、生活空间系统、发展承载系统同等重要，对于两系统的协调

发展度计算取 $\alpha = \beta = 0.5$，$k = 2$；对于三系统的协调发展度计算取 $\alpha = \beta = \gamma = 1/3$，$k = 6$。计算结果如表 7-14 所示。

表 7-14　南阳市城市协调发展度评价结果及城市人口

年份	生产空间—生活空间系统 $U_1 - U_2$	生产空间—发展承载系统 $U_1 - U_3$	生活空间—发展承载系统 $U_2 - U_3$	生产空间—生活空间—发展承载系统 $U_1 - U_2 - U_3$	协调等级发展类型	城市人口（万人）
1994	0.5215	0.5305	0.6193	0.4356	5，濒临失调衰退	142.94
1995	0.4820	0.4808	0.6330	0.3442	4，轻度失调衰退	152.07
1996	0.5246	0.5229	0.6071	0.4720	5，濒临失调衰退	161.65
1997	0.5502	0.5551	0.6206	0.5150	6，勉强协调发展	172.20
1998	0.5438	0.5455	0.6250	0.4973	5，濒临失调衰退	182.83
1999	0.4833	0.4815	0.6602	0.3343	4，轻度失调衰退	193.90
2000	0.5131	0.5129	0.6714	0.3863		211.48
2001	0.5579	0.5537	0.6708	0.4649	5，濒临失调衰退	229.22
2002	0.5325	0.5323	0.6808	0.4169		241.64
2003	0.5463	0.5460	0.6791	0.4469		255.02
2004	0.6280	0.6421	0.6866	0.6062	7，初级协调发展	268.90
2005	0.6538	0.6655	0.6936	0.6492		283.77
2006	0.7050	0.6831	0.7032	0.6865		299.78
2007	0.7282	0.7191	0.7382	0.7234	8，中级协调发展	318.11
2008	0.7475	0.7364	0.7363	0.7380		338.32
2009	0.7424	0.7079	0.7035	0.6990	7，初级协调发展	358.27
2010	0.7810	0.7115	0.7048	0.6733		382.28
2011	0.8191	0.7013	0.7003	0.6256		405.59
2012	0.8071	0.7133	0.7058	0.6489		429.09
2013	0.8042	0.7488	0.7282	0.6894		448.13
2014	0.7919	0.7242	0.7009	0.6267		465.55

根据栖息地导向的粮食主产区城市协调发展度评价结果（见表 7-14），得到南阳市 1994~2014 年城市协调发展程度的变化趋势图，如图 7-1 所示。

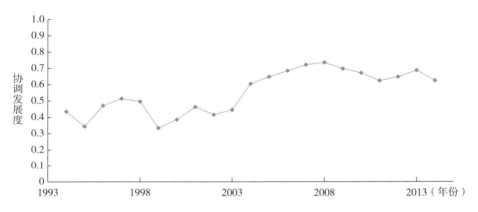

图 7-1 南阳市 1994~2014 年城市整体协调发展度变化趋势

如图 7-1 所示，自 1994~2014 年，南阳市的城市整体协调发展度呈现波动变化，2003 年之前处于（0.3，0.5）区间，2004 年之后处于（0.6，0.8）区间，2008 年的整体协调发展度为 0.7380，达到峰值。根据第五章建立的城市协调发展等级及发展类型评价标准（见表 5-1），可将南阳市的城市发展水平分为三个阶段：1994~2003 年处于轻度失调衰退型和濒临失调衰退型交替的不稳定阶段；2004~2008 年为协调发展水平明显上升阶段，其中 2004~2006 年处于初级协调发展阶段，2007~2008 年进入中级协调发展阶段；2009~2014 年为协调发展水平波动下降阶段，但仍处于初级协调发展区间。出现这种情况是由于南阳市的城市生产空间系统、生活空间系统、发展承载系统发展不平衡所致。如图 7-2 所示，南阳市的生产空间系统发展效益指数于 1994~2003 年在 0.2~0.3 之间波动，从 2004 年开始快速上升，到 2014 年达到 0.747；生活空间系统发展效益指数在 1994~2008 年呈波动式的缓慢增长，在 2009~2011 年上升较快由 0.542 增长到 0.665，但从 2012 年开始快速下降，于 2014 年降至 0.560；发展承载系统的发展效益指数于 1994~2008 年处于波动状态，整体上略有小幅上升，由 0.4 增至 0.53，自 2008 年之后明显呈下降趋势，2014 年为 0.447。

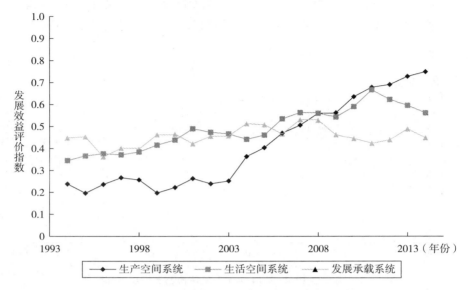

图 7-2　南阳市 1994~2014 年城市各子系统发展效益指数变化趋势

2. 基于协调发展度的南阳市适度城市发展规模测度

如上文所述，1994~2014 年南阳市的城市整体协调发展水平呈现出先升后降的波动变化特征，而根据已有的统计数据（见表 7-14），南阳市的城市人口于 1994~2014 年从 142.94 万人逐步增加到 465.55 万人，呈逐年增加的趋势，可见城市规模的发展与城市协调发展水平的变化并不同步。下面根据第五章建立的基于协调发展度的粮食主产区城市发展规模适度性测度模型（见式 5-11），利用 Eviews9.0 软件进行回归分析，对南阳市的城市适度人口规模进行测度。

（1）基于城市生产空间系统—生活空间系统协调发展度的测度

根据表 7-14 中的数据，以南阳市 1994~2014 年的城市人口规模为解释变量，以该城市生产空间系统—生活空间系统的协调发展度为被解释变量，进行回归分析，结果如表 7-15 所示。

据表 7-15 中得到的回归数据，得到南阳市基于生产空间系统—生活空间系统协调发展度的城市最优规模测度模型估计结果为：

表 7-15　南阳市生产空间系统—生活空间系统协调发展度最优模型回归系数

变量	系数	标准差	t 统计量	统计概率
C	1.158743	0.187513	6.179516	0.0000
P	-0.874693	0.211120	-4.143102	0.0007
P^2	0.358047	0.074111	4.831232	0.0002
P^3	-0.040275	0.008182	-4.922575	0.0001
R^2	0.959847	F 统计量		135.4619
调整后的 R^2	0.952762	统计概率（F 统计量）		0.000000

注：城市人口以百万人为单位，下同。

$$D_{U_1 - U_2} = -0.040P^3 + 0.358P^2 - 0.875P + 1.159 \qquad (7-1)$$

$$(0.008182)\ (0.074111)\ (0.211120)\ (0.187513)$$

$$t = (-4.922575)\ (4.831232)\ (-4.143102)\ (6.179516)$$

$$R^2 = 0.959847 \qquad \overline{R^2} = 0.952762 \qquad F = 135.4619$$

其中 $D_{U_1 - U_2}$ 为南阳市生产空间系统—生活空间系统的协调发展度，P 为城市人口数量。

由表 7-15 可知，模型及解释变量系数的显著性系数均小于 0.05，表明模型在 95% 的置信水平下显著；R^2 及调整后的 R^2 值均在 0.95 以上，表明模型的拟合度很高。对模型进行 White 检验，P = 0.267055 > 0.05，不支持模型存在异方差。对模型进行 LM 检验，不支持模型存在自相关（如表 7-16 所示）。模型通过检验。

由模型系数满足 $m < 0$、$n > 0$ 且 $w > n^2/3m$ 知，模型曲线为倒 N 形。对模型 7-1 求导，根据式（5-15），计算出两个转折点所对应的城市规模分别为 172 万人和 425 万人。用 SPSS20.0 对模型进行曲线估计，可以看出南阳市生产空间系统—生活空间系统协调发展度最大值对应曲线的第二个转折点（如图 7-3 所示）。也就是说，在当前的发展状态下，基于生产空间系统—生活空间系统协调发展度最优的南阳市城市人口规模是 425 万人。

表 7-16　南阳市生产空间系统—生活空间系统协调发展度最优模型 LM 检验结果

阶数	P 值	结果
1	0.202053	
2	0.090147	
3	0.185889	
4	0.187313	P 值均大于 0.01，不支持模型存在自相关
5	0.077142	
6	0.108890	
7	0.133995	

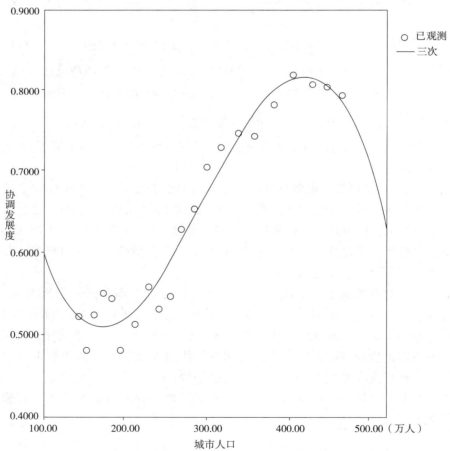

图 7-3　南阳市生产空间系统—生活空间系统协调发展度最优模型曲线估计

（2）基于城市生产空间系统—发展承载系统协调发展度的测度

根据表7-14中的数据，以南阳市1994～2014年的城市人口规模为解释变量，以该城市生产空间系统—发展承载系统的协调发展度为被解释变量，进行回归分析，结果如表7-17所示。

表7-17　南阳市生产空间系统—发展承载系统协调发展度最优模型回归系数

变量	系数	标准差	t 统计量	统计概率
C	0.888709	0.246536	3.604778	0.0022
P	−0.555703	0.277574	−2.002000	0.0615
P^2	0.246661	0.097439	2.531452	0.0215
P^3	−0.029177	0.010757	−2.712407	0.0148
R^2	0.885942	F 统计量		44.01570
调整后的 R^2	0.865814	统计概率（F 统计量）		0.000000

据表7-17中得到的回归数据，得到南阳市基于生产空间系统—发展承载系统协调发展度的城市最优规模测度模型估计结果为：

$$D_{U_1-U_3} = -0.029P^3 + 0.247P^2 - 0.556P + 0.889 \qquad (7-2)$$
$$(0.010757)\quad(0.097439)\quad(0.277574)\quad(0.246536)$$
$$t = (-2.712407)\quad(2.531452)\quad(-2.002000)\quad(3.604778)$$

$$R^2 = 0.885942 \qquad \overline{R^2} = 0.865814 \qquad F = 44.01570$$

其中 $D_{U_1-U_3}$ 为南阳市生产空间系统—发展承载系统的协调发展度，P 为城市人口数量。

由表7-17可知模型及解释变量系数的显著性系数小于0.05（一次项显著性系数为0.0615＜0.1），表明模型在90%的置信水平下显著；R^2 及调整后的 R^2 值均在0.86以上，表明模型的拟合度较高。对模型进行White检验，P＝0.590584＞0.05，不支持模型存在异方差。对模型进行LM检验，不支持模型存在自相关（如表7-18所示）。模型通过检验。

由模型系数判断，模型曲线为倒N形。对模型7-2求导，根据式5-15，计算出两个转折点所对应的城市规模分别为154万人和413万人。用SPSS20.0对模型进行曲线估计，可以看出南阳市生产空间系统—发展承载系统协调发展度最大值对应曲线的第二个转折点（如图7-4所示）。也就是

表 7-18　南阳市生产空间系统—发展承载系统协调发展度最优模型 LM 检验结果

阶数	P 值	结果
1	0.053390	
2	0.049741	
3	0.110315	
4	0.067694	P 值均大于 0.01，不支持模型存在自相关
5	0.017699	
6	0.027539	
7	0.031547	

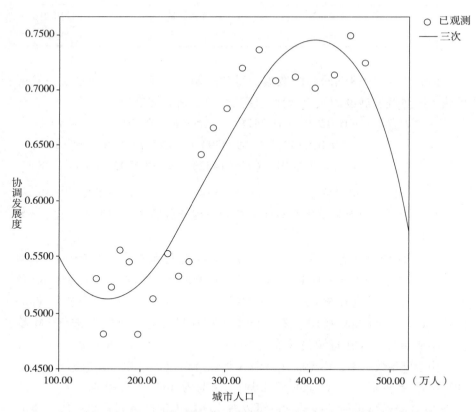

图 7-4　南阳市生产空间系统—发展承载系统协调发展度最优模型曲线估计

说，在当前发展状态下，基于生产空间系统—发展承载系统协调发展度最优的南阳市城市人口规模是413万人。

（3）基于城市生活空间系统—发展承载系统协调发展度的测度

根据表7-14中的数据，以南阳市1994～2014年的城市人口规模为解释变量，以该城市生活空间系统—发展承载系统的协调发展度为被解释变量，进行回归分析，结果如表7-19所示。

表7-19　南阳市生活空间系统—发展承载系统协调发展度假设模型回归系数

变量	系数	标准差	t统计量	统计概率
C	0.451274	0.105152	4.291617	0.0005
P	0.131377	0.118391	1.109692	0.2826
P²	−0.013934	0.041559	−0.335271	0.7415
P³	−0.000575	0.004588	−0.125244	0.9018

由表7-19看出，三次函数模型不显著，需要进行修正。修正后的回归结果如表7-20所示。

表7-20　南阳市生活空间系统—发展承载系统协调发展度最优模型（修正后）回归系数

变量	系数	标准差	t统计量	统计概率
C	0.438692	0.030197	14.52766	0.0000
P	0.145935	0.021871	6.672568	0.0000
P²	−0.019118	0.003618	−5.284187	0.0001
R²	0.875562	F统计量		63.32510
调整后的 R²	0.861735	统计概率（F统计量）		0.000000

据表7-20中得到的回归数据，得到南阳市基于生活空间系统—发展承载系统协调发展度的城市最优规模测度模型估计结果为：

$$D_{U_2-U_3} = -0.019P^2 + 0.146P + 0.439 \qquad (7-3)$$
$$(0.003618)\ (0.021871)\ (0.030197)$$
$$t = (-5.284187)\ (6.672568)\ (14.52766)$$
$$R^2 = 0.875562 \qquad \overline{R}^2 = 0.861735 \qquad F = 63.32510$$

其中 $D_{U_2-U_3}$ 为南阳市生活空间系统—发展承载系统的协调发展度，P 为城市人口数量。

由表 7-20 可知模型及解释变量系数的显著性系数均小于 0.05，表明模型在 95% 的置信水平下显著；R^2 及调整后的 R^2 值均在 0.86 以上，表明模型的拟合度很好。对模型进行 White 检验，P = 0.332169 > 0.05，不支持模型存在异方差。对模型进行 LM 检验，不支持模型存在自相关（如表 7-21 所示）。模型通过检验。

表 7-21　南阳市生活空间系统—发展承载系统协调发展度最优模型 LM 检验结果

阶数	P 值	结果
1	0.271864	
2	0.085935	
3	0.072913	
4	0.057579	P 值均大于 0.01，不支持模型存在自相关
5	0.100031	
6	0.113306	
7	0.158688	

由模型系数判断，模型曲线为倒 U 形。对模型 7-3 求导，根据式 5-14，计算出转折点所对应的城市规模为 384 万人。用 SPSS20.0 对模型进行曲线估计（如图 7-5 所示），可以看出南阳市生活空间系统—发展承载系统协调发展度最大值对应于曲线的转折点。也就是说，在当前发展状态下，基于生活空间系统—发展承载系统协调发展度最优的南阳市城市人口规模是 384 万人。

（4）基于城市系统整体协调发展度的测度

根据表 7-14 中的数据，以南阳市 1994～2014 年的城市人口规模为解释变量，以该城市系统的整体协调发展度为被解释变量，进行回归分析，结果如表 7-22 所示。

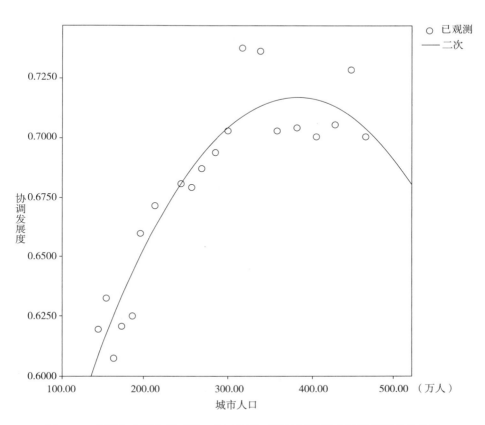

图 7-5　南阳市生活空间系统—发展承载系统协调发展度最优模型曲线估计

表 7-22　南阳市城市系统整体协调发展度假设模型回归系数

变量	系数	标准差	t 统计量	统计概率
C	1.135332	0.501361	2.264500	0.0369
P	-1.022156	0.564480	-1.810793	0.0879
P^2	0.444295	0.198153	2.242186	0.0386
P^3	-0.053659	0.021876	-2.452926	0.0253

　　由表 7-22 看出，模型的一次项系数不显著，需要进行修正。修正后的回归结果如表 7-23 所示。

表 7-23　南阳市城市系统整体协调发展度最优模型（修正后）回归系数

变量	系数	标准差	t 统计量	统计概率
P^2	0.063467	0.025469	2.491954	0.0233
P^3	−0.011776	0.004661	−2.526543	0.0217
D（−1）	0.638091	0.162282	3.931988	0.0011
R^2	0.769318	F 统计量		28.34720
调整后的 R^2	0.742179	统计概率（F 统计量）		0.000004

据表 7-23 中得到的回归数据，得到南阳市基于城市系统整体协调发展度的城市最优规模测度模型估计结果为：

$$D_t = -0.012P_t^3 + 0.063P_t^2 + 0.638D_{t-1} \qquad (7-4)$$
$$(0.004661)\ (0.025469)\ (0.162282)$$
$$t = (-2.526543)\ (2.491954)\ (3.931988)$$
$$R^2 = 0.769318 \qquad \overline{R^2} = 0.742179 \qquad F = 28.34720$$

其中 D_t 为第 t 年的城市系统整体协调发展度，D_{t-1} 为第 t−1 年的城市系统整体协调发展度，P_t 为第 t 年的城市人口数量。

由表 7-23 可知，模型及解释变量系数的显著性系数均小于 0.05，表明模型在 95% 的置信水平下显著。R^2 及调整后的 R^2 值表明模型的拟合度较好。对模型进行 White 检验，P = 0.513614 > 0.05，不支持模型存在异方差。对模型进行 LM 检验，不支持模型存在自相关（如表 7-24 所示）。模型通过检验。

表 7-24　南阳市城市系统整体协调发展度最优模型 LM 检验结果

阶数	P 值	结果
1	0.484018	
2	0.235565	
3	0.375594	
4	0.525673	P 值均大于 0.01，不支持模型存在自相关
5	0.209948	
6	0.235640	
7	0.247402	

利用 Eviews9.0 软件对模型曲线进行预测分析，可以看出南阳市城市系统整体协调发展度在 2010~2011 年间达到最优（如图 7-6 所示），对应城市人口约为 386 万人。

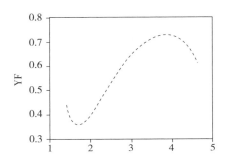

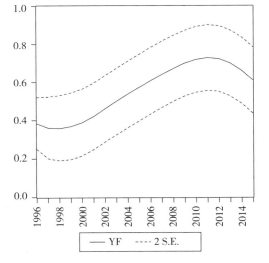

图 7-6　南阳市城市系统整体协调发展度最优模型曲线估计

3. 基于协调发展度的南阳市城市发展规模适度性分析

上节基于南阳市城市系统的整体协调发展度及子系统两两的协调发展度对城市规模适度性进行了分析，分别计算出了其所对应的最优城市人口规模，将结果整理汇总如表 7-25 所示。

由表 7-25 可知，南阳市基于城市系统协调发展的适度城市人口规模为 384 万~425 万人，基于城市系统整体协调发展度最优的城市人口规模为

386 万人。测度结果验证了第五章对栖息地导向的粮食主产区城市发展规模适度性测度模型的理论假设。

表 7-25　基于协调发展度的南阳市城市发展规模适度性测度结果

协调发展度	模型形式	模型曲线形状	最优城市人口规模（万人）
生产空间系统—生活空间系统	三次函数	倒 N 形	425
生产空间系统—发展承载系统	三次函数	倒 N 形	413
生活空间系统—发展承载系统	二次函数	倒 U 形	384
城市整体系统	三次函数（含动态修正项）	倒 N 形	386

二、基于综合发展效益优化的南阳市城市适度发展规模测度

上节基于城市系统协调发展度优化原则测度了南阳市适度城市人口规模，本节基于城市综合发展效益优化原则进行测度，与上文结果作以比较和验证。

1. 基于综合发展效益的南阳市适度城市发展规模测度

根据第五章建立的基于综合发展效益的粮食主产区城市发展规模适度性测度模型（见式 5-16），利用 Eviews9.0 软件进行回归分析，对南阳市的适度城市人口规模进行测度。

（1）基于城市生产空间系统发展效益的测度

根据栖息地导向的南阳市发展效益综合评价指数（见表 7-13），以南阳市 1994~2014 年的城市人口规模（见表 7-14）为解释变量，以该城市生产空间系统的发展效益指数为被解释变量，进行回归分析，结果如表 7-26 所示。

据表 7-26 中得到的回归数据，得到南阳市基于生产空间系统发展效益的城市最优规模测度模型估计结果为：

$$U_1 = -0.048P^3 + 0.459P^2 - 1.174P + 1.125 \tag{7-5}$$
$$(0.009988)\ (0.090478)\ (0.257744)\ (0.228924)$$
$$t = (-4.844358)\ (5.074035)\ (-4.556435)\ (4.915729)$$

$$R^2 = 0.976801 \qquad \overline{R^2} = 0.972707 \qquad F = 238.5999$$

表 7-26　南阳市生产空间系统发展效益最优模型回归系数

变量	系数	标准差	t 统计量	统计概率
C	1.125327	0.228924	4.915729	0.0001
P	−1.174394	0.257744	−4.556435	0.0003
P^2	0.459086	0.090478	5.074035	0.0001
P^3	−0.048388	0.009988	−4.844358	0.0002
R^2	0.976801	F 统计量		238.5999
调整后的 R^2	0.972707	统计概率（F 统计量）		0.000000

注：城市人口以百万人为单位，下同。

其中，U_1 为南阳市生产空间系统的发展效益，P 为城市人口数量。

由表 7-26 可知，模型及解释变量系数的显著性系数均小于 0.05，表明模型在 95% 的置信水平下显著；R^2 及调整后的 R^2 值均在 0.97 以上，表明模型的拟合度很高。对模型进行 White 检验，P = 0.588818 > 0.05，不支持模型存在异方差。对模型进行 LM 检验，不支持模型存在自相关（如表 7-27 所示）。模型通过检验。

表 7-27　南阳市生产空间系统发展效益最优模型 LM 检验结果

阶数	P 值	结果
1	0.090735	
2	0.082694	
3	0.169641	
4	0.170345	P 值均大于 0.01，不支持模型存在自相关
5	0.038663	
6	0.062478	
7	0.080877	

由模型系数满足 $\alpha < 0$、$\beta > 0$ 且 $\gamma > \beta^2/3\alpha$ 知，模型曲线为倒 N 形。对模型 7-5 求导，根据式 5-18，计算出两个转折点所对应的城市规模分别为 177 万人和 460 万人。用 SPSS20.0 对模型进行曲线估计，可以看出南阳市生产空间系统发展效益最大值对应曲线的第二个转折点（如图 7-7 所示）。也就是说，在当前发展状态下，基于生产空间系统发展效益最优的南阳市城市人口规模是 460 万人。

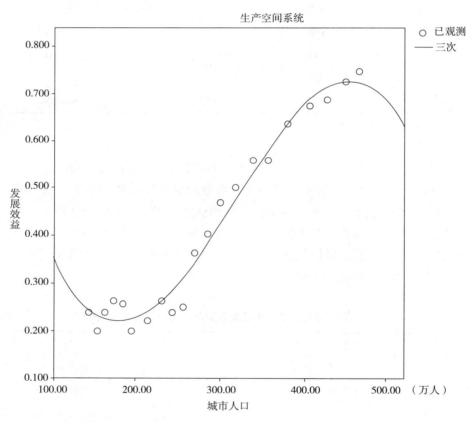

图 7-7 南阳市生产空间系统发展效益最优模型曲线估计

（2）基于城市生活空间系统发展效益的测度

根据栖息地导向的南阳市发展效益综合评价指数（见表 7-13），以南阳市 1994~2014 年的城市人口规模为解释变量，以城市生活空间系统的发展效益指数为被解释变量，进行回归分析，结果如表 7-28 所示。

表 7-28　南阳市生活空间系统发展效益假设模型回归系数

变量	系数	标准差	t 统计量	统计概率
C	0.436351	0.206282	2.115314	0.0495
P	−0.196876	0.232251	−0.847684	0.4084
P²	0.122948	0.081529	1.508038	0.1499
P³	−0.015842	0.009001	−1.760155	0.0964

由表 7-28 看出，三次函数模型不显著，需要进行修正。修正后的回归结果如表 7-29 所示。

表 7-29　南阳市生活空间系统发展效益最优模型（修正后）回归系数

变量	系数	标准差	t 统计量	统计概率
P	0.268106	0.009016	29.73771	0.0000
P²	−0.030148	0.002496	−12.08036	0.0000
R²	0.890418	F 统计量		154.3862
调整后的 R²	0.884651	统计概率（F 统计量）		0.000000

据表 7-29 中得到的回归数据，得到南阳市基于生活空间系统发展效益的城市最优规模测度模型估计结果为：

$$U_2 = -0.030P^2 + 0.268P \tag{7-6}$$

$$(0.002496)\quad(0.009016)$$

$$t = (-12.08036)\quad(29.73771)$$

$$R^2 = 0.890418 \qquad \overline{R^2} = 0.884651 \qquad F = 154.3862$$

其中，U_2 为南阳市生活空间系统的发展效益，P 为城市人口数量。

由表 7-29 可知模型及解释变量系数的显著性系数均小于 0.05，表明模型在 95% 的置信水平下显著；R^2 及调整后的 R^2 值均在 0.88 以上，表明模型的拟合度很好。对模型进行 White 检验，P = 0.646040 > 0.05，不支持模型存在异方差。对模型进行 LM 检验，不支持模型存在自相关（如表 7-30 所示）。模型通过检验。

表7-30　南阳市生活空间系统发展效益最优模型 LM 检验结果

阶数	P 值	结果
1	0.034226	
2	0.032501	
3	0.032495	
4	0.048560	P 值均大于 0.01，不支持模型存在自相关
5	0.086775	
6	0.045557	
7	0.062646	

由模型系数判断，模型曲线为倒 U 形。对模型 7-6 求导，根据式 5-17，计算出转折点所对应的城市人口规模为 447 万人。也就是说，在当前发展状态下，基于生活空间系统发展效益最优的南阳市城市人口规模是 447万人。

（3）基于城市发展承载系统发展效益的测度

根据栖息地导向的南阳市发展效益综合评价指数（见表 7-13），以南阳市 1994~2014 年的城市人口规模为解释变量，以该城市发展承载系统的发展效益指数为被解释变量，进行回归分析，结果如表 7-31 所示。

表7-31　南阳市发展承载系统发展效益假设模型回归系数

变量	系数	标准差	t 统计量	统计概率
C	0.259159	0.261944	0.989370	0.3364
P	0.124082	0.294921	0.420731	0.6792
P^2	−0.013573	0.103528	−0.131109	0.8972
P^3	−0.001041	0.011429	−0.091112	0.9285

由表 7-31 看出，三次函数模型不显著，需要进行修正。修正后的回归结果如表 7-32 所示。

据表 7-32 中得到的回归数据，得到南阳市基于发展承载系统发展效益的城市最优规模测度模型估计结果为：

表 7-32　南阳市发展承载系统发展效益最优模型（修正后）回归系数

变量	系数	标准差	t 统计量	统计概率
C	0.236358	0.075207	3.142764	0.0056
P	0.150464	0.054470	2.762309	0.0128
P^2	-0.022968	0.009011	-2.549013	0.0201
R^2	0.738996	F 统计量		4.615658
调整后的 R^2	0.765551	统计概率（F 统计量）		0.024090

$$U_3 = -0.0230P^2 + 0.1505P + 0.2364 \qquad (7-7)$$
$$(0.009011)\ (0.054470)\ (0.075207)$$
$$t = (-2.549013)\ (2.762309)\ (3.142764)$$

$$R^2 = 0.738996 \qquad \overline{R^2} = 0.765551 \qquad F = 4.615658$$

其中 U_3 为南阳市发展承载系统的发展效益，P 为城市人口数量。

由表 7-32 可知，模型及解释变量系数的显著性系数均小于 0.05，表明模型在 95% 的置信水平下显著；R^2 及调整后的 R^2 值表明模型的拟合度较好。对模型进行 White 检验，P = 0.099667 > 0.05，不支持模型存在异方差。对模型进行 LM 检验，不支持模型存在自相关（如表 7-33 所示）。模型通过检验。

由模型系数判断，模型曲线为倒 U 形。对模型 7-7 求导，根据式 5-17，计算出转折点所对应的城市人口规模为 327 万人。也就是说，在当前发展状态下，基于发展承载系统发展效益最优的南阳市城市人口规模是 327 万人。

表 7-33　南阳市发展承载系统发展效益最优模型 LM 检验结果

阶数	P 值	结果
1	0.363090	
2	0.216957	
3	0.321660	
4	0.391854	P 值均大于 0.01，不支持模型存在自相关
5	0.390477	
6	0.211268	
7	0.227138	

（4）基于城市系统综合发展效益的测度

根据栖息地导向的南阳市发展效益综合评价指数（见表7-13），以南阳市1994~2014年的城市人口规模为解释变量，以该城市整个城市系统的综合发展效益指数为被解释变量，进行回归分析，结果如表7-34所示。

表7-34 南阳市城市系统综合发展效益最优模型回归系数

变量	系数	标准差	t 统计量	统计概率
C	0.614486	0.112854	5.444979	0.0000
P	−0.424540	0.127061	−3.341222	0.0039
P^2	0.191957	0.044603	4.303667	0.0005
P^3	−0.021967	0.004924	−4.461128	0.0003
R^2	0.977866	F 统计量		250.3508
调整后的 R^2	0.973960	统计概率（F 统计量）		0.000000

据表7-34中得到的回归数据，得到南阳市基于城市系统综合发展效益的城市最优规模测度模型估计结果为：

$$U = -0.022P^3 + 0.192P^2 - 0.425P + 0.614 \qquad (7-8)$$
$$(0.004924) \quad (0.044603) \quad (0.127061) \quad (0.112854)$$
$$t = (-4.461128) \quad (4.303667) \quad (-3.341222) \quad (5.444979)$$

$$R^2 = 0.977866 \qquad \overline{R^2} = 0.973960 \qquad F = 250.3508$$

其中 U 为南阳市城市系统的综合发展效益，P 为城市人口数量。

由表7-34可知，模型及解释变量系数的显著性系数均小于0.05，表明模型在95%的置信水平下显著；R^2 及调整后的 R^2 值均在0.97以上，表明模型的拟合度很高。对模型进行 White 检验，P=0.122004>0.05，不支持模型存在异方差。对模型进行 LM 检验，不支持模型存在自相关（如表7-35所示）。模型通过检验。

由模型系数判断，模型曲线为倒 N 形。对模型7-8求导，根据式5-18，计算出两个转折点所对应的城市规模分别为149万人和433万人。用SPSS20.0对模型进行曲线估计，可以看出南阳市城市系统综合发展效益最大值对应曲线的第二个转折点（如图7-8所示）。也就是说，在当前发展状态下，基于城市系统综合发展效益最优的南阳市城市人口规模是433万人。

表 7-35　南阳市城市系统综合发展效益最优模型 LM 检验结果

阶数	P 值	结果
1	0.248969	
2	0.194144	
3	0.304157	
4	0.027354	P 值均大于 0.01，不支持模型存在自相关
5	0.021008	
6	0.038254	
7	0.026028	

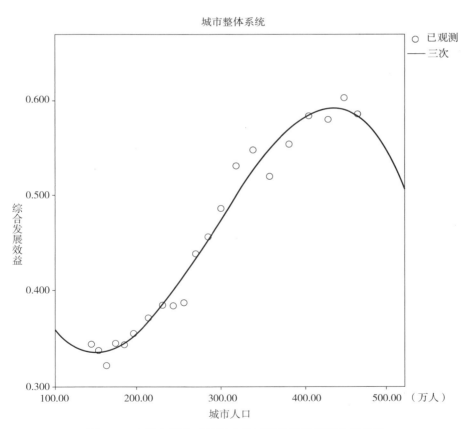

图 7-8　南阳市城市系统综合发展效益最优模型曲线估计

2. 基于综合发展效益的南阳市城市发展规模适度性分析

上节基于南阳市城市系统整体的综合发展效益及各子系统的发展效益对城市规模适度性进行了分析，分别计算出了其所对应的最优城市人口规模，将结果整理汇总如表 7-36 所示。

表 7-36　基于发展效益的南阳市城市发展规模适度性测度结果

发展效益	模型形式	模型曲线形状	最优城市人口规模（万人）
生产空间系统	三次函数	倒 N 形	460
生活空间系统	二次函数	倒 U 形	447
发展承载系统	二次函数	倒 U 形	327
城市整体系统	三次函数	倒 N 形	433

由表 7-36 可知，南阳市基于城市系统发展效益优化的适度城市人口规模为 327 万 ~ 460 万人，基于城市系统综合发展效益最优的城市人口规模为 433 万人。测度结果验证了第五章对栖息地导向的粮食主产区城市发展规模适度性测度模型的理论假设，并且与基于城市系统协调发展的测度结果相吻合（两种模型测度高值的误差系数为 0.076，小于 0.1）。

三、栖息地导向的南阳市城市适度发展规模确定

1. 两种测度模型的分析比较

上文基于栖息地导向，根据城市系统协调发展度最优化和城市系统发展效益最大化分别测度了南阳市的适度城市发展规模。测度结果为能够保持南阳市城市系统协调发展的城市人口规模为 384 万 ~ 425 万人，其中保持城市系统整体协调发展度最优的城市人口规模为 386 万人；能够实现南阳市城市发展效益优化的城市人口规模为 327 万 ~ 460 万人，其中实现城市系统整体发展效益最大化的城市人口规模为 433 万人。根据已知的测度结果，结合南阳市的实际发展情况（表 7-37），对两种测度模型进行比较和分析如下：

表 7-37　南阳市 1994~2014 年发展情况统计

年份	城市系统整体协调发展度	城市综合发展效益指数	协调等级与发展类型	城市人口（万人）
1994	0.4356	0.344	5，濒临失调衰退	142.94
1995	0.3442	0.338	4，轻度失调衰退	152.07
1996	0.4720	0.322	5，濒临失调衰退	161.65
1997	0.5150	0.346	6，勉强协调发展	172.20
1998	0.4973	0.345	5，濒临失调衰退	182.83
1999	0.3343	0.356	4，轻度失调衰退	193.90
2000	0.3863	0.372		211.48
2001	0.4649	0.386	5，濒临失调衰退	229.22
2002	0.4169	0.385		241.64
2003	0.4469	0.388		255.02
2004	0.6062	0.439	7，初级协调发展	268.90
2005	0.6492	0.457		283.77
2006	0.6865	0.487		299.78
2007	0.7234	0.531	8，中级协调发展	318.11
2008	0.7380	0.548		338.32
2009	0.6990	0.520	7，初级协调发展	358.27
2010	0.6733	0.553		382.28
2011	0.6256	0.583		405.59
2012	0.6489	0.580		429.09
2013	0.6894	0.602		448.13
2014	0.6267	0.585		465.55

1）从测得的南阳市适度城市人口规模的范围来看，根据城市系统协调发展测度比根据城市发展效益优化测度得到的范围小。前者跨度为 41 万人，后者跨度为 133 万人，表明根据城市系统协调发展测度精度较高。

2）从测得的南阳市最优城市人口规模与适度城市人口规模范围的关系来看，根据城市系统协调发展测得的最优人口规模（386 万人）位于适度人口规模范围（384 万~425 万人）的低值，由两两协调发展度最低的生活空间系统—发展承载系统所决定，短板效应非常明显。根据城市发展效益优化测得的最优人口规模（433 万人）约为通过三个子系统分别测得的最优规模的平均值，没有显示出短板效应。

3）从测度结果的时效性来看，根据南阳市城市系统协调发展测得的适度人口规模对应于该城市 2010~2012 年的发展情况，最优规模为其 2010 年末的城市人口规模。根据南阳市城市发展效益优化测得的适度人口规模对应于该城市 2008~2013 年的发展情况，最优规模为其 2012 年末的城市人口规模。可见，依据城市系统协调发展的测度时效性更强。

4）从对南阳市城市系统整体测度的模型来看，虽然两种模型都与城市人口规模的三次方负相关、与城市人口规模的二次方正相关。但是，根据城市系统整体协调发展度的测度模型经过修正与前一期的城市整体协调发展度正相关（见式 7-4），根据城市综合发展效益的测度不具有这种特点（见式 7-8）。表明城市前一期的协调发展情况对后一期的影响较大，而城市前一期的综合发展效益对后一期的影响没有那么明显。因此，根据城市系统整体协调发展度的测度具有明显的动态性。

综上所述，基于栖息地导向测度城市适度发展规模，城市系统协调发展度优化模型相对于城市综合发展效益优化模型，具有精度高、时效性强、动态性明显、短板效应突出的优点。原因在于：城市在发展过程中，由于资源配置失衡，首先带来各子系统发展的不协调，直接导致城市各子系统之间及系统整体的协调发展度降低，进而引起综合发展效益下降。在城市系统协调发展度下降的初期，城市发展效益的变化并不明显。在城市系统协调发展度降低到一定程度时，城市的发展效益开始明显下降。模型比较结果验证了第五章对栖息地导向的粮食主产区城市发展过程的理论假设。

$$D_t = -0.012P_t^3 + 0.063P_t^2 + 0.638D_{t-1} \qquad (7-4)$$

$$U = -0.022P^3 + 0.192P^2 - 0.425P + 0.614 \qquad (7-8)$$

2. 南阳市适度城市人口规模的确定

南阳市 1994~2014 年的发展情况（见表 7-37）显示：1998 年之前该城市的发展状态不稳定，从 1999~2009 年，随着城市规模的扩大，城市系统的整体协调发展度和城市综合发展效益持续上升，城市处于协调快速发展时期。至 2010 年末，该城市人口达到 382.28 万人，基本达到城市整体协调发展度最优的人口规模（386 万人），2010 年之后城市系统的协调发展度开始出现不稳定并且整体呈下降趋势。到 2012 年末，城市人口达到 429.09 万人，超出基于协调发展度的城市适度人口规模上限（425 万人），城市的协调发展度在 2014 迅速降低。但是，在 2012 年之前，由于南阳市还没有达到基于城市综合发展效益最优的人口规模（433 万人），该城市的综合发展效益指数仍在继续增加。到 2014 年末，城市人口达到 465.55 万人，超出基于城市发展效益的适度人口规模上限（460 万人），综合发展效益指数出现明显下降。

根据上述分析，基于城市系统协调发展的测度，具有精度高、时效性强、动态性明显、短板效应突出的优势，利于城市及时发现问题，调整发展方式，弥补短板。同时，如果城市的综合发展效益在上升范围内，扩大城市规模能够带来正效益，此时的城市规模仍然是可以接受的。因此，实践中可采用两种模型测度相结合的办法来确定城市的适度发展规模：

1）本书认为栖息地导向的南阳市适度城市人口规模为 386 万～433 万人（见式 5-19），低值为城市系统整体协调发展度对应的最优城市规模，高值为城市综合发展效益对应的最优城市规模。在适度城市人口规模范围内，城市的整体协调发展度开始下降，但综合发展效益仍在上升（如图 7-9 所示）。在适度城市人口规模区间的左侧，城市的协调发展度和综合发展效益均处在尚未达到最优的上升状态，城市规模存在发展空间。在适度城市人口规模区间的右侧，城市的协调发展度和综合发展效益均处在已越过最优的下降状态，城市规模表现为发展过度。这时可再细分为两种情况：如果未超出城市发展效益所允许的最大人口规模，认为处于可接受状态；如果超出城市发展效益所允许的最大人口规模，认为城市人口规模过度已经严重。以南阳市为例，433 万～460 万人为其可接受区间，其城市人口规模至 2014 年已处于可接受的临界状态，随后其协调发展度和综合发展效益均快速下降。

2）由于南阳市的城市综合发展效益增长较慢，导致其与城市整体协调发展度曲线的交点落在适度城市人口规模范围之外。本书选取两种模型测得的最优城市人口规模的均值为南阳市的最优规模，约为 410 万人，对应于其 2011～2012 年的发展状态。此时城市发展的协调性和综合效益均实现优化，为保持栖息地导向的良性发展，城市应在及时控制人口规模的同

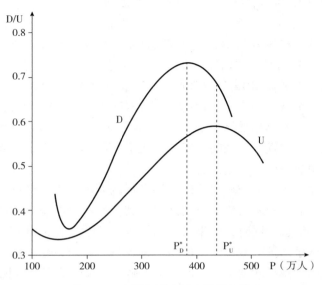

图 7-9 南阳市适度城市发展规模

时，通过发展方式的转变提升来调整人口的适度增长，从而达到可持续发展。

第五节 栖息地导向的南阳市城市适度发展影响因素分析与趋势预测

一、栖息地导向的南阳市适度城市发展规模影响因素分析确定

1. 南阳市城市系统整体发展情况分析

根据已计算出的栖息地导向的南阳市发展效益综合评价指数（见表 7-13），绘出南阳市 1994～2014 年的城市发展效益变化趋势图（如图 7-10 所示）。

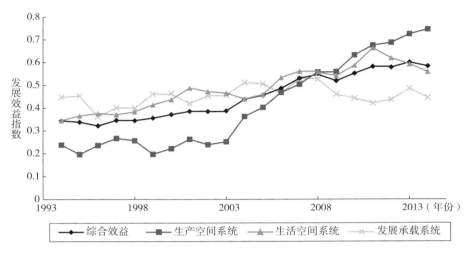

图 7-10 南阳市 1994~2014 年城市发展效益变化趋势

如图 7-10 所示，1994~2014 年，除发展承载系统之外，南阳市的综合发展效益指数、生产空间系统发展效益指数、生活空间系统发展效益指数都有不同幅度上升。综合发展效益指数，由 0.3 上升至 0.6，上升速度适中。生产空间系统发展效益指数，2003 年之前在 0.2~0.3 之间波动，2003~2014 年由 0.25 上升至 0.75，上升速度较快。生活空间系统发展效益指数于 1994~2011 年由 0.35 波动上升至 0.67，2011 年后又快速下降，降至 0.56，相当于 2007 年和 2008 年的水平。发展承载系统发展效益指数仅 2007 年和 2008 年达到 0.53，其他年份基本上都在 0.4~0.5 之间波动，变化不大。

由图 7-10 可知，1994~2014 年，南阳市的城市系统发展是不平衡的。①生产空间系统起点最低，但发展最快：其发展效益指数在 2008 年之前低于生活空间系统、发展承载系统，但差距在逐步缩小。在 2008 年之后超过了生活空间系统、发展承载系统，并且差距逐步拉大。②生活空间系统发展总体处于中间水平：其发展效益指数在 2008 年之前基本低于发展承载系统，高于生产空间系统。在 2008 年之后，转变为低于生产空间系统，高于发展承载系统。其发展水平始终介于生产空间系统和发展承载系统之间。③发展承载系统起点最高，但基本没有发展：其发展效益指数由 2006 年之前高于生产空间系统和生活空间系统，到 2006~2008 年与生产空间系统和生活空间系统基本同步，再到 2008 年之后远远落后于生产空间系统和生活空间系统。

综合上述分析，可以得出如下结论：南阳市的"生产空间系统发展>生活空间系统发展>发展承载系统发展"，即发展战略显示出"效率>宜居>生态"的显著特征。由于发展承载系统的发展明显滞后，在 2008 年之后，其发展效益指数远低于生产空间系统和生活空间系统的效益指数，其与这两个子系统的协调发展度也均低于生产空间系统—生活空间系统的协调发展度，最终导致了城市系统的综合发展效益（见图 7-10）和整体协调发展度（如图 7-11 所示）降低，明显成为制约城市系统发展的短板因素，限制了城市适度发展规模。

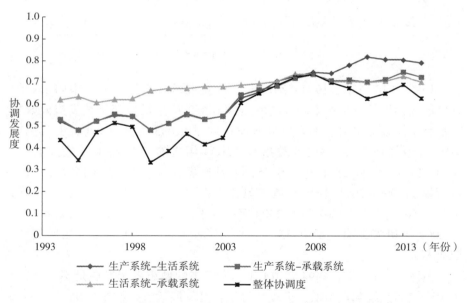

图 7-11　南阳市 1994~2014 年城市系统协调发展度变化趋势

2. 南阳市生产空间子系统发展情况分析

对表 7-37 中统计的南阳市城市人口按式 4-49 进行标准化处理，结合表 7-3 中的南阳市生产空间子系统各指标标准化值，建立南阳市生产空间子系统各指标与城市人口的灰色关联分析数据表，如表 7-38 所示。

表7-38 南阳市1994~2014年生产空间子系与城市人口灰色关联分析数据

年份	e_1	e_2	e_3	e_4	e_5	e_6	e_7	e_8	e_9	e_{10}	e_{11}	e_{12}	e_{13}	e_{14}	e_{15}	城市人口
1994	0.312	0.124	0.032	0.000	0.000	0.988	0.000	0.000	0.363	0.980	0.000	0.000	0.919	0.498	0.000	0.000
1995	0.073	0.000	0.000	0.018	0.051	1.000	0.012	0.012	0.250	0.873	0.034	0.032	0.780	0.432	0.020	0.028
1996	0.296	0.359	0.120	0.033	0.215	0.632	0.020	0.009	0.183	0.957	0.063	0.077	0.766	0.366	0.039	0.058
1997	0.474	0.461	0.234	0.075	0.280	0.575	0.030	0.021	0.138	1.000	0.103	0.105	0.706	0.300	0.059	0.091
1998	0.436	0.503	0.296	0.081	0.530	0.197	0.028	0.023	0.047	0.982	0.149	0.103	0.795	0.238	0.079	0.124
1999	0.000	0.065	0.214	0.121	0.747	0.101	0.022	0.033	0.048	0.893	0.191	0.110	1.000	0.176	0.099	0.158
2000	0.207	0.054	0.465	0.156	0.843	0.000	0.030	0.039	0.053	0.844	0.232	0.126	0.865	0.115	0.119	0.212
2001	0.442	0.186	0.515	0.155	0.769	0.248	0.041	0.046	0.024	0.857	0.276	0.161	0.756	0.066	0.139	0.267
2002	0.496	0.230	0.202	0.186	0.523	0.223	0.049	0.034	0.000	0.826	0.379	0.191	0.713	0.000	0.147	0.306
2003	0.444	0.045	0.352	0.207	0.599	0.362	0.068	0.050	0.100	0.618	0.460	0.228	0.616	0.115	0.186	0.347
2004	0.626	0.354	0.470	0.275	0.648	0.765	0.092	0.073	0.053	0.646	0.552	0.304	0.567	0.436	0.334	0.390
2005	0.617	0.393	0.735	0.318	0.655	0.537	0.138	0.089	0.107	0.555	0.634	0.374	0.435	0.507	0.613	0.437
2006	0.890	0.671	0.884	0.370	0.709	0.558	0.193	0.136	0.149	0.507	0.770	0.440	0.318	0.269	0.630	0.486
2007	1.000	0.756	0.699	0.462	0.720	0.538	0.268	0.186	0.291	0.413	0.839	0.517	0.233	0.348	0.676	0.543
2008	0.944	0.821	1.000	0.620	0.765	0.347	0.345	0.217	0.369	0.350	0.793	0.626	0.193	0.546	0.714	0.606
2009	0.983	0.842	0.512	0.705	0.839	0.217	0.446	0.276	0.473	0.286	0.805	0.648	0.117	0.758	0.767	0.667
2010	0.919	0.846	0.583	0.730	0.879	0.332	0.538	0.424	0.599	0.224	1.000	0.746	0.097	1.000	0.839	0.742
2011	0.835	0.878	0.602	0.763	0.886	0.414	0.570	0.649	0.728	0.149	0.885	0.836	0.118	0.969	0.873	0.814
2012	0.831	0.960	0.605	0.831	0.906	0.377	0.707	0.772	0.823	0.091	0.793	0.884	0.066	0.295	0.928	0.887
2013	0.796	0.972	0.615	0.873	0.919	0.206	0.851	0.871	0.907	0.047	0.851	0.978	0.027	0.423	0.967	0.946
2014	0.814	1.000	0.272	1.000	1.000	0.242	1.000	1.000	1.000	0.000	0.672	1.000	0.000	0.432	1.000	1.000

根据表 7-38 中的数据，按照式 6-1~式 6-4 所示的灰色关联度计算过程，计算出南阳市 1994~2014 年生产空间子系统各指标与城市人口的灰色关联度，并按灰色关联度由高到低排序，如表 7-39 所示。

表 7-39　南阳市 1994~2014 年生产空间子系统各指标与城市人口的灰色关联度

次序	指标	灰色关联度	指标分类
1	耕地复种指数 e_3	0.9997	
2	单位 GDP 能耗 e_{15}	0.9937	
3	全社会劳动生产率 e_{12}	0.9658	
4	人均粮食产量 e_2	0.9382	
5	粮食生产机械化程度 e_4	0.9379	
6	高新技术产值比重 e_{11}	0.9278	A
7	农田有效灌溉率 e_5	0.8378	
8	粮食贡献度 e_1	0.8364	
9	人均社会固定资产投资额 e_7	0.7990	
10	人均财政收入 e_8	0.7721	
11	产业结构系数 e_9	0.5242	B
12	建成区 GDP 密度 e_{14}	0.5222	
13	粮食产值占 GDP 比重 e_{10}	0.5146	
14	百元社会固定资产投资实现 GDP e_{13}	0.5140	C
15	人均 GDP 增长率 e_6	0.5121	

　　根据表 7-39、ABC 分类法和与城市人口规模发展的灰色关联度大小，将南阳市生产空间子系统各指标分作三类：排序在前 65% 的为 A 类、排序在 65%~85% 为 B 类、排序在后 15% 的为 C 类。对南阳市 1994~2014 年的生产空间子系统发展来说：①耕地复种指数 e_3、单位 GDP 能耗 e_{15}、全社会劳动生产率 e_{12}、人均粮食产量 e_2、粮食生产机械化程度 e_4、高新技术产值比重 e_{11}、农田有效灌溉率 e_5、粮食贡献度 e_1、人均社会固定资产投资额 e_7、人均财政收入 e_8 10 个指标与城市人口规模的灰色关联度较高，属于 A 类指标，是主要影响因素。②产业结构系数 e_9、建成区 GDP 密度 e_{14} 属于

B 类指标，是次要影响因素。③粮食产值占 GDP 比重 e_{10}、百元社会固定资产投资实现 GDPe_{13}、人均 GDP 增长率 e_6 属于 C 类指标，是一般影响因素。

灰度分析表明南阳市作为粮食主产区城市，其城市发展与耕地利用效率、粮食产出率、社会生产率、能源利用效率、高新技术利用率、固定资产投资强度密切相关。粮食产出率提高，保障了粮食主产区城市粮食生产职能的完成。耕地利用效率提高，实现了土地集约利用，为城市发展提供了空间。社会生产率、高新技术利用率、能源利用效率、固定资产投资强度、财政收入的提高，提升了城市发展效能，增强了城市实力。

根据表 7-38 中的数据，将南阳市 1994~2014 年生产空间子系统主要指标与城市发展的关系分析如下：①耕地复种指数 e_3 在 2008 年之前整体呈增加趋势，2008 年之后由于实施轮耕、休耕而波动下降。粮食生产机械化程度 e_4、农田有效灌溉率 e_5 基本上逐年提高。说明城市发展促进了农业生产力提升，保障了耕地有较高的利用效率。②人均粮食产量 e_2 在 2004 年以后保持逐年稳定增长。粮食贡献度 e_1 在 1994~1999 年不稳定，1999~2007 年快速上升，2008~2014 年有小幅下降。表明南阳市完成了粮食生产职能，但快速的城市发展对粮食安全有一定影响。③单位 GDP 能耗 e_{15} 逐年降低，全社会劳动生产率 e_{12}、人均社会固定资产投资额 e_7、人均财政收入 e_8 逐年增长。说明城市发展效能在逐步提高，城市发展实力在逐步增强。上述因素带来了南阳市 1994~2014 年生产空间子系统发展效益的提升，支持城市规模扩大。但是，南阳市的高新技术产值比重 e_{11} 在 2010 年之前增长明显，在 2010 年之后呈现下降状态。产业结构系数 e_9、百元社会固定资产投资实现 GDPe_{13}、建成区 GDP 密度 e_{14} 等指标与城市发展的关联度低。表明南阳市这一阶段的城市发展明显存在规模扩张的土地城镇化特征，在优化产业结构、提升投资效益、提高城市土地产出率的内涵建设方面存在欠缺，成为其栖息地导向城市发展的制约因素。

3. 南阳市生活空间子系统发展情况分析

根据表 7-3 中的南阳市生活空间子系统各指标标准化值和表 7-38 中的南阳市城市人口标准化值，建立南阳市生活空间子系统各指标与城市人口的灰色关联分析数据表，如表 7-40 所示。

表 7-40 南阳市 1994~2014 年生活空间子系统与城市人口灰色关联分析数据

年份	s_1	s_2	s_3	s_4	s_5	s_6	s_7	s_8	s_9	s_{10}	s_{11}	s_{12}	s_{13}	s_{14}	s_{15}	城市人口
1994	0.000	1.000	1.000	0.000	1.000	0.967	0.000	0.000	0.000	0.000	0.627	0.000	0.051	0.000	1.000	0.000
1995	0.062	0.984	0.980	0.053	1.000	1.000	0.056	0.114	0.052	0.040	0.680	0.000	0.060	0.046	0.902	0.028
1996	0.195	0.969	0.960	0.105	1.000	0.728	0.133	0.229	0.103	0.106	0.733	0.001	0.055	0.096	0.843	0.058
1997	0.327	0.953	0.940	0.158	1.000	0.248	0.267	0.343	0.155	0.172	0.786	0.002	0.000	0.142	0.804	0.091
1998	0.459	0.936	0.920	0.211	1.000	0.000	0.349	0.456	0.195	0.238	0.841	0.003	0.074	0.188	0.667	0.124
1999	0.590	0.922	0.900	0.263	1.000	0.142	0.374	0.570	0.235	0.304	0.894	0.004	0.101	0.238	0.529	0.158
2000	0.721	0.907	0.880	0.316	1.000	0.122	0.544	0.684	0.276	0.370	0.947	0.004	0.083	0.272	0.431	0.212
2001	1.000	0.890	0.859	0.368	0.895	0.138	0.862	0.703	0.316	0.689	1.000	0.005	0.092	0.285	0.412	0.267
2002	0.172	0.770	0.838	0.370	0.755	0.618	0.867	0.722	0.349	0.700	0.982	0.006	0.120	0.351	0.431	0.306
2003	0.592	0.661	0.825	0.292	0.714	0.167	0.810	0.741	0.346	0.770	0.934	0.023	0.134	0.523	0.412	0.347
2004	0.618	0.497	0.803	0.166	0.697	0.382	0.815	0.759	0.367	0.789	0.197	0.087	0.180	0.695	0.392	0.390
2005	0.853	0.375	0.784	0.343	0.664	0.378	0.810	0.778	0.421	0.804	0.093	0.111	0.083	0.849	0.412	0.437
2006	0.583	0.265	0.763	0.354	0.632	0.402	1.000	0.797	0.517	0.786	0.944	0.147	0.184	1.000	0.412	0.486
2007	0.705	0.222	0.861	0.534	0.600	0.663	0.836	0.816	0.484	0.769	0.926	0.162	0.203	0.962	0.412	0.543
2008	0.592	0.000	0.853	0.766	0.567	0.480	0.810	0.834	0.525	0.733	0.918	0.246	0.290	0.925	0.373	0.606
2009	0.603	0.227	0.809	0.827	0.535	0.203	0.877	0.853	0.530	0.857	0.000	0.358	0.530	0.891	0.333	0.667
2010	0.452	0.401	0.731	0.927	0.503	0.317	0.872	0.863	0.557	0.870	0.095	0.613	0.544	0.774	0.392	0.742
2011	0.372	0.505	0.613	1.000	0.471	0.439	0.867	0.898	0.738	0.979	0.872	0.634	0.650	0.745	0.294	0.814
2012	0.246	0.635	0.459	0.401	0.438	0.370	0.872	0.932	0.944	0.996	0.189	0.800	0.862	0.690	0.333	0.887
2013	0.249	0.640	0.244	0.334	0.000	0.280	0.872	0.966	0.940	0.999	0.102	0.946	1.000	0.644	0.196	0.946
2014	0.258	0.357	0.000	0.250	0.250	0.228	0.872	1.000	1.000	1.000	0.325	1.000	0.885	0.594	0.000	1.000

根据表 7-40 中的数据，按照式 6-1～式 6-4 所示的灰色关联度计算过程，计算出南阳市 1994～2014 年生活空间子系统各指标与城市人口的灰色关联度，并按灰色关联度由高到低排序，如表 7-41 所示。

表 7-41　南阳市 1994～2014 年生活空间子系统各指标与城市人口的灰色关联度

次序	指标	灰色关联度	指标分类
1	城市居民人均住房面积 s_{10}	0.9968	A
2	城市人均道路面积 s_9	0.9968	
3	城市生活污水集中处理率 s_4	0.9618	
4	建成区绿化覆盖率 s_1	0.9545	
5	养老保险覆盖率 s_{14}	0.9098	
6	城镇居民恩格尔系数 s_7	0.8294	
7	人口平均预期寿命 s_8	0.8240	
8	千人拥有病床数 s_{13}	0.7853	
9	互联网用户覆盖率 s_{12}	0.7828	
10	城市用水普及率 s_{11}	0.5307	B
11	空气质量指数 s_3	0.5184	
12	城市生活垃圾无害化处理率 s_5	0.5167	
13	水域功能区水质达标率 s_2	0.5150	
14	城镇就业率 s_{15}	0.5127	C
15	城镇居民人均可支配收入定基指数 s_6	0.5120	

根据表 7-41、ABC 分类法和与城市人口规模发展的灰色关联度大小，将南阳市生活空间子系统各指标分作三类：排序在前 65% 的为 A 类、排序在 65%～85% 为 B 类、排序在后 15% 的为 C 类。对南阳市 1994～2014 年生活空间子系统的发展来说：①城市居民人均住房面积 s_{10}、城市人均道路面积 s_9、城市生活污水集中处理率 s_4、建成区绿化覆盖率 s_1、养老保险覆盖率 s_{14}、城镇居民恩格尔系数 s_7、人口平均预期寿命 s_8、千人拥有病床数 s_{13}、互联网用户覆盖率 s_{12} 9 个指标与城市人口发展的灰色关联度较高，属于 A 类指标，是主要影响因素。②城市用水普及率 s_{11}、空气质量指数 s_3、

城市生活垃圾无害化处理率 s_5、水域功能区水质达标率 s_2 属于 B 类指标，是次要影响因素。③城镇就业率 s_{15}、城镇居民人均可支配收入定基指数 s_6 属于 C 类指标，是一般影响因素。灰度分析反映出居民对住房保障、城市交通、生态环境、养老就医、富裕程度、信息化水平的关注度更高，这些方面对城市的宜居状态影响较大，是涉及居民生活质量的关键因素。

根据表 7-40 中的数据，将南阳市 1994~2014 年生活空间子系统主要指标与城市发展的关系分析如下：①城市居民人均住房面积 s_{10}、城市人均道路面积 s_9 总体逐年增加。互联网用户覆盖率 s_{12} 逐年增加，且在 2010 年之后发展快速。反映出南阳市在住房、交通、信息化等城市基础设施建设方面有良好的发展态势。②城镇居民恩格尔系数 s_7 在 2006 年之前快速上升，在 2006 年之后保持稳定。人口平均预期寿命 s_8 逐年增加。表明南阳市的社会发展水平整体较好。③城市生活污水集中处理率 s_4 在 2011 年之前明显呈增加趋势，在 2011 年之后快速下降。建成区绿化覆盖率 s_1 在 2007 年之前波动上升，在 2008 年之后逐年下降，其中 2011~2014 年的绿化覆盖率较低。表明南阳市的城市规模扩张已经明显影响到了城市的生态环境质量。④养老保险覆盖率 s_{14} 在 2006 年之前逐年上升，在 2006 年之后逐年下降，并且在 2011 年以后明显偏低。千人拥有病床数 s_{13} 在 2006 年之前波动上升，在 2007~2013 年逐步增加，到 2014 年又有所下降。表明南阳市的城市人口规模增长对其社会保障能力已经显著造成了压力。这些因素导致南阳市生活空间子系统的发展效益呈现出在 2011 年之前总体上升、在 2011 年之后明显下降的发展趋势，发展出现了转折，限制了其适度发展规模（见图 7-10）。分析表明，南阳市的城市生态环境质量、社会保障能力已成为其栖息地导向城市发展的限制因素。

4. 南阳市发展承载子系统发展情况分析

根据表 7-3 中的南阳市发展承载子系统各指标标准化值和表 7-38 中的南阳市城市人口标准化值，建立南阳市发展承载子系统各指标与城市人口的灰色关联分析数据表，如表 7-42 所示。

表 7-42　南阳市 1994～2014 年发展承载子系统与城市人口灰色关联分析数据

年份\指标	b_1	b_2	b_3	b_4	b_5	b_6	b_7	b_8	b_9	b_{10}	b_{11}	b_{12}	b_{13}	b_{14}	b_{15}	b_{16}	城市人口
1994	0.670	1.000	0.000	1.000	1.000	1.000	1.000	0.811	0.104	0.204	0.005	0.430	0.441	0.005	0.000	0.000	0.000
1995	0.597	0.972	0.111	0.949	0.961	0.990	0.968	1.000	0.146	0.176	0.388	0.430	0.000	0.000	0.057	0.036	0.028
1996	0.578	0.948	0.128	0.898	0.540	0.953	0.959	0.206	0.188	0.138	0.084	0.312	0.140	0.032	0.079	0.072	0.058
1997	0.504	0.911	0.128	0.812	0.585	0.883	0.902	0.400	0.231	0.000	0.507	0.410	0.290	0.009	0.138	0.108	0.091
1998	0.492	0.892	0.451	0.791	0.425	0.860	0.959	0.138	0.274	0.096	0.000	0.490	0.489	0.058	0.243	0.144	0.124
1999	0.466	0.877	0.451	0.718	0.566	0.795	0.853	0.307	0.317	0.531	0.049	0.442	1.000	0.015	0.370	0.180	0.158
2000	0.435	0.858	0.451	0.644	0.495	0.753	0.698	0.574	0.360	0.541	0.197	0.430	0.887	0.001	0.406	0.216	0.212
2001	0.510	0.746	0.451	0.606	0.378	0.700	0.721	0.117	0.398	0.303	0.193	0.223	0.919	0.029	0.548	0.276	0.267
2002	1.000	0.722	0.451	0.586	0.349	0.645	0.719	0.000	0.435	0.413	0.243	0.072	1.000	0.017	0.566	0.335	0.306
2003	0.809	0.700	0.452	0.506	0.383	0.603	0.651	0.108	0.495	0.432	0.241	0.059	0.882	0.025	0.884	0.395	0.347
2004	0.709	0.680	0.452	0.429	0.304	0.485	0.577	0.246	0.533	0.542	0.728	0.194	1.000	0.093	1.000	0.454	0.390
2005	0.611	0.657	0.833	0.355	0.303	0.484	0.501	0.112	0.710	0.630	0.488	0.106	1.000	0.147	0.918	0.514	0.437
2006	0.536	0.503	0.833	0.292	0.220	0.361	0.550	0.148	0.608	0.805	0.631	0.000	0.925	0.159	0.563	0.573	0.486
2007	0.443	0.480	0.913	0.242	0.132	0.269	0.536	0.696	0.642	1.000	0.908	0.229	0.914	0.227	0.506	0.633	0.543
2008	0.356	0.455	0.832	0.256	0.123	0.201	0.412	0.476	0.815	0.907	1.000	0.238	1.000	0.282	0.588	0.692	0.606
2009	0.276	0.434	1.000	0.228	0.057	0.170	0.290	0.271	0.815	0.875	0.777	0.249	0.586	0.395	0.310	0.752	0.667
2010	0.219	0.312	1.000	0.159	0.012	0.183	0.205	0.048	1.000	0.864	0.537	0.267	0.624	0.524	0.386	0.811	0.742
2011	0.178	0.054	0.799	0.065	0.066	0.152	0.000	0.193	0.775	0.718	0.572	0.322	1.000	0.495	0.427	0.869	0.814
2012	0.164	0.047	0.799	0.004	0.001	0.126	0.122	0.047	0.913	0.611	0.705	0.327	0.946	0.621	0.469	0.926	0.887
2013	0.124	0.028	0.886	0.005	0.000	0.031	0.211	0.532	0.000	0.678	0.757	1.000	1.000	0.756	0.486	0.984	0.946
2014	0.000	0.000	0.886	0.000	0.033	0.000	0.207	0.501	0.036	0.674	0.985	0.315	0.457	1.000	0.498	1.000	1.000

根据表 7-42 中的数据，按照式 6-1~式 6-4 所示的灰色关联度计算过程，计算出南阳市 1994~2014 年发展承载子系统各指标与城市人口的灰色关联度，并按灰色关联度由高到低排序，如表 7-43 所示。

表 7-43　南阳市 1994~2014 年发展承载子系统各指标与城市人口的灰色关联度

次序	指标	灰色关联度	指标分类
1	粮食生产技术推广人员数 b_{15}	0.9699	A
2	科技研发投入占 GDP 比重 b_{11}	0.9596	
3	万人具有高等学历人数 b_{16}	0.9570	
4	耕地水土流失治理率 b_9	0.9469	
5	固体废物综合利用率 b_{10}	0.8911	
6	全要素生产率 b_{13}	0.8696	
7	森林覆盖率 b_3	0.8684	
8	科研机构 R&D 人员全时当量 b_{14}	0.7628	
9	农业科技成果占科技成果比 b_{12}	0.5217	
10	人均耕地面积 b_1	0.5190	
11	人均水资源占有量 b_2	0.5144	
12	三废综合排放率 b_7	0.5141	B
13	地膜每公顷使用量 b_6	0.5132	
14	环保投入占 GDP 比重 b_8	0.5131	
15	化肥每公顷使用折纯量 b_4	0.5125	C
16	农药每公顷使用量 b_5	0.5110	

根据表 7-43、ABC 分类法和与城市人口规模发展的灰色关联度大小，将南阳市发展承载子系统各指标分作三类：排序在前 65% 的为 A 类、排序在 65%~85% 为 B 类、排序在后 15% 的为 C 类。对南阳市 1994~2014 年发展承载子系统的发展来说：①粮食生产技术推广人员数 b_{15}、科技研发投入占 GDP 比重 b_{11}、万人具有高等学历人数 b_{16}、耕地水土流失治理率 b_9、固体废物综合利用率 b_{10}、全要素生产率 b_{13}、森林覆盖率 b_3、科研机构 R&D 人员全时当量 b_{14}、农业科技成果占科技成果比 b_{12}、人均耕地面积

b_1、人均水资源占有量 b_2 11 个指标与城市人口发展的灰色关联度较高，属于 A 类指标，是主要影响因素。②三废综合排放率 b_7、地膜每公顷使用量 b_6、环保投入占 GDP 比重 b_8 属于 B 类指标，是次要影响因素。③化肥每公顷使用折纯量 b_4、农药每公顷使用量 b_5 属于 C 类指标，是一般影响因素。灰度分析表明，作为粮食主产区城市，科技创新能力、农业技术发展与推广、环境治理水平、生态保护、耕地和水源保持对南阳市的发展承载能力影响较大，是关系其栖息地导向的城市规模持续发展的关键因素。

根据表 7-42 中的数据，将南阳市 1994~2014 年发展承载子系统主要指标与城市发展的关系分析如下：①人均耕地面积 b_1 在 2002 年之前显示为逐步降低，在 2002 年因为进行土地整理而出现峰值，在 2002 年之后又显示为逐步降低，所以整体上表现为下降趋势。森林覆盖率 b_3 在 2010 年之前逐步增加，在 2010 年后明显下降。人均水资源占有量 b_2 逐步下降。表明随着城市规模的扩大，自然资源存量明显处于减少状态。②粮食生产技术推广人员数 b_{15} 在 2004 年之前逐步增加，在 2004 年之后逐步减少。科技研发投入占 GDP 比重 b_{11} 于 1998~2008 年逐步增加，在 2008 年之后逐步减少。农业科技成果占科技成果比 b_{12} 于 1994~2006 年呈下降趋势，在 2006~2013 年有所增加，到 2014 年出现锐减。全要素生产率 b_{13} 周期性波动，1998~2008 年波幅较小，较为稳定，2008 年之后波幅较大，稳定性差。表明随着城市规模的扩大，南阳市在科技研发特别是在农业科技发展方面的投入下降，对城市的创新能力和科技成果转化能力已产生了负面影响。③耕地水土流失治理率 b_9 在 2010 年之前逐步增加，在 2010 年之后快速下降。固体废物综合利用率 b_{10} 在 2007 年之前波动上升，在 2007 年之后逐步降低。表明随着南阳市的城市规模扩大到一定程度，城市的环境治理能力和治理效果已开始下降。④地膜每公顷使用量 b_6、化肥每公顷使用折纯量 b_4、农药每公顷使用量 b_5 逐年增加。表明随着人均耕地资源量的减少，为保证粮食产量，地膜、化肥、农药的使用强度在不断攀升，对环境造成的压力在不断加重。⑤万人具有高等学历人数 b_{16} 逐年增加。科研机构 R&D 人员全时当量 b_{14} 在 2002 年之前较小且不稳定，在 2002 年之后逐步上升。表明随着城市规模扩大，城市的人口素质整体提高，从事科技研究工作的人数在增加，城市的科技发展潜力有所增强。上述因素导致南阳市 1994~2014 年发展承载子系统的发展效益呈现出波动状态（见图 7-10），其对城市发展的承载能力没能随着城市规模扩大而提升，最终成为限制该城市发展的短板。分析表明，耕地、水、生态等自然资源存量、科技研发投入、环境治理能力、农业面源污染等，是南阳市栖息地导向城市发展的重要限制因素。

综上所述，本节通过对南阳市1994~2014年的城市协调发展度和发展效益指数的分析，认为南阳市的发展呈现出"生产空间优于生活空间优于承载空间"的特点，表现出"效率优于宜居优于生态"的特征，由于发展承载子系统显著滞后于城市发展，所以是该城市栖息地导向的城市规模持续发展的短板。进一步通过灰色关联分析，发现该城市的耕地、水、生态等自然资源的人均存量下降、科技研发投入不足、环境治理能力弱、农业面源污染持续加重等导致了其发展承载子系统的发展滞后，是限制南阳市适度城市发展规模的重要原因。通过灰度分析还发现，南阳市明显存在规模扩张的土地城镇化特征，在优化产业结构、提升投资效益、提高城市土地产出率的内涵建设方面存在欠缺，影响了其生产空间子系统的发展，城市的生态环境质量降低、社会保障能力不足，影响了其生活空间子系统的发展，这些因素都限制了作为粮食主产区的南阳市栖息地导向的城市适度发展规模。

二、基于灰色系统理论的南阳市栖息地导向的发展预测

根据已得的栖息地导向的南阳市1994~2014年发展效益评价指数（见表7-13）及城市人口统计结果（见表7-14），利用第六章建立的灰色系统模型，对南阳市2015~2022年的城市各子系统发展情况及城市人口规模进行预测。

1. 灰色DGM（2，1）模型相关预测

本书选用DGM（2，1）模型对南阳市城市生产空间系统和城市人口规模进行发展预测。

1）以对南阳市城市人口规模预测为例，过程如下：

第一步，对城市人口规模预测方程进行检验，取其原数列为：

$X^{(0)}$ = （142.94，152.07，161.65，172.20，182.83，193.90，211.48，229.22，241.64，255.02，268.90，283.77，299.78，318.11，338.32，358.27，382.28，405.59，429.09，448.13，465.55）

第二步，计算原始序列$X^{(0)}$的1-IAGO序列为：

$a^{(1)} X^{(0)} = $ (9.130000，9.580000，10.550000，10.630000，11.070000，17.580000，17.740000，12.420000，13.380000，13.880000，14.870000，16.010000，18.330000，20.210000，19.950000，24.010000，23.310000，23.500000，19.040000，17.420000)

第三步，根据最小二乘法计算可得发展系数和灰色作用量为：

$$\begin{bmatrix} a \\ b \end{bmatrix} = \begin{bmatrix} -0.039411 \\ 4.705629 \end{bmatrix}$$

第四步，将参数 a、b 的值代入式（6-6）和式（6-11），得白化方程为：

$$\frac{d^2 x^{(1)}}{dt^2} - 0.039411 \frac{dx^{(1)}}{dt} = 4.705629 \qquad (7-9)$$

得时间响应函数为：

$$\hat{x}^{(1)}(k+1) = 6656.48863 \cdot e^{0.039411k} - 119.3988734(k+1) - 6394.1498 \qquad (7-10)$$

第五步，根据式（7-10）计算模拟值为：

$\hat{X}^{(0)} = $ (148.178109，158.934156，170.122573，181.760742，193.866742，206.459379，219.558214，233.183596，247.356691，262.099515，277.434971，293.386882，309.980026，327.240182，345.194161，363.869853，383.296271，403.503591，424.523204，446.387764)

第六步，根据式（7-10）和式（6-12）计算出未来 8 年的预测值为：

$\hat{X} = $ (492.7889，517.3976，542.9956，569.6225，597.3197，626.1304，656.0991，687.2726)

2）同城市人口规模预测过程，对南阳市城市生产空间系统发展指数进行预测，结果如下：

模拟值 $\hat{X}^{(0)} = $ (0.243836，0.256119，0.269373，0.283673，0.299103，0.315751，0.333715，0.353097，0.374010，0.396575，0.420922，0.447193，0.475538，0.506122，0.539122，0.574728，0.613147，0.654600，0.699328，0.747588)

预测值 $\hat{X} = $ (0.8558，0.9165，0.9819，1.0525，1.1286，1.2108，1.2994，1.3951)

其中
$$\begin{bmatrix} a \\ b \end{bmatrix} = \begin{bmatrix} -0.076021 \\ -0.006714 \end{bmatrix}$$

2. 灰色 Verhulst 模型相关预测

本书选用灰色 Verhulst 模型对南阳市城市生活空间系统和城市发展承载系统进行发展预测。

1）以对南阳市城市生活空间系统发展预测为例，过程如下：

第一步，对城市生活空间系统预测方程进行检验，取其原数列为：

$X^{(0)} = (0.345, 0.366, 0.376, 0.371, 0.384, 0.415, 0.438, 0.489,$
$0.473, 0.466, 0.441, 0.460, 0.534, 0.562, 0.559, 0.542, 0.589,$
$0.665, 0.621, 0.594, 0.560)$

第二步，计算原始序列 $X^{(0)}$ 的 1–iAGO 序列为：

$X^{(1)} = (0.345000, 0.021000, 0.010000, -0.005000, 0.013000,$
$0.031000, 0.023000, 0.051000, -0.016000, -0.007000, -0.025000,$
$0.019000, 0.074000, 0.028000, -0.003000, -0.017000, 0.047000,$
$0.076000, -0.044000, -0.027000, -0.034000)$

第三步，计算 1–iAGO 序列的紧邻均值生成序列为：

$Z^{(1)} = (0.355500, 0.371000, 0.373500, 0.377500, 0.399500, 0.426500,$
$0.463500, 0.481000, 0.469500, 0.453500, 0.450500, 0.497000, 0.548000,$
$0.560500, 0.550500, 0.565500, 0.627000, 0.643000, 0.607500, 0.577000)$

第四步，根据最小二乘法计算可得发展系数和灰色作用量为：

$$\begin{bmatrix} a \\ b \end{bmatrix} = \begin{bmatrix} -0.104752 \\ -0.163371 \end{bmatrix}$$

第五步，将参数 a、b 的值代入式（6–18）得时间响应函数为：

$$\hat{x}^{(1)}(k+1) = \frac{0.036139}{0.056363 + 0.048389e^{-0.104752k}} \qquad (7\text{–}11)$$

第六步，根据式（7–11）计算模拟值为：

$\hat{X}^{(0)} = (0.345000, 0.361613, 0.378005, 0.394092, 0.409798, 0.425053,$
$0.439797, 0.453978, 0.467555, 0.480495, 0.492778, 0.504388, 0.515323,$
$0.525584, 0.535180, 0.544127, 0.552444, 0.560155, 0.567285, 0.573863,$
$0.579919)$

第七步，根据式（7–11）和式（6–19）计算未来 8 年的预测值为：

$\hat{X} = (0.5906, 0.5953, 0.5995, 0.6034, 0.6070, 0.6102, 0.6132,$

0.6158）

2）同城市生活空间系统预测过程，对南阳市城市发展承载系统发展指数进行预测，结果如下：

时间响应函数　$\hat{x}^{(1)}(k+1) = \dfrac{0.001364}{0.002852 + 0.000193e^{0.003045k}}$ 　　　（7-12）

模拟值 $\hat{X}^{(0)}$ = （0.448000，0.447913，0.447827，0.447739，0.447652，0.447565，0.447477，0.447389，0.447301，0.447212，0.447123，0.447034，0.446945，0.446856，0.446766，0.446676，0.446586，0.446496，0.446405，0.446314，0.446223）

预测值 $\hat{X}$ = （0.4460，0.4459，0.4459，0.4458，0.4457，0.4456，0.4455，0.4454）

其中　　　　　$\begin{bmatrix} a \\ b \end{bmatrix} = \begin{bmatrix} 0.003045 \\ 0.006367 \end{bmatrix}$

3. 灰色系统预测结果检验

根据前文确立的残差检验方法，对栖息地导向的南阳市城市各子系统发展及城市人口规模灰色预测模型进行检验，检验结果及精度等级如表7-44所示。

表7-44　南阳市城市发展灰色系统预测模型精度检验表

预测模型	误差检验指标		精度检验指标		精度等级
	平均模拟相对误差	滤波相对误差	平均相对精度	滤波精度	
城市人口规模	0.0318	0.0039	0.9682	0.9961	2级，优
城市生产空间系统发展	0.1279	0.0297	0.8721	0.9703	4级，合格
城市生活空间系统发展	0.0525	0.0051	0.9475	0.9949	3级，良
城市发展承载系统发展	0.0739	0.0017	0.9261	0.9983	3级，良

由表7-44可知，预测模型的平均模拟相对误差均小于0.2，且滤波相对误差也均远小于0.2，均能够通过残差检验，预测精度达到要求，可以用来对未来发展进行预测。

三、栖息地导向的南阳市城市发展预测结果分析

根据灰色系统预测结果，对南阳市 2015～2022 年栖息地导向的发展趋势进行展望，如表 7-45 和表 7-46 所示，其中城市综合发展效益预测指数、城市协调发展度预测指数等分别根据第四章、第五章已建立的评价方法由城市生产空间系统、生活空间系统、发展承载系统的预测指数计算所得。

表 7-45　栖息地导向的南阳市城市发展效益综合评价预测

预测年份	生产空间系统预测指数 U_1	生活空间系统预测指数 U_2	发展承载系统预测指数 U_3	综合发展效益预测指数 U	人均综合发展效益预测指数
2015	0.8558	0.5906	0.4460	0.6317	0.001282
2016	0.9165	0.5953	0.4459	0.6541	0.001264
2017	0.9819	0.5995	0.4459	0.6782	0.001249
2018	1.0525	0.6034	0.4458	0.7038	0.001236
2019	1.1286	0.6070	0.4457	0.7314	0.001224
2020	1.2108	0.6102	0.4456	0.7609	0.001215
2021	1.2994	0.6132	0.4455	0.7926	0.001208
2022	1.3951	0.6158	0.4454	0.8266	0.001203

表 7-46　南阳市城市协调发展度及城市人口规模发展预测

预测年份	生产空间—生活空间系统 U_1-U_2	生产空间—发展承载系统 U_1-U_3	生活空间—发展承载系统 U_2-U_3	生产空间—生活空间—发展承载系统 $U_1-U_2-U_3$	协调等级发展类型	城市人口（万人）
2015	0.8218	0.7268	0.7059	0.5753	6，勉强协调发展	492.79
2016	0.8302	0.7269	0.7067	0.5420	6，勉强协调发展	517.40
2017	0.8372	0.7259	0.7074	0.5058	6，勉强协调发展	543.00

续表

预测年份	生产空间—生活空间系统 $U_1 - U_2$	生产空间—发展承载系统 $U_1 - U_3$	生活空间—发展承载系统 $U_2 - U_3$	生产空间—生活空间—发展承载系统 $U_1 - U_2 - U_3$	协调等级发展类型	城市人口（万人）
2018	0.8430	0.7236	0.7080	0.4673	5，濒临失调衰退	569.62
2019	0.8474	0.7203	0.7085	0.4273	5，濒临失调衰退	597.32
2020	0.8504	0.7158	0.7089	0.3866	4，轻度失调衰退	626.13
2021	0.8520	0.7104	0.7093	0.3462	4，轻度失调衰退	656.10
2022	0.8521	0.7039	0.7096	0.3066	4，轻度失调衰退	687.27

由表7-45可知，预测2015~2022年南阳市的生产空间系统得到一定发展；生活空间系统虽有回升，但仍没有恢复到2011年（0.665）、2012年（0.621）的水平；发展承载系统则在2014年的基础上持续走低；人均综合发展效益也表现为持续下降，自2017年起已经低于2014年的水平（2014年为0.001257），至2022年低于2014年4.3个百分点（如图7-12所示）。由表7-46可知，预测期内南阳市生产空间—发展承载系统的协调发展度持续降低，至2022年低于2014年2.8个百分点；生活空间—发展承载系统的协调发展度基本稳定，但均低于2013年的水平；城市系统的整体协调发展度则明显下降，协调发展等级由6级（勉强协调发展）降至4级（轻度失调衰退）（如图7-13所示），而2014年为7级（初级协调发展）。预测2015~2022年南阳市的城市人口规模以平均27.7万人/年的速度逐年递增（如图7-14所示）。

总体判断，由于南阳市城市系统发展不均衡，特别是发展承载系统的发展缓慢，导致其承载能力较弱。按照栖息地导向的发展要求，南阳市的城市人口于2012年已达到了适度规模高值，于2014年已达到了可接受的临界状态。以南阳市当前的发展方式，预测其发展承载系统的承载力将持续下降，城市整体协调发展度和人均综合发展效益也随之下降，2015年以后的人口规模已超出可接受的适度规模，简单的人口城镇化特征明显，城市扩张并没有给居民带来收益，不符合栖息地导向的城市发展要求。应放缓人口迁移步伐，加强城市内涵建设。

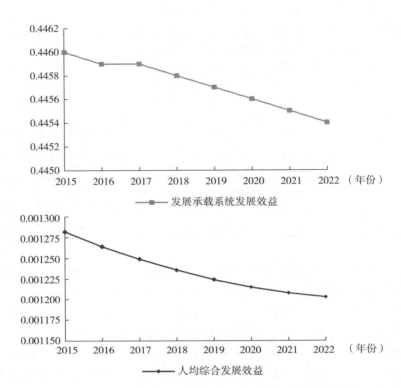

图 7-12　南阳市 2015～2022 年城市发展效益变化趋势预测

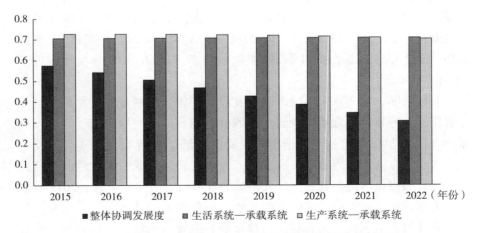

图 7-13　南阳市 2015～2022 年城市协调发展度变化趋势预测

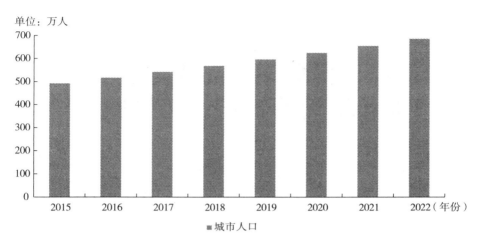

图 7-14　南阳市 2015~2022 年城市人口规模变化趋势预测

第六节　本章小结

本章选择以河南省南阳市为例进行实证分析研究。首先阐述了南阳市作为粮食主产区城市的典型代表性，然后根据第三章建立的栖息地导向的城市发展机制分析了其发展情况。再根据第四章确定的栖息地导向的粮食主产区城市发展效益综合评价体系，收集南阳市 1994~2014 年的发展数据，对该城市的发展效益进行了综合评价，并由评价指数计算出了该城市系统的协调发展度。其次，根据第五章建立的城市规模适度性测度模型，测度了南阳市的适度发展规模。最后，运用灰色关联分析，探索了限制作为粮食主产区的南阳市栖息地导向的城市适度发展规模的主要影响因素，并运用灰色系统理论对其未来的发展进行了预测。

第八章 栖息地导向的粮食主产区城市适度发展规模拓展路径

栖息地导向的粮食主产区城市发展是一个系统工程。单纯的某一或某些因素的改变，可能会带来区域某一方面（或某一子系统）的快速发展。但是，如果忽视了发展的全面性，就会造成区域内三个子系统之间的发展不协调，进而影响到城市的发展质量，最终影响城市发展的可持续性，限制城市的发展规模。粮食主产区城市若要保持栖息地导向的适度发展，就要依据栖息地理论、生态文明理论及栖息地导向的适度发展内涵，从栖息地导向的城市系统的整体性出发，通过三个维度的协调优化分析，探索能够提升城市发展水平的有效路径。

当城市发展遇到瓶颈时，其解决问题的方法有两类。一类是限制人口迁入，迁出超载人口；另一类是积极转变发展方式，弥补短板因素，提高承载能力。第一类方法制约了城市化进程。本书选择通过促进城市各子系统的协调发展，提高城市的综合发展效益，以增强人口容纳能力、拓展城市发展空间的方法。根据第三章建立的栖息地导向的粮食主产区城市发展规模适度性分析框架及第四章建立的评价指标体系，结合第七章实证分析确定的主要影响因素，在对南阳市的发展进行实证研究的基础上，下文从城市的生产空间、生活空间、发展承载三个方面探讨栖息地导向的粮食主产区城市的发展规模拓展路径（如图 8-1 所示）。

栖息地导向的粮食主产区城市适度发展规模拓展思路是以 $SUD(t) = F[U(t), D(t)]$ （式 3-1）为建设城市栖息地的基本理念，利用 $U = \sum_{J=1}^{M} \omega_J u_J$ （式 4-52）有计划的进行三个维度的协调优化分析，利用 $D_t = -aP_t^3 + bP_t^2 + cD_{t-1}$ （式 7-4）与 $U = -a'P^3 + b'P^2 - c'P + d$ （式 7-8）进行城市整体协调发展度、综合发展效益与城市人口关系的测度，适时掌控发展状况，进行必要的调适。路径是针对区域特征实施差异化的发展策略，突出城市的

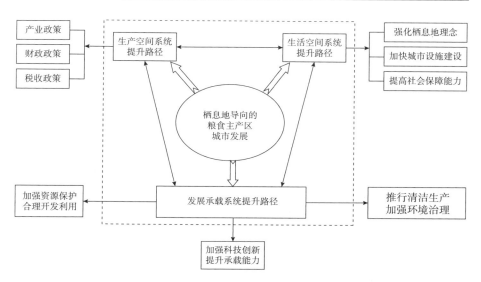

图 8-1　栖息地导向的粮食主产区城市适度发展规模拓展路径

生态栖息地功能，通过农业现代化、产业生态化、发展绿色化，加强生态环境建设和发展承载能力建设，促进城市生产空间系统、生活空间系统、发展承载系统的协调发展和共同提升，通过内涵建设增强城市的容纳能力，拓展发展空间。

第一节　栖息地导向的粮食主产区城市生产空间方面提升路径

以产业政策为中心，财政政策、税收政策与之相配套，促进产业转型升级，具体措施如下：

一、产业政策

第一，转变发展方式。大力发展现代农业，恰当提高耕地复种指数和有效灌溉率，提高粮食生产机械化程度和人均粮食产量。加快发展农产品（特别是粮食）深加工业，延长农业产业链，提高农产品精深加工比重，增加农业产值，促进农民增收。注意发展高新技术产业，提高产品附加值，走技术经济之路。以农业产业化带动农区工业化促进城镇化。第二，调整优化经济结构。合理划分三次产业及农业比重，提高全社会的劳动生产效率，在保障粮食安全的前提下，继续转移农业剩余劳动力。第三，促进发展绿色产业。采用先进技术和环保手段促进企业向节能、环保、高效型发展，淘汰产能落后行业，实现经济效益、社会效益、生态效益的协调发展。第四，合理规划产业聚集区。通过经济杠杆作用引导企业入园，提高产业聚集度，发挥产业集聚作用。第五，科学打造产业集群。依托科技创新，构建多元化产业体系，提高要素生产率，以科技含量、环保水平、吸纳就业能力为标准打造产业集群，增加就业容量。

南阳市当前存在的产业结构不够合理、绿色产业比重小、建成区 GDP 密度低的问题比较突出，应抓紧解决。应通过发展技术含量高、资源消耗少、低碳高效的新型工业来推进城市化。应加快对传统工业的绿色化改造，加快建立循环经济模式，提高绿色产业比重。应注重在新建成区内加快新型产业集群打造，提高建成区 GDP 密度。应着重引入低碳、环保、绿色、生态的新产业，逐步建立农业生态科技园区，以工促农，提升城市化质量。

二、财政政策

通过财政政策加强经济调控、收入分配和资源配置。一要加强农业财政投入，通过提高粮食生产机械化程度、加强农田水利建设、增加农资投入等途径合理提高耕地复种指数和农业现代化程度，保证粮食稳产、增产。二要加强创新资本投入，提高高新技术产业的产值比重，优化产业结构，减少生产资料投入。三要调整优化社会固定资产投资，提高社会固定资产投资产出效率。四要通过政府投资增加区域吸引力，提高建成区的 GDP 密度。五要通过加大环境保护、社会保障、城市设施投入，综合提高城市的宜居水平。

南阳市的财政投入应继续在农业机械化程度、农田水利建设方面加大力度，为粮食生产保驾护航。应注意提高创新资本投入比重，通过优化投资结构提高投资效益。应尽快弥补环境保护、社会保障投入的不足，为有质量的推进城市化提供资金保障。

三、税收政策

通过税收调控，促进城市经济转型。对高污染、高耗能型产业加重税收，促使其技术创新或转型发展。对污染小或无污染、科技含量高、创新型、服务型产业减免税收，鼓励其发展。利用税收调控，促进经济发展与环境保护协调统一，建立以节能减排、清洁生产、技术创新为中心的城市经济体系。建立完善税收价格调控机制，既为城市发展提供财力保障，又能反映资源稀缺程度和供求关系，通过税收杠杆的有效调节，提高资源利用效率、避免资源浪费。

南阳市应利用税收杠杆的调节作用，加强对科技创新型企业和服务行业的扶持，加速对产能落后企业、排污量大企业，尤其是空气污染严重企业的改造和淘汰，促进对资源（尤其是土地和水资源）利用的节约，减轻对资源和环境的压力。

第二节　栖息地导向的粮食主产区城市生活空间方面提升路径

不过分追求城镇化发展速度，应注重提升城镇化发展质量，具体措施如下：

一、强化栖息地理念

通过宣传教育、明确责任，引导树立栖息地导向的城市发展理念，提高保护生态环境的责任意识。

第一，加强民众的栖息地保护教育。培养居民的环境参与意识，提高居民的生态道德素养，积极倡导生态消费。提升公众传统的价值观、消费观和生活方式，形成与环境保护相协调的道德观念和生活习惯，逐步建立有利于自然栖境的生态消费方式和生态生活方式，积极推动其向农村延伸。以生态文明教育影响员工，以员工的生态文明行为影响企业，逐步提高企业管理人员和员工对栖息地保护的认识，形成生态生产的企业文化。建立物质能量多层次的交换网络，形成循环经济、生态经济发展机制，共同营造生态和谐的资源节约型、环境友好型社会。

第二，强化各主体的栖息地保护责任。加强农民的栖息地保护责任，提高农业生产中的环境保护意识。强化节能减排奖惩机制，鼓励企业做好节能环保技术的开发和应用。增强各主体的环境忧患意识，引导其把技术创新、节约利用、循环使用、加强生态保护转变为自觉行为，逐步建立生态环保的生产方式。

第三，完善城市的栖息地保护制度。通过建立栖息地保护制度，强化企业、居民等行为主体的责任。通过对各行为主体的约束、引导，促进有利于栖息地发展的文化、观念、风尚形成。通过建立基于栖息地保护的财富观、价值观、发展观，实现城市传统的思想观念模式和发展方式转变。

南阳市作为经济不发达的粮食主产区城市，居民的环境保护意识有待提高。应通过加强宣传教育、强化主体责任、完善保护制度，多策并举，提高民众的栖息地认同感、责任感、危机感，从思想上确立栖息地导向的城市发展理念，从而形成城市生态环境保护和建设的合力。

二、加快城市设施建设

通过完善城市设施，提高粮食主产区城市的宜居水平。一是加强居民的住房保障建设，帮助居民安居乐业。通过税收、房贷、低收入家庭及农民购房补贴等政策调整，调控房价；通过经济适用房、廉租房等保障房建设，解决中低收入阶层的住房问题。二是改善城市的交通状况，降低通行成本。通过合理规划，完善交通网络，加强公共交通系统建设等措施降低居民的出行成本。三是加大城市供水、供气、排污等公共设施的建设力度，加快污水处理、空气污染防治等环保项目的建设速度，使之与城市发展保持同步。四是加快智慧城市建设，通过增网提速，实现互联网全覆盖，畅通农民接收信息的渠道，建设信息城市，提高城市的现代化水平。

南阳市在道路和住房建设方面与城市发展基本同步，在供水和排污特别是大气污染防治方面滞后。应通过加强扬尘治理、秸秆焚烧管制，加大空气污染防治力度；应加强城市供水能力、生活污水处理能力、生活垃圾处理能力建设，使之与城市人口规模相匹配；应加快互联网建设步伐，满足居民的信息化需求，增强城市宜居程度。

三、提高社会保障能力

注重社会公平和谐，实现以人为本的城市发展。一是加强社会保障投入，加快消除居民身份差异，全面提高医疗保险、养老保险、新型农村合作医疗等社会保障的覆盖率，首先在涉及民生的重要问题上实现同城化。二是加强医疗基础设施建设和医护人员队伍建设，尤其要提高基层社区医疗卫生服务机构的诊疗能力，改善就医条件，采取分级诊疗，切实解决看病难问题。三是完善最低生活保障制度、社会保险制度和社会救助制度，积极建设社会保障服务设施和服务网络，保障粮食主产区城市的社会稳定。四是建立完善职业技能培训体系，加大对转移人口的职业能力培训力度，拓展其就业渠道。五是完善人力资源市场服务体系，制定优惠政策鼓励自主创业，提高城市的就业率和对农村剩余劳动力的吸纳能力。六是加强平安社区建设，提高居民宜居感。

南阳市的养老保险覆盖率未达4%、病床拥有率仅3.5‰，在社会保障能力方面存在明显欠缺，在医疗服务能力方面应尽快加强。考虑到财政负担能力，可以逐步建立起低标准、广覆盖的社会保障体系作为过渡，包括适用于新转移人口的工伤保险制度、医疗保险制度、社会援助制度等，以保障其合法权益。应加快医疗服务机构建设和医疗技术队伍建设，满足居民的就医需求，缓解看病难的社会矛盾。

第三节　栖息地导向的粮食主产区城市
发展承载方面提升路径

根据《国家新型城镇化规划》，因地制宜地推行差异化城市发展模式，把城市发展进程控制在区域资源环境承载力的范围内，尽可能减少对资源环境的剥夺。

一、加强农田、水源、森林资源的保护与合理开发利用

（一）加强农田保护，提高土地资源利用效率

第一，坚守耕地红线，保证可耕地总量不减少。严格实行耕地总量动态平衡制度、基本农田保护制度和土地用途管理制度，保证土地占补平衡。从严控制城市建设用地扩张，防止耕地向建设用地流失。第二，集约利用土地，提高使用效率。通过提高建成区 GDP 密度等途径提高城市化效率，避免重复建设，减少土地征用。规范开发区建设，严格控制占地多、技术含量低的开发区土地审批，防止滥用土地。第三，保障基本农田和粮食种植。加强农田水利建设和农业基础设施建设，高标准建设稳产、高产农田。加大粮食补贴，实施惠农政策，鼓励农民种粮，保证稳定的粮食作物种植面积。第四，促进土地适度集中，发展规模农业，提高土地产出效率。积极完善土地流转政策，推动粮食生产规模化、机械化，提高农业规模效益，提高土地产出效率。第五，保护土地质量和生产能力。加强城市废弃物、工业重金属、城市垃圾等污染的防治，保证土地质量。改善能源结构，减少酸雨发生，防止土壤酸化。合理安排种植结构，保持土壤肥力。有计划地施行轮耕、休耕，保护土地生产能力，藏粮于地。

南阳市应多措并举，加强水土流失治理，保护耕地。应尽快划定并坚决保护永久基本农田，从严控制土地审批，坚守耕地红线。应通过科技种植，进一步提高耕地产出率。应通过提高建成区 GDP 密度，着力提高土地利用率，支撑城市经济持续发展。

（二）加强水源保护，合理开发利用水资源

一是加强生态保护和环境治理，有效保护水源，提高水质达标率。二是加强对水资源的管理和控制，多方维护水资源的产权利益，有计划地开发利用水资源。三是按照开源与节流相结合、节流优先、污水处理再利用的原则，合理开发、综合利用水资源。四是建立完善节约用水技术开发与推广体系，有效利用水资源。如农业用水实行节水灌溉，蓄水、输水工程采取防渗漏措施；工业用水增加循环次数，提高重复利用率；生活用水加强污水集中处理，提高再生水利用率。五是通过税收价格机制，促进水资源节约利用。六是建设海绵城市，有效储蓄和涵养水源。

南阳市的人均水资源占有量和水质达标率均逐年下降，应将加强保护和节约利用双管齐下。应加强对饮用水源的保护，保证居民生活用水安全；应加强对城市内河的治理，建设生态湿地；应加强节约用水、开源节流；应探索建立海绵城市，涵养水源。

（三）加强森林资源保护，促进生态修复

第一，植树造林，修复生态。建设农田防护林，营造农林复合生态系统。打造城市绿化带，建造城市人工生态系统。建设水源涵养林，防治水土流失。通过大力植树造林，提高森林覆盖率，改善土地和环境条件，修复生态。第二，保护森林，改善质量。加强自然保护区建设，保护森林的生物多样性。采取有利于提高森林功能和效益的保护性措施，促进森林资源的质量改善和物种繁衍。第三，合理开发，持续利用。严格控制森林资源消耗，根据"林木采伐量小于生长量"的原则编制木材生产计划，实现资源的可持续利用。营造速生丰产用材林，解决供需矛盾。第四，加强管理，建立林业生产体系。加强林政管理，建立森林资源产业化管理制度和林地有偿转让使用新机制。加强森林景观资源保护，兴办森林公园，在保护的基础上发展森林生态旅游和休闲产业，建立多功能的林业生产体系。第五，科学防治森林灾害。按照"防重于治"的方针，通过生物、化学、工程等措施实行森林灾害综合防治。

南阳市的森林覆盖率近年保持在35%，总体水平不高。应划定数量红线，保持森林资源稳定。应加强植树造林，有计划地提高森林覆盖率，做到稳中有升。应加强自然保护区建设，保护森林资源。应逐步开辟新的自然保护区，建设城市氧吧。

二、推行清洁生产，加强环境治理，完善环保制度

（一）推行清洁生产

栖息地导向的粮食主产区城市发展应推行清洁生产，将环境污染由末端治理改变为源头预防、全程控制，以有效地减少污染、保护生态环境。一方面，通过革新种植技术提高粮食产量，通过推广有机生产减少化肥、农药使用量，通过提高农膜重复使用率和回收率减少农业白色污染，有效控制农业面源污染，尽可能减轻农业生产对耕地和生态环境的压力。另一

方面，严格制定和执行环境保护政策，鼓励企业使用清洁能源，制定清洁生产目标，加强环境责任审计。支持各行业对清洁生产技术的研发和推广，提高废物循环利用率，最大限度地减少废弃物的产生。

南阳市在农业生产方面，地膜、农药、化肥的使用量大且逐年递增，成为农业面源污染的重要来源，应大力发展有机农业、生态农业，逐步替代化学农业，大幅降低农药、化肥使用量。在工业生产方面，坚定不移地淘汰和关闭浪费资源、污染环境的落后工艺、设备和企业，大力发展节能、降耗、减污的高新技术产业，降低单位产值污染物排放强度和"三废"综合排放率。

（二）加强环境治理

确立"绿水青山即是金山银山"的理念，共同提高政府、企业、居民三者的环境保护意识。一是通过调整政府发展战略、强化企业环境责任、改善居民环境，转变城市的生产生活方式。二是完善环境保护法制，加强环境执法监督，最大限度地控制污染源和加强环境治理，保护和改善已经脆弱的生态环境。三是做好新建和在建项目的环境影响评价工作，防止产生新的污染和生态破坏，对可能造成生态破坏不能修复的项目坚决禁止建设。四是严格环境监理和生态监管，加强对超标排放项目的整治，坚决取缔难以整治达标的项目，保证环境污染防治和生态破坏修复与经济发展同步进行。五是加强水土流失治理，特别要加强潜在地质灾害隐患区域的生态修复和环境治理。六是逐步提高环境准入标准，逐步加大对自然生态环境的保护力度。

南阳市应尽快建立资源环境保障转移机制，推进安全城市化。应把单位城市化水平的能耗、水耗、建设用地消耗及污染物排放量作为约束性指标，同单位 GDP 能耗、水耗、污染物排放量一起纳入消减目标。应把资源环境约束指标作为衡量城市发展质量的重要标准，纳入各项考核体系。应把天蓝、地绿、水净、环境好作为衡量城市发展效果的重要指标，制定量化参考标准。应推进形成绿色生产生活方式，为加快经济社会发展提供绿色新动能。

（三）完善环保责任和生态补偿机制

第一，建立完善环境保护责任和生态补偿机制，保障粮食主产区城市生态环境的修复治理。第二，探索生态补偿定价机制。科学核定生态环境资源价值，合理确定补偿标准，按照区域生态资源的差异性，实施有区别的补偿政策。第三，建立生态补偿效果评价机制，确保补偿到位。第四，完善生态补偿的相关法律法规和监督机制，保证生态补偿有法可依和严格落实。

按照谁破坏谁负责、谁受益谁补偿、谁损失补偿谁的原则，对生产过程中不可避免所造成的环境污染和生态破坏，进行补偿和修复。南阳市在这一方面缺乏经验，应抓紧学习、研究和制定相关的政策。

三、加强科技创新，提升资源环境承载力

（一）多策并举，加强创新能力建设

通过科技创新增强粮食主产区城市的发展承载力。一是加大科技创新的资金投入和人员投入。通过加大对科研机构 R&D 研究经费和研究人员的支持力度，挖掘创新潜力；通过加强对高科技人才的培养和引进，充实创新资源；通过加强对农业技术人员的充实和培养，提高农业科技创新能力；通过提高务农人员的文化素养，培养知识型、科技型农民。二是加强创新设施建设，通过建立设备先进的实验室、功能完善的图书馆等，打造优良的创新平台。三是加强以企业为主体的产、学、研合作创新。充分发挥政府的媒介作用，提供相应条件，搭建企业、高校、科研机构之间的合作平台。四是完善创新体系，促进创新成果转化。加强科技创新成果推广，尤其要重视和推广与农村、农业相关的科技创新成果，着重提高粮食生产能力，努力构建第一、第二、第三产业相互融合的都市型现代农业体系。

南阳市当前科技研发投入占 GDP 的比重不到 1%，农业科技成果占比约 10%，科技研发总量投入不足和农业科技成果少的问题十分突出。应大力加强科技研发投入，应加强农业科技研发和粮食生产技术推广，走技术创新型发展道路，稳粮强农，巩固"中州粮仓"地位，保障国家粮食安全。

（二）加强技术创新，提升资源承载力

粮食主产区城市处于城镇化加速发展的初期阶段，应及时通过加强技术创新，提高资源利用效率，防止出现土地城镇化等粗放型发展。一是通过技术创新提高要素生产率，减少城市发展对资源的路径依赖。二是采取

低能高效、环境友好的生产方式，通过提高生产的现代化水平降低资源消耗。三是发展关联产业，延长产业链条，提高产品附加值，通过综合开发、综合利用，提高资源的产出效率。例如，通过粮食深加工提高土地资源的产出效益。四是大力发展循环经济、生态经济，加强资源节约、集约利用，提升资源的承载力，支撑城市的可持续发展。

对南阳市来说，一是当前的单位 GDP 能耗仍然较高，应将节能减排工作常抓不懈；二是粮食总产值增加不明显，应在综合开发利用上提供技术支持；三是应紧扣技术创新，在进一步提高全要素生产率方面寻求新突破。

（三）加强环保技术开发利用，减轻环境压力

一要加大环境保护投入力度，保障必要的经费来源和人才支撑。二要加强对有机农业、生态农业等技术的研发和推广，改善农业生态环境。三要加快对"工业三废"，尤其是废水处理、废气处理技术及设备的研发升级改造，降低净化处理成本，提高企业参与环境保护的积极性。四要加强对城市生活垃圾、生活污水处理技术的研发革新，提高处理能力和处理效率，使之适应城市规模扩大的需要。

南阳市亟须加大环境保护投入和增强"三废"处理能力。南阳市的环保投入占 GDP 的比重不到 0.2%。应持续加大环境保护投入力度，加强环保技术研发、环保设施研发、特别是废气废水处理设施的研发。应尽快充实环保工作科技人员，为环保工作提供强有力的人才队伍支撑。

第四节　本章小结

栖息地导向的城市发展，是在城市的发展承载能力范围内，发挥好城市的生产空间与生活空间两种职能，协调好集约高效与宜居适度两个维度。本章根据第三章构建的栖息地导向的粮食主产区城市规模适度性分析框架和发展机制，结合第四章建立的发展效益综合评价体系及第七章实证研究的结果，由城市系统发展的整体性出发，从内涵建设角度，从生产空间、生活空间、发展承载三个方面提出栖息地导向的粮食主产区城市拓展适度发展规模的路径建议，并以南阳市为例做了具体分析。

第九章　结论与展望

第一节　主要结论

　　本书在粮食主产区城市发展现状及文献述评的基础上，综合运用城市适度发展规模、栖息地、生态文明等理论，首先分析了栖息地导向的城市系统特征、阐述了栖息地导向的城市发展机制，提出了栖息地导向的粮食主产区城市发展规模适度性理论模型。并结合粮食主产区城市特征，构建了栖息地导向的粮食主产区城市发展效益综合评价指标体系，运用综合集成赋权法设计了综合评价模型。其次，利用综合评价指数计算出城市系统的协调发展度，分别建立了基于粮食主产区城市系统协调发展的规模适度性测度模型和基于粮食主产区城市综合发展效益优化的规模适度性测度模型。通过比较分析，提出采用两种模型测度相结合的方法确定粮食主产区城市的适度发展规模，提高了测度结果的信度和效度，达到了栖息地导向的城市发展要求。再次，建立灰色关联分析模型，结合帕累托分析法，提出了寻找限制栖息地导向的粮食主产区城市适度发展规模主要影响因素的方法，并建立灰色 DGM（2，1）和灰色 Verhulst 预测模型，验证适度规模测度和影响因素分析的结果，为探索突破城市发展瓶颈的路径提供了依据。进一步，利用上述模型和方法，以典型的粮食主产区城市——河南省南阳市为例，进行了发展效益综合评价、发展规模适度性测度、适度发展规模成因分析及未来 8 年发展预测的系统研究，验证了书中建立模型方法的有效性。最后，根据栖息地导向的粮食主产区城市适度发展模式，结合实证研究结果，提出了有针对性地拓展其适度发展规模的路径建议。

　　本书的主要研究工作及结论如下：

（1）提出从栖息地理论导向研究粮食主产区城市的适度发展规模

在对关于粮食主产区城市的现有文献和发展现状进行研究分析的基础上，提出栖息地导向的适度发展内涵，即在城市的发展承载能力范围内，发挥好城市的生产空间与生活空间两种职能，协调好集约高效与宜居适度两个维度，实现发展的动力、质量、公平有机统一，达到城市系统发展协调与综合效益优化，建造人类宜业宜居的栖息环境。

（2）建立了基于栖息地导向的粮食主产区城市发展规模适度性理论模型，提出了栖息地导向的粮食主产区城市适度发展原则

依据城市适度发展规模理论、栖息地理论、生态文明理论及栖息地导向的城市适度发展内涵，分析了栖息地导向的城市系统特征和发展机制。结合粮食主产区城市的职能和特征，将栖息地导向的粮食主产区城市发展规模适度性解构为3个维度和11个要素，建立了基于栖息地导向的粮食主产区城市适度发展（SUD）理论模型。

$$SUD(t) = F[U(t), D(t), O(t)] \tag{3-1}$$

$$U = f(u_1, u_2, u_3) = \varphi(P) \tag{3-8}$$

$$D = g(u_1, u_2, u_3) = \psi(P) \tag{3-9}$$

其中，SUD 代表城市的发展收益，U 代表城市的综合发展效益，D 代表城市系统的协调发展程度，O 表示其他相关因素，u_1、u_2、u_3 分别代表粮食主产区城市的生产空间子系统、生活空间子系统、发展承载子系统的发展效益，P 代表城市人口规模。提出了栖息地导向的粮食主产区城市适度发展原则，就是达到三个子系统的发展协调和效益优化的有机融合，将静态适度人口论与动态适度人口论的发展要求有机结合。

（3）建立了栖息地导向的粮食主产区城市发展效益综合评价指标体系，设计了评价模型

依据栖息地导向的城市适度发展内涵和理论模型，在栖息地导向的粮食主产区城市发展规模适度性维度分析和要素分析的基础上，结合粮食主产区城市评价指标体系的功能和构建原则，按照指标选择流程，采用定性方法初选指标，采用定量方法优选指标，建立了包括生产空间、生活空间、发展承载3个子系统，11个评价要素，46个具体指标的评价体系。引入粮食贡献度、人均粮食产量、耕地复种指数3个指标，反映粮食生产和供应能力。引入粮食生产机械化程度、农田有效灌溉率、人均耕地面积3个指标反映粮食生产保障能力。引入农业科技成果占科技成果比、粮食生

产技术推广人员数 2 个指标反映粮食生产技术革新能力。从而突出了粮食主产区城市特征。从城市生态、城市生活、城市设施、社会保障 4 个方面，选择 15 个指标表征城市的宜居程度，突出了城市栖息地功能。采用熵值法（客观赋权法）与层次分析法（主观赋权法）相结合的方法进行综合集成赋权，主客观结合确定指标权重，弥补了单一方法赋权的缺陷，提高了评价结果的可靠性。

（4）构建了栖息地导向的粮食主产区城市发展规模适度性测度模型

在分析城镇化发展的一般规律、生态群落增长规律、经济地理学规律的基础上，根据系统动态涨落理论和分叉点理论，提出粮食主产区城市发展存在阶段性的倒 N 形曲线的理论假设。认为城市发展与人口规模的三次方负相关、与人口规模的二次方正相关。进一步，分别基于城市系统的协调发展度和综合发展效益，通过回归分析，建立了栖息地导向的粮食主产区城市发展规模适度性测度模型。

$$D_i = mP_i^3 + nP_i^2 + wP_i + \delta + \varepsilon \qquad (5-11)$$

$$U_i = \alpha P_i^3 + \beta P_i^2 + \gamma P_i + \theta + \varepsilon \qquad (5-16)$$

其中，D_i、U_i 分别代表粮食主产区城市系统的协调发展度、粮食主产区城市的综合发展效益，P_i 代表城市人口，δ、θ 为常数项，ε 为随机误差项。通过对城市发展过程的分析，本书认为城市发展将先出现系统整体的协调发展度降低，进而导致综合发展效益下降。由此提出，栖息地导向的粮食主产区城市适度发展规模为一范围，低值为基于城市整体协调发展度最优测度的城市规模，高值为基于城市综合发展效益最大测度的城市规模。即

$$P_D^* \leqslant P \leqslant P_U^* \qquad (5-19)$$

通过此方法确定适度发展规模，有机融合了粮食主产区城市系统协调发展度最优和综合发展效益最大两个原则，既保证了城市发展协调，又实现了整体效益优化，达到了结构与功能耦合，符合栖息地导向的城市发展要求。

（5）提出了寻找限制栖息地导向的粮食主产区城市适度发展规模影响因素的方法，建立了灰色系统预测模型进行验证

通过建立灰色关联分析模型，结合帕累托分析法，确定限制栖息地导向的粮食主产区城市适度发展规模的主要影响因素，并进一步建立灰色 DGM（2，1）和灰色 Verhulst 预测模型对适度规模测度和影响因素分析的结

果进行检验，提供了探寻突破城市发展瓶颈路径的方法和依据。

（6）选择被誉为"中州粮仓"的河南省南阳市这一典型的粮食主产区城市进行实证分析研究

依据本书设计的评价指标体系，通过检索文献、现场调研、访谈专家等方式，收集资料数据，对栖息地导向的南阳市城市发展效益进行了综合评价，对其栖息地导向的城市适度发展规模进行了测度，对限制其栖息地导向的城市适度发展规模的因素进行了分析，对其未来 8 年的发展进行了预测。

研究认为：①实证检验结果，验证了本书建立的栖息地导向的粮食主产区城市发展效益综合评价体系的有效性；验证了本书对栖息地导向的粮食主产区城市发展，存在阶段性的倒 N 形曲线的理论假设；验证了书中建立的栖息地导向的粮食主产区城市发展规模适度性测度模型的可行性。②现阶段，南阳市适度的城市发展规模为 386 万~433 万人，其 2014 年的人口规模已到达可接受的临界值，应在及时控制人口规模的同时，通过发展方式的转变提升来调整人口的适度增长，从而达到可持续的发展。③南阳市的发展呈现出"效率优于宜居优于生态"的特征，其发展承载子系统显著滞后于城市发展，这是制约该城市栖息地导向的城市发展的短板。南阳市的耕地、水、生态等自然资源的人均存量下降、科技研发投入不足、环境治理能力弱、农业面源污染持续加重等因素导致了其发展承载子系统的发展滞后。另外，该城市的土地城镇化特征明显，在优化产业结构、提升投资效益、提高城市土地产出率的内涵建设方面存在欠缺，并伴有城市生态环境质量降低、社会保障能力不足的弱势。这些因素限制了南阳市栖息地导向的城市适度发展规模。④预测南阳市以当前发展模式将出现难以保证质量的简单人口城镇化、不符合栖息地导向的城市发展要求。预测分析表明，适度规模测度及影响因素分析的结果准确。

研究发现：①南阳市城市系统的整体协调发展度及城市综合发展效益与城市人口的关系，分别如式 7-4 和式 7-8 所示。

$$D_t = -0.012P_t^3 + 0.063P_t^2 + 0.638D_{t-1} \qquad (7-4)$$

$$U = -0.022P^3 + 0.192P^2 - 0.425P + 0.614 \qquad (7-8)$$

模型 7-4 对原假设模型进行了动态修正，其动态方程特性，表明城市前一期的协调发展情况对后一期的影响较大，强调了发展的可持续性。②通过比较测度结果，显示出利用城市系统协调发展度优化模型测度城市的适度发展规模，具有精度高、时效性强、动态性明显、短板效应突出的显著优势。用其测度结果作为城市适度发展规模的低值，利于城市及时发现问题，调整发展方式，弥补短板。

（7）提出了拓展栖息地导向的粮食主产区城市适度发展规模的路径

通过对"中州粮仓"南阳市这一典型案例进行研究，可以看出：第一，粮食主产区城市栖息地导向的发展水平直接影响城市的发展质量和可持续性。第二，栖息地导向的粮食主产区城市发展是一个系统工程，如若忽视了发展的全面性，就会造成区域内三个子系统之间的发展不协调，进而影响到城市的发展质量，最终影响城市发展的可持续性，限制城市的发展规模。第三，粮食主产区城市若要保持栖息地导向的适度发展，就要依据栖息地理论和生态文明理论及栖息地导向的适度发展内涵，从栖息地导向的粮食主产区城市系统的整体性出发，探索能够提升城市发展水平的有效路径。第四，当城市发展遇到瓶颈时，应当通过积极转变发展方式，弥补短板因素，促进城市各子系统的协调发展，从而提高城市的综合发展效益，增强城市的人口容纳能力，拓展城市发展空间。①生产空间方面：施行促进结构优化调整的产业政策、推进资源合理配置的财政政策、引导经济转型升级的税收政策，实现城市发展产城融合。②生活空间方面：强化栖息地理念、加快城市设施建设、提高社会保障能力，保证城市发展公平、共享、生态、绿色。③发展承载方面：加强农田、水源、森林资源的保护与合理开发利用，推行清洁生产、加强环境治理、完善环保制度、加强科技创新、综合提升资源环境承载力。

第二节　研究展望

粮食主产区城市发展是我国新型城镇化发展战略中的重要组成部分，更是一个复杂的系统工程。如何保持粮食主产区城市的适度发展，既满足区域居民提高生活质量的合理需求，跟上国家的城镇化潮流；又保证其粮食生产职能的长期顺利完成，保障国家的粮食安全；同时做好区域的生态环境保护，实现发展的可持续，任重道远意义重大。

目前，虽然学界在相关方面已开展了不少研究，也取得了一些成果，但现有研究仍存在很大的局限性。本书从城市生态系统的整体优化发展角度，提出了栖息地导向的城市适度发展概念。其内涵是：在城市发展的承载能力范围内，充分发挥城市生产空间与生活空间两种职能，达到城市系统的发展协调与综合效益优化的统一，实现结构与功能的耦合。更进一步，通过建立系统、完善的评价体系，量化测度了栖息地导向的粮食主产区城市发展的协调性与综合效益，探索建立了适应粮食主产区城市特征的规模适度性测度模型，确定了适度规模选择标准，分析了其成因和拓展路径。这些是对现有研究的深入和补充。但是，由于研究对象的系统性和复杂性，及笔者在学术与资料掌握方面的不足，书中难免有不完善之处，有待深入研究和改善。譬如：

（1）关于栖息地导向的城市发展理念问题有待进一步丰富

当前，有关栖息地的理论研究以自然栖境为主导，以人群为中心的关系到自然、经济、社会的城市栖息地研究尚且缺乏，由于学科跨度问题，本书对城市空间的人口承载力影响因素的判断可能不够全面，使研究存在局限，今后有待加强。

（2）书中建立的栖息地导向的粮食主产区城市发展效益综合评价体系，随着发展阶段的推移有待进一步完善

本书基于栖息地导向设计的评价体系，虽有创新，但仍然存在不足。虽然评价指标的涵盖已比较全面，但由于国家对粮食主产区的界定，当前仅限于省域层面，从市域层面对粮食主产区城市的具体要求尚且缺乏明确标准，故本书选取了粮食贡献度、人均粮食产量、人均耕地面积、耕地复种指数等指标反映粮食主产区城市的粮食安全保障能力，但与采用粮食供应量的明确约束指标相比，显得不够直接。

（3）区域间的横向比较研究有待进一步充实

限于时间及统计数据的可得性，本书选取了中部地区的河南南阳一个典型区域为代表，兼顾南北，进行实证研究，验证了方法模型的可行性，提出了路径建议。若能从不同区域各选择一个典型城市作以研究，通过对比，更能够发现规律，从而检验指标体系的普适性，提高政策建议的指导性。

（4）栖息地导向的粮食主产区城市适度发展规模测度模型，在长期应用中还存在进一步优化的空间

目前，学界对于栖息地导向的粮食主产区城市发展规模适度性测度方

面的研究，尚未形成系统的理论和完整的方法体系，本书虽然做出了一定的理论尝试，但仍存在可以优化提升的可能，今后可采用数值仿真的方法做进一步研究。

今后，笔者会搜集更多的数据资料，通过研究和工作实践，努力解决所发现的问题。

参考文献

［1］ Adachi, S. A., et al. Comparison of the impact of global climate change and urbanization on summertime future climate in the Tokyo Metropolian Area ［J］. Journal of Applied Meteorogy and Climatology, 2012, 51 (8): 1441-1454.

［2］ Alonso. Location and land use ［M］. Boston: Harvard University Press, 1974.

［3］ Andreas L., M. F. Quaas. Economic geography and the effect of environmental pollution on agglomeration ［J］. The BE Journal of Economic Analysis & Policy, 2007, 7 (1): 52.

［4］ Arnott, R. Does the henry George theorem provide a practical guide to optimal city size? ［J］. American Journal of Economics and Sociology, 2004 (11): 1057-1090.

［5］ Arnott, R. P. Optimal city size in a spatial economy ［J］. Journal of Urban Economics, 1979 (6): 65-89.

［6］ Arthur O'Sullivan. Urban economics (8th ed.) ［M］. Peking: China Renmin University Press, 2013.

［7］ Au C., Henderson J. V. Are Chinese cities too small ［J］. Review of Economic Studies, 2006, 73 (2): 549-576.

［8］ Barry W. Starke. The human habitat, Science and landscape architecture ［J］. Urban Environment Design, 2008 (1): 14-19.

［9］ Black D., Henderson J. V. A theory of urban growth ［J］. Journal of Political Economy, 1999 (107): 252-284.

［10］ Capello R., R. Canagni. Beyond optimal city size: An evaluation of alternative urban growth patterns ［J］. Urban Studies, 2000 (9): 1479-1496.

［11］ Chaolin G. U., Liya W. U., Cook I. Progress in research on Chinese urbanization [J]. Frontiers of Architectural Research, 2012, 1 (2) : 101-149.

[12] Chen M., Liu W., Tao X. Evolution and assessment on China's urbanization 1960-2010: Under-urbanization or over-urbanization [J]. Habitat International, 2013 (38): 25-33.

[13] Chen, Mingxing, Huang, et al. The provincial pattern of the relationship between urbanization and economic development in China [J]. Journal of Geographical Sciences, 2014, 24 (1): 33-45.

[14] Davis J. M., Stamps J. A. The effect of natal experience on habitat preferences [J]. Trends in Ecology & Evolution, 2004, 19 (8) : 411-416.

[15] Duranton G. Micro-Foundations of urban agglomeration economies [G]. NBER: Working Paper, 2007.

[16] Eaton J., Z. Eckstein. Cities and growth: Theory and evidence from France and Japan [G]. NBER: Working Paper, 1997.

[17] Eduardo Wills, Marilyn Hamilton. Subjective well-Being in cities: A cross cultural analysis in BOGOTá [J]. Wed Working Paper, 2007.

[18] Elbers C., C. A. Withagen. Environmental policy, Population dynamics and agglomeration [J]. Contributions to Economic Analysis & Policy, 2004, 3 (2): 3 -28.

[19] Forslid R., G. I. P. Ottaviano. An analytically solvable core-periphery model [J]. Journal of Economic Geography, 2003, 3 (3): 229-240.

[20] Friedman J. Four theses in the study of China's urbanization [J]. International Journal of Urban and Regional Research, 2006 (2): 440-451.

[21] Fujita M., Krugman P., Venables A. J. The Spatial Economy [M]. Cambridge: MIT Press, 1999.

[22] Fujita M., Krugman P. The new economic geography: Past, Present and the future [M]. Fifty Years of Regional Science. Berlin: Springer, 2004.

[23] Glaeser E., Kallal H., Scheinkman J., et al. Growth in cities [J]. Journal of Political Economy, 1992 (100): 1126-1152.

[24] Goldberg D. Covering urban sprawl rethinking the American dream [M]. RT-NDF: Publication of the Environmental Journalism Center, 1999.

[25] Graham, Carol, Andrew Felton. Does inequality matter to individual

welfare-an initial exploration based on happiness surveys from Latin America [J]. CSED Working Paper, 2005.

[26] Graham, Felton. Inequality and happiness: Insights from Latin America [J]. Journal of Economic Inequality 2006, 4 (1): 107-122.

[27] Haghi S., Sabahi A., Salnazaryan A.. Institutions and functions of national innovation system in Norway and Iran [J]. African Journal of Business Management, 2011, 5 (24): 10108-10116.

[28] Haisasaki. Urban economics [M]. Peking: Social Sciences Academic Press, 2011.

[29] Harvey J. Urban land economics: The economics of real property [J]. Journal of the Royal Society for the Promotion of Health, 2001, 121 (2): 123-132.

[30] Helsley R., Strange W. Matching and agglomeration economies in a system of cities [J]. Journal of Urban Economics, 1990 (20): 189-212.

[31] Henderson, J. V., Chun-Chung Au. Are chinese cities too small [R]. Rhode Island: Brown University, 2006.

[32] Kim E. Optimal urban population size: National as local economic efficiency [J]. Urban Studies, Forth-coming, 2013 (10): 52-64.

[33] Krugman P., A. J. Venables. Integration, Specialization and adjustment [J]. European Economic Review, 1997 (40): 959-968.

[34] Krugman P. On the number and location of cities [J]. European Economic Review, 1993, 37 (23): 293-298.

[35] Krugman, P. R., A. J. Venables. Globalization and the inequality of nations [J]. Quarterly Journal of Economics, 1995, 110 (4) : 857-880.

[36] Krugman, P. R. Increasing returns and economic geography [J]. Journal of Political Economy, 1991 (99): 483-499.

[37] Lee T. C. Essays on urban industrial development: The case of korea [D]. Rhode Island: Brown University, 1998.

[38] Li X. B., Wang X. H. Changes in agricultural land use in China: 1981-2000 [J]. Asian Geographer, 2003 (22): 27-42.

[39] Liqun Pan, Pundarik Mukhopadhaya, Jing Li. City size and wage disparity in segmented labour market in China: City size and wage disparity in

China [J]. Australian Economic Papers, 2016, 55 (2): 128-148.

[40] Liu Y., He S., Wu F., et al. Urban villages under China's rapid urbanization: Unregulated assets and transitional neighborhoods [J]. Habitat International, 2010, 34 (2): 135-144.

[41] Magdoff F. Harmony and ecological civilization [J]. Monthly Review An Independent Socialist Magazine, 2012, 64 (2): 1-9.

[42] Matthew E. Kahn, Siqi Zheng, Hongyu Liu. Towards a system of open cities in China: Home prices, FDI flows and air quality in 35 major cities [J]. Regional Science and Urban Economics, 2010 (1): 1-10.

[43] Mills E. S. Urban sprawl causes, Consequences and policy responses: Gregory D. Squires [M]. Washington, D. C.: Urban Institute Press, 2002.

[44] Morrison R. Ecological civilization [M]. Boston: South End Press, 1995.

[45] Philip S., Morrison. Subjective wellbeing and the city, Social policy [J]. Journal of New Zealand, 2007 (31): 74-103.

[46] Pierre-philippe Combes, Thierry Mayer, THISSE J. A. Economic geography-The integration of regions and nations [M]. Princeton: Princeton University Press, 2008.

[47] Pribadi D. O., Pauleit S. The dynamics of peri-urban agriculture during rapid urbanization of jabodetabek metropolitan area [J]. Land Use Policy, 2015 (48): 13-24.

[48] Register R. Ecocity: Building cities for a healthier future [M]. California: North Atlantic Books, 1987.

[49] Richardson H. W. The economics of urban size saxon house [R]. Washington, D. C.: D. C. Health Ltd, 1973.

[50] Ridder K. D., Lefebre F., Adriaensen, S. Simulating the impact of urban sprawl on air quality and population exposure in the German Ruhr area. Part II: Development and evaluation of an urban growth scenario [J]. Atmospheric Environment, 2008 (42): 7070-7077.

[51] Rossi Hansberg E., Wright M. L. J. Urban structure and growth [J]. Social Science Electronic Publishing, 2007 (2): 597-624.

[52] Shudan Zhu. Evaluation on the agricultural modernization in the east-

ern eleven provinces based on 3D-Dynamic grey relational analysis model [J]. Statistics & applications, 2013, 2 (1): 17-23.

[53] Tabuchi T. Urban agglomeration and dispersion: A synthesis of alonso and krugman [J]. Journal of Urban Economics, 1998, 44 (3): 333-351.

[54] Van Marrewijk C. Geographical economics and the role of pollution on location [J]. The ICFAI Journal of Environmental Economics, 2005, 3 (2): 28 -48.

[55] Vicente Royuela, Jordi Suriñach. Constituents of quality of life and urban size [J]. Social Indicators Research, Springer, 2005, 74 (3): 549-572.

[56] Xiang bin K., Lai R., Baoguo L. Fertilizer intensification and its impacts in China [J]. Advances In Agronomy, 2014 (125): 135-169.

[57] Zhang L. Conceptualizing China's urbanization under reforms [J]. Habitat International, 2008, 32 (4): 452-470.

[58] Zheng Siqi, Fu Yuming, Liu Hongyu. Demand for urban quality of living in China: evolution in compensating land-rent and wage-rate differentials [J]. Journal of Real Estate Finance and Economics, 2009 (3): 194-213.

[59] Zhou D., Xu J., Wang L., et al. Assessing urbanization quality using structure and function analyses: A case study of the urban agglomeration around Hangzhou Bay (UAHB), China [J]. Habitat International, 2015 (49): 165-176.

[60] Zhou P., Wen A., Yan D., et al. Changes in land use and agricultural production structure before and after the implementation of grain for green program in Western China—taking two typical counties as examples [J]. Journal of Mountain Science, 2014, 11 (2): 526-534.

[61] Paul Krugman. The spatial economy: Cities, Regions and International trade [M]. 北京：中国人民大学出版社，2011.

[62] Fuan Li, 王兴元. 栖息地特征、市场分布结构及其与企业经营绩效关系实证研究 [J]. 中国工业经济，2010 (7): 104-113.

[63] 安虎森，邹璇. 相邻城市竞争、合作与双赢机制研究 [J]. 南开经济研究，2008 (5): 32-52.

[64] 巴顿. 城市经济学理论和政策 [M]. 第 1 版. 北京：商务印书馆，1984.

［65］曹蕾. 区域生态文明建设评价指标体系及建模研究［D］. 华东师范大学博士学位论文，2014.

［66］陈黎明，邓玲玲. 基于典型相关分析的3E系统协调度评价研究［J］. 统计与信息论坛，2012，27（5）：24-29.

［67］陈明，张云峰. 城镇化发展质量的评价指标体系研究［J］. 中国名城，2013（2）：16-23.

［68］陈明星，陆大道. 中国特色新型城镇化理论内涵的认知与建构［J］. 地理学报，2019，74（4）：19-33.

［69］陈彦光，周一星. 城市规模—产出关系的分形性质与分维特征：对城市规模—产出幂指数模型的验证与发展［J］. 经济地理，2003，23（4）：476-481.

［70］程名望，黄甜甜. 农村劳动力转移对粮食安全的影响——基于粮食主销区面板数据的实证分析［J］. 上海经济研究，2015（4）：87-92.

［71］戴强，顾海军. 栖息地选择的理论与模型［J］. 动物学研究，2007，12（6）：681-688.

［72］杜受祜. 生态文明建设四题［J］. 开放导报，2007（12）：83-84.

［73］杜宇能. 工业化城镇化农业现代化进程中国家粮食安全问题［D］. 中国科学技术大学博士学位论文，2013.

［74］方创琳，王德利. 中国城市化发展质量的综合测度与提升路径［J］. 地理研究，2011，30（11）：1931-1946.

［75］方创琳，杨玉梅. 城市化与生态环境交互耦合系统的基本定律［J］. 干旱区地理，2006，29（1）：1-8.

［76］方创琳. 中国新型城镇化高质量发展的规律性与重点方向［J］. 地理研究，2019，38（1）：13-22.

［77］高虹. 城市人口规模与劳动力收入［J］. 世界经济，2014（10）：145-164.

［78］高吉喜. 可持续发展理论探索——生态承载力理论、方法与应用［M］. 北京：中国环境科学出版社，2001.

［79］纪晓岚，赵维良. 中国城市化动力机制评价指标体系的构建［J］. 统计与决策，2007（5）：70-72.

［80］蒋涛. 聚集经济与最优城市规模探讨［J］. 人文地理，2007（6）：68-71.

［81］金琳. 幸福维度下最优城市规模的经济学探讨［D］. 华东师范大学硕士学位论文，2014.

［82］金相郁. 最佳城市规模理论与实证分析：以中国三大直辖市为例［J］. 上海经济研究，2004（7）：35-42.

［83］金晓雨，郑军. 中国城市效率与城市规模研究——基于非参数与半参数的实证［J］. 软科学，2015，29（3）：107-110.

［84］李文宇. 我国中心城市规模与宜居程度关系研究［J］. 西部论坛，2011（1）：76-82.

［85］梁婧，张庆华. 城市规模与劳动生产率：中国城市规模是否过小？——基于中国城市数据的研究［J］. 经济学（季刊），2015（4）：1053-1072.

［86］刘爱梅，杨德才. 城市规模、资源配置与经济增长［J］. 当代经济科学，2011（1）：106-113.

［87］刘耀彬. 资源环境约束下的适宜城市化进程测度理论与实证研究［M］. 北京：社会科学文献出版社，2012.

［88］龙亮军. 中国主要城市生态福利绩效评价研究——基于 PCA—DEA 方法和 Malmquist 指数的实证分析［J］. 经济问题探索，2019，439（2）：73-83.

［89］陆希刚. 基于区域观点的稳定态城市人口规模模型研究［J］. 城市规划学刊，2005（2）：86-91.

［90］马德功，王建英. 我国西部地区新型城镇化质量测算与评价——基于 12 个省份的面板数据分析［J］. 经济体制改革，2016（2）：54-60.

［91］马世骏，王如松. 社会—经济—自然复合生态系统［J］. 生态学报，1984，4（1）：1-9.

［92］马树才，宋丽敏. 我国城市规模发展水平分析与比较研究［J］. 统计研究，2003（7）：30-34.

［93］牛文元. 生态文明的理论内涵与计量模型［J］. 中国科学院院刊，2013（2）：163-172.

［94］钱利英. 3E 系统协调度评价模型比较及其应用研究［D］. 湖南大学硕士学位论文，2013.

［95］沈清基. 论基于生态文明的新型城镇化［J］. 城市规划学刊，2013（1）：29-36.

［96］宋迎昌. 城市管理理论与实践［M］. 北京：社会科学文献出版社，2013.

［97］宋永昌，由文辉. 城市生态学［M］. 上海：华东师范大学出版社，2000.

［98］孙浦阳，武力超. 城市的最优发展规模：基于宜居视角的研究［J］. 上海经济研究，2010（7）：31-40.

［99］孙三百. 城市规模、幸福感与移民空间优化［J］. 经济研究，2014（1）：91-111.

［100］孙祥栋，郑艳婷. 基于集聚经济规律的城市规模问题研究［J］. 中国人口·资源与环境，2015，25（3）：74-81.

［101］万薇，张世秋. 中国区域环境管理机制探讨［J］. 北京大学学报（自然科学版），2010，46（3）：449-456.

［102］王俊，李佐军. 拥挤效应、经济增长与最优城市规模［J］. 中国人口·资源与环境，2014，24（7）：45-51.

［103］王如松，李锋. 城市复合生态及生态空间管理［J］. 生态学报，2014，34（1）：1-11.

［104］王晓玲. 高质量城镇化：外部推动、内在需求与现实路径［J］. 城市，2019（7）：39-49.

［105］王小鲁，夏小林. 优化城市规模推动经济增长［J］. 经济研究，1999（9）：22-29.

［106］王雅鹏，马林静. 农村劳动力转移对粮食安全的影响［J］. 中国党政干部论坛，2015（6）：98-100.

［107］武俊奎. 城市规模、结构与碳排放［D］. 复旦大学博士学位论文，2012.

［108］徐春. 对生态文明概念的理论阐释［J］. 北京大学学报（哲学社会科学版），2010（1）：61-63.

［109］徐君，王育红. 资源型城市转型研究［M］. 北京：中国轻工业出版社，2009.

［110］许抄军. 两型社会城市规模研究［M］. 北京：社会科学文献出版社，2014.

［111］杨启乐. 当代中国生态文明建设中政府生态环境治理研究［D］. 华东师范大学博士学位论文，2014.

［112］余敬，苏顺华. 矿产资源可持续力［M］. 武汉：中国地质大学出版社，2010.

［113］俞燕山. 我国城镇的合理规模及其效率研究［J］. 经济地理，2000，20（2）：84-89.

［114］俞勇军，陆玉麒. 城市适度空间规模的成本—收益分析模型探讨［J］. 地理研究，2005，24（5）：794-802.

［115］袁正，郑勇. 城市规模与居民幸福感的关系［J］. 城市问题，2012（5）：29-33.

［116］张应武. 基于经济增长视角的中国最优城市规模实证研究［J］. 上海经济研究，2009（5）：31-38.

［117］张毓珂. 全球化视野下的中国粮食安全问题研究［D］. 山西师范大学硕士学位论文，2015.

［118］赵今朝，龚唯平. 产业结构系数：经济增长理论分析的新思路［J］. 学术研究，2009（7）：97-102.

［119］郑亚萍，聂锐. 城市规模扩张要"适度"［J］. 宏观经济研究，2010（12）：58-61.

［120］中国社会科学院. 城乡一体化蓝皮书（2012）［M］. 北京：社会科学文献出版社，2013.

［121］中华人民共和国国家统计局. 中国统计年鉴（2010-2015）［EB/OL］.（2016）［2016-04-15］. http：//www. stats. gov. cn/tjsj/ndsj/.

［122］周海春，许江萍. 城市适度人口规模研究［J］. 数量经济技术研究，2011（11）：9-12.

［123］周加来，黎永生. 城市规模的动态分析［J］. 财贸研究，1999（1）：23-25.

后 记

本书是在我博士学位论文的基础上进一步修改完善而成，故得益于在中国地质大学（武汉）求学中我的授业恩师余瑞祥教授的谆谆教诲。严师出高徒，在余老师的严格要求和悉心指导下，我的博士论文得以完成。论文从选题到定稿，无不浸透着老师辛勤的汗水、闪耀着老师学术的智慧。在此，我为成为余门弟子感到欣喜，再次向导师余瑞祥教授致以诚挚的感谢！

感谢中国地质大学（武汉）经济管理学院严良院长、杨树旺院长和教授博士研究生课程的老师们，你们的深厚积淀和独到见解，使我受益匪浅，终生难忘；感谢中国地质大学（武汉）的成金华教授、诸克军教授、帅传敏教授、余敬教授、徐德义教授，你们在论文开题及写作过程中给予的中肯指导和教诲，将思路拓宽、使论文增色；感谢李忠武老师、洪水峰老师，你们的诚恳引荐和大力帮助，使我有幸步入中国地质大学（武汉），成为余门学子，学业上路。

还要感谢我的好友李新宁博士、吴战勇博士，你们的无私帮助使我顺利完成学业，在向你们请教的过程中，使我进步不少；感谢博士同班的周会敏、雷彬、程欣等同学，我们在一起的学习和探讨，对我的人生有很大帮助；感谢南阳市的有关部门，你们所提供的数据资料是研究工作顺利进行的支持和保障。

本书的最终完成得到了我所在工作单位河南财经政法大学工程管理与房地产学院领导和同事的大力支持。感谢学院前后任院长赵楠教授、张扬教授、关付新教授给予的关心支持和房地产经营管理系的同事提供的帮助。感谢经济管理出版社的杨雪编辑为本书出版所付出的辛勤努力。

最后，在本书即将出版之际，我向所有为本书的写作和出版提供帮助、支持、鼓励的各位领导、专家、老师、同事、朋友、家人表示最诚挚的谢意！

法玉琦
2019 年冬于河南财经政法大学建树楼